JN002977

シリーズ 英文法を解き明かす **8**
現 代 英 語 の 文 法 と 語 法

内田聖二／八木克正／安井泉 編

五十嵐海理

ことばとスコープ**2**
否定表現

研究社

編者はしがき

　シリーズ「英文法を解き明かす——現代英語の文法と語法」は、英語語法文法学会が2012年に設立20周年を迎えたのを期に、学会で培われてきた活動成果を広く社会に還元すべく、出版を企画したものです。

　英語語法文法学会は、28名の研究者による設立趣意書を受け、1993年に初代会長小西友七のもと設立されました。その背景には、英語学、言語学の分野において、変形生成文法をはじめとする言語理論の隆盛によって学問的な関心が理論的側面に偏り、研究対象が文法の実証的記述から離れていったことがあります。各種学会での研究発表、シンポジウムが理論的な研究に傾き、個別言語としての英語の記述的な語法研究が正しく評価されない状況にありました。

　教育の現場で英語を教え、また英語のあるがままの姿を正しく理解しようと思っている研究者にとって、英語の語彙や構文の特性などの基本的な成り立ちをつまびらかにして、英語自体の理解を深めることこそが、基本的な出発点だと思います。ことばの多様性とそれを説明する筋の通った記述という地道な研究の成果を発表する場を保証することが、本学会の使命のひとつだと思うのです。

　1993年11月、第1回大会が立命館大学で開催され、その後、設立の趣旨を実現すべく、さまざまな取り組みがなされてきました。年次大会ではシンポジウム、研究発表のほか、第6回大会からは特色ある「語法ワークショップ」をはじめました。機関誌の『英語語法文法研究』は創刊号（1994年）から毎年刊行され、前年のシンポジウムに基づく論考、応募論文、語法ノートを掲載しています。また、小西友七初代会長の寄付金を基金として、2000年に「英語語法文法学会賞」を、2010年からは若手研究者の育成と研究活動の促進を目的とした「英語語法文法学会奨励賞」を、新設しました。さらに、2005年以降、学会の社会貢献の一環として会員以外の方も参

加できる英語語法文法セミナーを毎年 8 月大阪で開催しています。これは、英語学・言語学の最先端の学識に触れる機会を広く提供することを目的としたものです。

　このシリーズは、「ことばの基礎」「談話のことば」「ことばを彩る」「ことばとスコープ」「ことばの実際」という 5 つの視座から英語ということばを見つめるものです。「ことばの基礎」ではものの名付け、代替表現などを対象として、名詞と代名詞を第 1 巻でとりあげ、第 2 巻では文構造の基本としての動詞を記述の中心に据えます。「談話のことば」では、品詞を超えて文をつなぐ現象を第 3 巻で扱い、談話と文法的規範からの逸脱との関係を第 4 巻で考察します。「ことばを彩る」というテーマでは、第 5 巻でテンス・アスペクト、第 6 巻ではムード、の観点から英語表現のニュアンスの違いを論じます。第 7 巻と第 8 巻は「ことばとスコープ」にあてられ、それぞれ照応表現、否定表現が分析の対象となります。「ことばの実際」では、話しことばの実相を第 9 巻で提示し、英文法と言語コーパスとの接点を第 10 巻で記述、説明します。

　本シリーズは、英語の文法事象と語法を、最新の知見からわかりやすく解説するとともに、その研究成果を英語教育の現場で役立つ情報として盛り込むことで、研究と教育の両面から包括的に、発話者の「心」を伝える英語表現の仕組みを解き明かすことを目指すものです。

　2016 年 3 月

編者

内 田 聖 二

八 木 克 正

安 井　　泉

<u>追記</u>

諸般の事情により、第 6 巻のタイトル、著者が下記のように変更になりました。この巻では形容詞修飾の実態を記述することを目指します。

　　第 6 巻　ことばを彩る 2　形容詞修飾の諸相　　金澤俊吾

は し が き

　本書の冒頭で述べたが、否定は極性を反転させる論理的な操作である。しかし、それだけではない。

　人は自分と他人との違いを認識したとき、それを否定文で表現することができる。「太郎はそうかもしれないが、僕はそうではない」というわけである。そして、他人の主張が正確でないと感じたとき、それを伝える行為は否認である。「太郎の主張は正しくない」というわけである。このように、「違い」「違和感」を表明するときに用いられるのが、否定や否認であると言える。「違い」「違和感」を表現するときに、様々な言語現象が観察される。それが言語の制約であることもあれば、表現上の工夫であることもある。それらを観察するのがこの本の役割である。

　第1章では否定についての様々な現象を一瞥し、第2章では否定極性項目を1990年代から2000年代にかけての意味論・語用論的研究を中心に記述した。第3章では否定接辞について記述し、否定の接頭辞とその語基との意味論的関係を検討した。第4章は否定のサイクルの観点から現代英語のタブー語について記述した。第5章は主に否認に用いられる表現を記述した。

　英語語法文法学会の20周年記念事業として本書は始まったわけだが、執筆を依頼されてからすでに6年以上経つ。と書いてすぐ分かるように、私は非常に仕事が遅い。本書は4年前に完成しているはずで、原稿を一通り書き終えてからでも1年以上経つ。本書を担当してくださった内田聖二先生には常にあたたかい励ましと鋭いコメントを頂いた。心より感謝申し上げたい。研究社の津田正様には、原稿を辛抱強くお待ちくださった上にロジックが明確でない部分を鋭くご指摘くださり、結果として複数の誤りを正すことができた。深謝すると同時に何度も締切を守れなかったことをお詫び申し上げる。いつも学内外の仕事や原稿執筆を抱えている私を支えて

くれる妻・綾子にも感謝したい。

　それだけの年数をかけた本について自分なりに思うことは多いが、学術的な本を出版するにあたって、評価は読者の皆様にして頂くものである。本書の中で一つでも皆様の興味を引く部分があれば、嬉しい。

　本書の一部は、甲南大学名誉教授の中島信夫先生が編者となられた本に書かせて頂いたときに議論した（というか、教えて頂いた）ものである。2017 年度は勤務先の龍谷大学から 1 年間の研究休暇を与えられ、関西大学の岩田彩志先生のもとで学んだが、このときに読んでいた Davis (2016) が第 5 章を発展させる助けになった。本書に関連した話題について『英語教育』に執筆する機会を得たが、私の名前を挙げてくださったのは東京外国語大学の大谷直輝さんであった。また、学会や研究会でご質問くださった方々や長年の友人・知人から間接・直接の示唆や激励を頂いた。こうした有り難い出会いや機会があったからこそ本書は完成したと思っている。

　参考文献表からも分かるように、本書が扱う現象のほとんどはすでに先行研究によって詳細に論じられている。本書は、その議論をまとめ、例示している。内容の正確性はもちろんのこと、研究倫理および著作権の要請にも十分注意したつもりであるが、瑕疵があればご一報くだされば幸いである。

　感謝すべき人は多いが、ここで筆を置く。

　2020 年 6 月 17 日

五十嵐　海理

目 次

編者はしがき　　iii
はしがき　　v

第1章　否定の概説　　1

1.1　否定現象　1
1.1.1　否定という操作　1
1.1.2　否認と否定　4
1.2　否定の分類と否定文　5
1.2.1　文否定　5
1.2.2　文否定と否定タグ　6
1.2.3　構成素否定　10
1.3　否定辞の分類　12
1.3.1　明示的な否定辞　12
1.3.1.1　not による否定　12
1.3.1.2　not によらない否定　19
1.3.1.3　近似的否定辞(approximate negator)　21
1.3.1.4　否定接辞(affixal negation)　23
1.3.2　非明示的な否定の表現　24
1.3.2.1　否定的な意味をもつ動詞・形容詞とその派生語　24
1.3.2.2　極端な程度を表す too　28
1.3.2.3　否定的な意味をもつ前置詞　29
1.3.2.4　排除を前提とする only　30
1.3.3　否定倒置　31
1.4　否定の多義性　38
1.4.1　内部否定と外部否定　38
1.4.2　2つの but　45
1.4.3　発話に含まれる情報と否定：前提、推意、形式　47
1.5　否定とその他の要素との関係　51
1.5.1　全部否定と部分否定　51
1.5.2　二重否定　56
1.5.3　否定呼応(negative concord)　60
1.6　第1章の振り返り　63

第2章　否定極性項目　　64

2.1　NPI の生起環境　65
［A］接続詞　67
［B］比較級 than　68
［C］最上級　69
［D］否定的な意味を表す副詞　71
［E］他の選択肢を排除する only　73

　　　[F] 過度を表す too　76
　　　[G] 否定的な意味の動詞・形容詞　77
　　　[H] 否定の意味をもつ前置詞　79
　　　[I]　否定的な意味の数量詞　81
　　　[J] 数量詞 every/most の制限部(restrictor)／総称的解釈の名詞の限定句　82
　　　[K] *the first* N, *the last* N　84
　　　[L] 名詞句内　85
　　　[M]否定辞繰上げに関わる埋め込み節　88
　　　[N] 感嘆文　89
　2.2　NPI の分類　91
　2.2.1　ANY 類　92
　2.2.2　様々な文法的要素　94
　2.2.3　法助動詞の dare と need　98
　2.2.4　いくつかの動詞　99
　2.2.5　イディオム類　100
　　2.2.5.1　動詞　101
　　2.2.5.2　*a*(*n*)*N*　102
　　2.2.5.3　最上級　105
　　2.2.5.4　その他の NPI　106
　2.3　統語論的分析　109
　2.4　意味論・語用論的分析　117
　2.5　「拡張」と「強化」　121
　2.5.1　「拡張」「強化」による ever の生起の説明　124
　2.5.2　K & L(1993)の問題点　126
　2.5.3　Krifka(1995)　128
　2.6　尺度：NPI の語彙意味論　134
　2.7　まとめ　140

第3章　否定接辞　　　　　　　　　　　　　　　　　　　　　142
....
　3.1　否定接辞の意味：「反対関係」と「矛盾関係」　143
　3.2　接辞同士の比較　146
　3.2.1　否定の接頭辞 dis-, a-, non-, un-, in- の意味　146
　3.2.2　否定の接尾辞 -less の意味　152
　3.3　un- のついた形容詞　154
　3.3.1　肯定的 un- 形容詞　156
　3.3.2　Horn(2002b, 2005)　159
　3.3.3　〈語基は E-positive〉の検証　163
　3.3.4　生産的な接辞と否定接辞の語基　166
　3.3.5　意味論と語用論のあいだ　170
　3.4　まとめ　171

第4章　否定のサイクル　　　　　　　　　　　　　　　　　　172
....
　4.1　「否定のサイクル」とは何か　172

4.2　英語の否定のサイクル　176
　4.2.1　英語史の中の否定のサイクル　176
　4.2.2　現代英語における「否定のサイクル」　180
　4.2.2.1　「否定のサイクル」のメカニズム　180
　4.2.2.2　多重否定と否定のサイクル　185
4.3　タブー語：多重否定から単独の否定表現へ　187
　4.3.1　否定のサイクルとタブー語　187
　4.3.2　COHA を用いた通時的検証　192
　4.3.3　「否定のサイクル」と言っていいのか　198

第5章　否定と否認 201

5.1　否定(negation)と否認(denial)　201
　5.1.1　否定の3つの機能　201
　5.1.2　拒絶と否認　203
　5.1.3　不規則否定文(irregular negation)による否認　205
　5.1.4　否定・否認の分類　213
5.2　否定表現によらない否定　214
　5.2.1　否定文によらない拒絶：推論によるもの　215
　5.2.2　否定文によらない拒絶：out of the question の場合　217
　5.2.3　否定文によらない否認：推論によるもの　218
　5.2.4　否定文によらない否認：タブー語　222
5.3　イディオムによる否認　223
　5.3.1　タブー語を含むイディオム：XP, my eye!　223
　5.3.2　タブー語を含むイディオム：Like hell　225
　5.3.3　まとめ　229
5.4　二重否定、比較の否定、if 条件文：否定辞があっても肯定になるもの　229
5.5　否認と「否定の有標性」　233

初 出 一 覧　237
参 考 文 献　238
索　　　引　247

第 **1** 章

否定の概説

1.1 否定現象

1.1.1 否定という操作

　まず、仮に、事実に合致することを真、そうでない場合を偽とする。そうすると、否定とは、ある命題に対して行う操作であり、真である命題を偽である命題に、偽である命題を真である命題にするものである。たとえば、(1)のような文について、(1a)が真なら(1b)が偽、(1a)が偽なら(1b)が真という関係が成り立つ。

(1) a. John came home late.

　　b. John didn't come home late.　　　　　　(cf. 太田 1980: 240)

(2) It is not the case that John came home late.

(1a)の命題をPとすると、(1b)はnot Pと書くことができる。つまり、「ジョンが遅く帰宅した」のなら、その否定は「『ジョンは遅く帰宅した』のではない」(＝(2))ということであり、この「ない」を動詞につけると、「ジョンは遅く帰宅しなかった」となる。このnotを「¬」という記号で表すと、(3)のようにまとめることができる。[1]

---

[1]　別な表記法では「〜」とも。

(3) not(¬)の真理値

(1a) P	(1b) ¬P
真	偽
偽	真

このとき「真」「偽」のような値を「極性」と言い、否定は極性を反転させる操作であるとも言える。[2]

　しかし、ある否定を含んだ文(つまり否定文)が示唆するものは、実は一つしかないとは限らない。つまり、ある命題をPとすると、Pと相容れない命題は一つとは限らない場合がある。たとえば、DeVidi (2006)によれば、「このペンは赤い」の否定は、「このペンは青い」かもしれないし、「このペンは黒い」かもしれないし、その他、いろいろな色である可能性がある。しかし、通常、「このペンは赤い」の否定は、「このペンは赤くない」であり、どの色であるかは指定しない。つまり、赤という色ではない、ということなので、「Pと相容れない命題のなかで最も弱いもの」が¬Pであるという捉え方もできる。このような否定では、Pと相容れない命題をQとすると、先ほど(3)でも示したように、Pであれば¬Qである場合、Qであれば¬Pとなる(DeVidi 2006: 567)。

　こうした点を考慮に入れながら、英語の例を使って否定を考えてみよう。たとえば、(4a)の否定は(4b)であり、(4a)と(4b)は相容れない。また、(3)の真理値表にも合致する。(4c), (4d)も(4a)とは相容れない。(4c)は un-

---

[2]　真理値として真と偽のみを認める立場では(3)のようになるが、3つの真理値を認める立場では、否定を単純に極性の反転であるとは定義できなくなる。たとえば文の命題の前提が成立せず、命題が真とも偽とも決まらない時に、iのような真でも偽でもない真理値を認める立場では、以下のように、否定という操作によっても真理値は同じということになる(Horn and Wansing 2015: Section 2.1)。

(i)

P	¬P
真	偽
i	i
偽	真

という「否定的」な接頭辞 (prefix) を伴っており、(4d) は happy の反意語 (antonym) の一つと考えられる sad が入っている。しかし、これらは (4a) に対する否定かと言われると、必ずしもそうとは言えない (Horn 1989, 1991)。

(4) a. John is happy.

    b. John is not happy.

    c. John is unhappy.

    d. John is sad.

幸せである (happy) ことと幸せではない (not happy) こととは両立しないし、また、両方とも成り立たない状態もありえない。したがって、否定を (3) のようにとらえるならば、(4b) は明確に否定文である。しかし、(4c) は必ずしもそうではない。幸せである (happy) ことと不幸せである (unhappy) こととは両立しないが、幸せでも不幸せでもない状態はありうるので、(4c) は (4a) の否定とは必ずしも言えないのである (否定の接頭辞を伴う場合は、第 3 章で扱う)。また、(4d) の場合は幸せではない (not happy) からといって悲しんでいる (sad) とは限らないのだから、否定文にならないことは明らかであろう。

　また、(4b) のように not を述語につけることで文全体の否定になるため、これと同様の (5a) はよいが、(5b) では述語に否定がないため、主語の nobody が文全体の否定になるように解釈される (Ladusaw 1996: 134)。

(5) a. Mary didn't talk to John.   didn't(Mary talks to John)

    b. Nobody talked to John.   didn't(somebody talks to John)

(Ladusaw 1996)

また、(4b) のように not が付加詞として先行する動詞と句を成す場合と、(5a) のように -n't という接尾辞になって助動詞 did に後続する場合とがある。否定としての解釈は同じであっても、このように異なる形態をとることがある。

　(5b) のように否定を含む語を主語位置にもつ場合に文全体の否定の解釈が成り立つことは、たとえば、否定極性項目 (negative polarity item, NPI) の

anyone と共起する(6)からも観察される。この例では、Penny Black とい
う貴重な切手が厳重に警備されていたはずの博物館から盗まれ、その犯人
の目撃情報を求めているところである。

(6) Nobody seems to remember <u>anyone</u> casing the place in advance of
the crime — but as several of them reasonably pointed out, how could
you tell? (Peter Lovesey, *Bloodhounds*)[3]
(事件前に誰か現場を偵察していたことを覚えている者はいなかった——と
はいえ、偵察していたかどうかなんて分からないだろう、というのも当然の
指摘であった)

事件現場を誰かが事前に偵察していたのを覚えている人はいないというこ
となのだが、anyone は否定文で生起することで「誰もいない」という解釈
になる。第2章でより詳しく観察するが、NPI とは否定文で出現する要素
であり、any(one/body/thing/...)は、それ自体が一つの人・物を表し、文
否定でその一つも否定されてなくなってしまうことを示している。

なお、ここで言う「極性」とは、文の性質としての否定と肯定を極性の
両端と捉えるもので、典型的には、否定文は否定極性をもつし、肯定文は
肯定極性をもつ。先に説明した、否定という操作が極性を反転させるとい
うときの「極性」とは異なることに注意したい(否定文は真の命題も偽の命
題も表せるので、否定文だからといって真あるいは偽の一方の極性に限定
されるわけではない)。

1.1.2 否認と否定

このように否定は極性を反転させる操作だが、否認(denial)と区別される
ことに注意が必要である(van der Sandt 1991, 2003)。もちろん、否定を伴った
内容を否定文によって主張することはできる。しかし、相手の発言に対す
る反対意見、つまり否認は、必ずしも否定文で行わなければならないわけ

---

[3] ここで case はウェブ上の *Oxford Living Dictionaries* では informal とされ
ている'Reconnoitre (a place) before carrying out a robbery'(「強盗する前
に(その場所を)偵察する」)という意味である。

ではない。たとえば(7b)は(7a)に対する否認になるだけでなく、(7a)が(7b)に対する否認になることもできる。

(7) a. Mary is happy.

b. Mary is not happy. (van der Sandt 1991: 331)

これは日本語で考えても同じである。「メアリが幸せだ」という主張に対して、「メアリは幸せではない」と述べるのが否認であり、また、「メアリが幸せではない」という主張に対して、「メアリは幸せである」と述べるのもまた否認である。前者の場合は否定辞「ない」を含むが、後者の場合は否定的な要素を含まない。このように、否認は否定とは異なる。否定辞があるから否認になるわけではない。この点については第5章で再び考察する。

1.2 否定の分類と否定文

1.2.1 文否定

否定のあり方は、様々な言語で共通している部分が多い。たとえば、文全体が否定の対象になる文否定(sentential negation)に関する類型論的な研究であるDahl (1979)は、次のように述べている。文中のNegとは否定的な要素のことである。

(8) The only thing that seems to be universal about Neg from a syntactic point of view is that it operates on sentences (or maybe verb phrases) to yield new sentences (or verb phrases). (Dahl 1979: 97)

つまり、どの言語であっても、文否定とは演算子(operator)のように文に作用して別な文を作る操作であるということである(これは本章の冒頭の「命題に対して行う操作」という考え方と同じである)。Dahl (1979)によれば、世界の言語の文否定には、形態素を用いた否定(韻律や語順を用いた否定も含む)、屈折をしない否定辞を用いた否定(英語のnotはこれに当たる。また、フランス語のne . . . pasは2つの否定辞を用いている)、否定の助動詞を用いた否定、ダミーの助動詞を用いた否定(英語のdo notなど)、などが

ある。英語では n't のように否定辞の屈折語尾と見なせる例もあるが、基本的には否定辞を用いた否定と、ダミーの助動詞を用いた否定が主な文否定の形式である。また、英語のように動詞が文中に現れる言語では、定性(finiteness)を表す要素(ふつうは定動詞)の前に否定辞が置かれることが指摘されている。

このほか、英語の場合、never や hardly, scarcely, seldom, rarely, little といった副詞が否定辞の役割を果たし、文否定になることがある。また、前節でも見たように、主語に nobody, nothing など否定を表す名詞句を置くことで文否定を成すことがある。これらは Dahl の分類では十分に記述することができない。

そこで、英語の文否定について、まず、Klima (1964)のアイディアを受け継いだ Payne (1985)が提示する、否定タグに基づいた文否定の分類について以下で述べる。さらにそれを元に Huddleston and Pullum (2002)での英語の否定に関する細かい分類について述べる。

1.2.2　文否定と否定タグ

ある文に文否定が含まれていることを統語的に確認するために、Klima (1964)では否定タグ(negation tags)を使って調査している。たとえば、ある文に否定の要素が含まれていることは、その文の後に、極性が肯定の付加疑問(tag question)や、neither＋節、not even＋名詞句のような否定タグを置くことで判断することができる。たとえば、ダミーの助動詞に否定辞がついた(9a)のような例は標準的否定(standard negation)と呼ばれる。(9b)のように doesn't を伴った文は否定タグを後続させても正文となるため、doesn't(のなかのとりわけ n't(＝not))が否定の要素であることが分かる。

(9) 標準的否定(standard negation)
   a. It doesn't rain.
   b. It doesn't rain, {does it? / and neither does it snow / not even in
      Auchtermurphy}.　　　　　　　　　　　　　　(Payne 1985: 199)

(9b)の付加疑問に対応する実例として、以下のように同じドラマの5分程

度の中で採集されたものを示しておく。極性が反転していることが分かる
だろう。[4]

（10）a.　Farming needs a kind of toughness, <u>doesn't it</u>?

（*Downton Abbey,* Series 2, Episode 2, 00:12:38）

　　　b.　Mrs Hughes:　But what about you?

　　　　　Anna:　　　　Oh, I'm a trooper. And we can't complain, <u>can we</u>?

（*Downton Abbey,* Series 2, Episode 2, 00:17:04）

（10a）では、上流階級の娘イーディスが、作業を手伝っている農家の主人
に対して、「農業をやるにはタフである必要がある」ということに同意を求
めているが、付加疑問が doesn't it? と否定辞を含むものになっている。否
定タグがつけられるのだから、この文は肯定文である。また、（10b）は第
一次世界大戦中に負傷した軍人を受け入れているダウントン・アビーの使
用人たちの会話で、他の使用人を心配するアナに、ミセス・ヒューズがあ
なたはどうなのと尋ねると、アナは、自分は我慢強いし、「それに、（フラ
ンスの前線で戦っている兵士のことを考えると）文句は言えませんよね」と
答える。ここで付加疑問が can we? と肯定的なものになっている。した
がって、これは否定文である。

　同様の手続きで Payne（1985）は（11）–（13）のようなパタンを文否定とし
て認定している。まず、否定された数量詞であるが、これは否定辞が数量
詞と共に否定の要素として機能するもので、（11a）は多くの学生が合格し
たわけではないということである。（11b）は、any を数量詞に含めるかどう
かは議論のあるところだが、[5] some と同様の不定数量詞（indefinite quantifier）
だと考えると、否定副詞 scarcely が any と共に現れ、ほとんど誰も合格し
なかったということである。

---

　　[4]　極性が反転しない付加疑問の意味合いについては、Cattell（1973）を参照の
　　こと。
　　[5]　たとえば Haspelmath（1997:12, 191ff.）では anyone, anything などを不定
　　代名詞（indefinite pronoun）としている。

(11) 否定された数量詞(negated quantifiers)
  a. Not many students passed, {did they? / and neither did I / not even with cribs}.
  b. Scarcely any students passed, {did they? / and neither did I / not even with cribs}.
                (Payne 1985: 201)

(12)においても、肯定の付加疑問が現れることから、主語位置にある表現はすべて文否定を形成することが分かる。

(12) 内在的否定数量詞(inherently negative quantifiers)
  {Nothing / Nobody / No-one / None / No friend} can help us, {can {it / they}? / and neither can you / not even Marmaduke}.
                (Payne 1985: 204)

(13)では、often や always といった頻度の副詞を否定することで、「しばしば〜するというわけではない」「いつも〜するというわけではない」という意味になる。

(13) 否定された副詞(negated adverbials)
  {Not often / Not always} do I pay taxes, {do I? / and neither does Murphy / not even to Malta}.   (Payne 1985: 205)

頻度の副詞は文で記述されている出来事の頻度を表すので、数量詞が否定されているものと類似していると判断されるのかもしれない。
 これらの例について、それぞれ、付加疑問のみならず、neither 節および not even 句があることに注目していただきたい。こうした表現は左側に否定がなければ現れることができない。このことは、not などの否定表現の影響(これを作用域[scope]と言う)が文全体に及んでいることを示している。(13)に見られる主語と助動詞の倒置も文否定の特徴とされることがある (Huddleston and Pullum 2002: 786)。倒置については本章 1.3.3 節において検討する。
 また、(10)のような文は枚挙にいとまはないが、(11)–(13)の文否定の

基準に合致する文も頻繁に見られ、たとえば、(11)-(13)に対応する実例
としてそれぞれ(14)-(16)がある。

(14) 'Jesus God,' said Father. 'Maybe give the prostitutes the second
floor, then. And make the damn radicals move to the top.'
　　'Intellectuals,' Freud said, 'are in notorious bad shape.'
　　'<u>Not all</u> these radicals are intellectuals,' Susie said.

　　　　　　　　　　　　　　　(John Irving, *The Hotel New Hampshire*)

（「まったく」と父は言った。「それじゃあ娼婦たちを2階に泊めて、忌々し
い過激派連中に最上階に移ってもらおう」
「知識人ってやつは体が丈夫じゃないと言うが」とフロイドが言った。
「あの過激派の連中みんなが知識人ってわけじゃないでしょう」とスージー
が言った）

(15) <u>Nothing</u> flourished here anymore but what her father had called
"freak religions."　　　　　　　　　　　　　　　(Alice Munro, "Corrie")

（この町では彼女の父親が言う「狂った宗教」しか繁栄しなかったのだ）

(16) This was important, Franklin said. <u>No way</u> did we want to be there
for a day or two, or possibly a week, with no discovery. <u>Nor</u> did we
want to leave the car empty, with the police having to tramp through
the trees in search of remains that the coyotes might already have
got into.　　　　　　　　　　　　　　　　　　　(Alice Munro, "Dolly")

（フランクリンは、これが重要だと言った。見つけられずにそこに1日も2
日も、場合によっては1週間も、そこにいたくはない。だけど、クルマを
空にして離れて、警察が木々の間に足を踏み入れコヨーテにたかられたか
もしれない遺体を探す、というのもいただけない）

(14)は「ここの過激派の人たちはみんな知識人というわけではない」とい
うことだが、数量詞 all に not が前置する形式である。(15)は nothing が文
否定を担っていることが、anymore という NPI の存在によって明らかであ
る。(16)は no way や nor といった否定の副詞が文頭に置かれ、主語と助
動詞が倒置を起こしている。これらは(11)-(13)と同じ否定の形式を備え
ており、文否定であると言える。また、not の作用域に副詞 necessarily が

入ったものは以下になる。

（17）What goes up does <u>not necessarily</u> come down, <u>not even</u> with the
roof open. (From *Daily Mail*, 2013)[6]

2013年のウィンブルドンで、ノヴァク・ジョコビッチとの試合でフロリア
ン・マイヤーがラリーの激しさに苛立ってボールを上に高く打ち上げたこ
とを述べた記事で、「上がっていったものは必ず下がってくるわけではな
い。屋根が開いていても、である」ということである。not necessarily を
含む節が否定であることは、後続の not even を含む句から分かる。

1.2.3 構成素否定

前節で説明した文否定では、文全体が否定辞の作用域のなかに入り、文
の極性が反転するが、構成素否定と言われるタイプの否定は、文全体では
なく、そのうちの一部の構成素のみが否定の対象となる。したがって、構
成素否定を含む文は肯定文ということになる（ただし、動詞句否定の場合は
この限りではない[7]）。これを例証してみよう。たとえば、Klima (1964: 305)

---

[6] http://www.dailymail.co.uk/sport/tennis/article-2348214/Wimbledon-
2013-Novak-Djokovic-beats-Florian-Mayer.html

[7] Stockwell, Schachter and Partee (1973) を参考に説明すると、厳密な意味
での動詞句否定（VP negation）とは、Jackendoff (1972) が文否定と区別して、
主語を除く動詞句部分だけを否定するものとして導入した用語で、たとえば(ia)
のような文否定に対して(ib)のような動詞句否定が存在するとした。
 (i) a. Not many of the arrows hit the target.
   b. Many of the arrows didn't hit the target.
意味の異なる2つの文は異なる深層構造をもっている必要があるという当時の
生成文法の考え方から、文の先頭部分と動詞句の前の2か所に否定を設定でき
るような構造を採用して説明している。しかし、Stockwell, Schachter and
Partee (1973) で指摘されているように、この考え方を追求していくと、たと
えば(ii)のような文にも二義性を認めることになる（が実際はそんなことはない）
としている。
 (ii) John didn't see the police car.
本稿では、(ib)に示される動詞句否定を認めつつも、構成素否定とは区別する。
また、動詞句否定の存否についての議論は、荒木・安井 (1992) を参照のこと。

による(18)の例では通常の否定タグが用いられず、肯定のタグになっていることが分かる。

(18) a. He found something interesting there not long ago, {*and neither did she / and so did she}.

  b. He had spoken with someone else not many hours earlier, <u>hadn't he</u>?

  c. Not a few authors criticized him severely, <u>didn't they</u>?

(Klima 1964: 305)

(18a)では文否定を含む文に後続する and neither . . . が用いられず、肯定文に後続する and so . . . が用いられている。(18b)は付加疑問が hadn't he? と否定になっており、先行する文が肯定文の解釈を受けていることを示している。(18c)の付加疑問も同様である。このように、not long ago, not many hours, not a few authors という表現は文否定の基準を満たさない。したがって、not はそれぞれ long, many, a few といった形容詞や数量詞のみを否定の作用域に含み、構成素否定であると言える。ただし、not が many を作用域としていても、(19)のように主語と助動詞の倒置を起こすこともある。この場合、not many weeks という句が一体として否定辞のように振る舞い、文否定を構成しているものと考えられる。

(19) <u>Not many weeks</u> could he endure before a decision came upon him.

(Payne 1985: 202)

また、Huddleston and Pullum (2002: 801)によれば、(20)は not (n't) が含まれているが、付加疑問は isn't he? となり、また、and so is his secretary が後続できる。[8]

(20) He often is<u>n't</u> there when you call him.

(Huddleston and Pullum 2002: 801)

---

[8] Huddleston and Pullum (2002)では文否定は clausal negation と、構成素否定は subclausal negation と呼ばれる。

したがって (20) はあくまで肯定文であり、often は not に対してより広い作用域をもっており、n't は動詞句 is there という部分のみを否定するという。また、not は否定の対象の構成素の直前に置くのが一般的で、以下のように否定の対象を展開する場合には not を繰り返す。たとえば (21) はある高齢女性が息子の妻に気を使っていることを描写している文章である。

(21) She carried on <u>not</u> noticing to an extreme. <u>Not</u> noticing, <u>not</u> intruding, <u>not</u> suggesting, though in every single household skill or art she left her daughter-in-law far behind. （Alice Munro, "To Reach Japan"）

「彼女はまったく気がつかない状態を続けた。気がつかない、押しつけない、提案しない。だが、家事全般について彼女は義理の娘よりもはるかに上手であった」と、3 種類の行為について否定しているが、それらのそれぞれに not が前置されている。

1.3 否定辞の分類

1.3.1 明示的な否定辞

ここで言う否定辞とは、文否定あるいは構成素否定に関わる否定を表す表現のことである。ここでは Huddleston and Pullum (2002: 791, 807ff.) の分類を取り上げ、それぞれの表現の実例を提示していくことにしたい。[9]

1.3.1.1 not による否定

本節では否定辞 not が明示的に出現する否定文を例示する。否定文で not が現れる場合、(22) のように一般的には動詞に隣接して生じることが多い。

(22) *not V*

    a. "Fine. Mitch, I am a man of very few words. And what I'm about

---

  [9] 解釈に正確を期すため、筆者がコンテクストを把握している少数の本から例文を取るようにする。該当する例が見当たらない場合は、BNC で検索した例を掲載する。

to tell you will certainly shock you. You will be horrified. You
<u>may</u> not believe me. But I assure you it's all true, and with your
help we can save your life." (John Grisham, *The Firm*)

(「よかった。ミッチ、僕は口数が少ない男だ。そして、これから僕が
口にすることは君にとってはショックだろう。怖いと思うだろう。僕
の言うことを信じないかもしれない。しかしね、本当のことなのだ。そ
して、君が助けてくれれば、僕たちが君の命を助けてあげられる」)

b. Of course it's been a little complicated with Father, who <u>can't</u>
see which phone is ringing.

(John Irving, *The Hotel New Hampshire*)

([複数の電話機があるが、性被害告発用の電話は取らないように言わ
れている]父は目が見えないから、どの電話が鳴っているのか分からな
いので、それはちょっと厄介なことだった)

(22a)は、FBI 捜査官が弁護士ミッチに彼の弁護士事務所が犯罪に関わっ
ていると告げる場面で、You may [not believe me] というふうに not は
believe me を作用域としているという解釈になり、「君は僕を信じないか
もしれない」と、〈信じない〉ことの可能性について述べている。(22b)は、
爆弾テロの爆風で盲目となった父親が、電話が鳴ってもどの電話が鳴って
いるのか特定できないということである。助動詞自体が否定され、who
[[can't] see]という解釈であり、〈見ない〉ことが可能なのではなく、〈見
る〉ことが不可能であることを述べている。[10]

(23)では、数量詞に対して not が前置される例である。

(23) *not {all / every / many / much}*

I'm sure it's done by other partners, but you'd never catch them.
<u>Not</u> <u>all</u> of them, but a few. (John Grisham, *The Firm*)

(23)の例文では、not all of them という表現が部分否定の解釈になるため、

---

[10] 否定辞 not の縮約、数量詞やイントネーションによる not の作用域の解釈
など、話題にすべきことは多いが、それらについては Huddleston and Pullum
(2002: 799–806)を参照していただきたい。

浮気している弁護士たちのうち全員は無理だが「いく人か(a few)」は捕まえられる、と述べている。

(24)は not に one が後続して、節全体の否定になるものである。

(24) *not one*

　　 "Ah, Hippie food," Brad's father said, peering down at the beans.
　　 His wife reached over to slap his wrist. "Sit," she told him.
　　 "Granola au gratin."
　　 "There's <u>not</u> <u>one</u> speck of granola anywhere in sight; so sit."

(Anne Tyler, Digging to America)

(ブラッドの父親は「ああ、ヒッピーの食べ物だな」と料理の豆を見ながら言った。
　彼の妻が手を伸ばして彼の手首をひっぱたいて、「あなた座ってよ」と言った。
　「グラノーラかけグラタンだな」
　「グラノーラなんて一粒たりとも見えないでしょ。さあ座りなさい」)

(24)の例文では、ブラッドの父親が義理の娘にあたるビッツィーの作ったお米の上に豆を乗せた料理について、「グラノーラかけグラタン」のような失礼なことを言うので、彼の妻が「グラノーラなんて一粒たりとも見えないでしょ。だから座って(食べなさい)」と言う場面である。be 動詞に後続する not one speck of granola の中の speck が少量を表し、not one によって文否定となっている。

(25) *not two / . . . / ten, not a single*

　a. "Three things. Number one, don't trust anyone. <u>There's not a single person in that firm you can confide in.</u> Remember that . . . ."

(John Grisham, The Firm)

　　（「3つほど警告しておきたい。まず第一に、誰も信用するな。君の弁護士事務所には本当のことを話せる人間は一人たりともいない。それを覚えておいてくれ . . .」）

　b. "Of all the Sodoms and Gomorrahs in our modern world, (San Francisco) is the worst. <u>There are not ten righteous (and coura-</u>

geous) men there."

（COCA: NEWS: San Francisco Chronicle, Pg. A1: 2006（20060417）:
"A Cultural Turning Point: Art and Life Colored by Shaking of the Earth"）
（「現代社会のソドムやゴモラとでも言うべき悪徳の町の中でもサンフ
ランシスコは最悪だ。あそこにはまともな（そして勇気のある）人間は
まずいない」）

(25a)では FBI 捜査官が主人公に対して彼の法律事務所では秘密を打ち明
けられるような人間は一人もいないと指摘しているところであり、not a
single person という表現は「一人もいない」ということを強調している。
(25b)では、非常に少ない人数として 10 人を想定し、悪徳がはびこるサン
フランシスコでは(勇気ある)正義漢は「10 人といない」と述べている。

（26）*not a little / a few*

There are a few derisory cheers, encouraging whistles, and not a few
glasses raised in our honour. （Sting, *Broken Music*）

(26)は一種の緩叙法(「少なくない」と言って多いことを表すような修辞技法[佐
藤・佐々木・松尾 2006])である。(26)の例では、スティング夫妻の来訪を祝
して乾杯した場面で、「少なくない数のグラス」が持ち上げられたと言うこ
とで、かえって多数であることを述べている。
　次の(27)は、先行する否定文を、より可能性の高い事柄をも not even で
否定することによりさらに強めるもので、Klima (1964: 262)でも「否定同
格タグ(negative appositive tag)」として否定文の特徴の一つとされている。

（27）*not even*

He said the money would be deposited in a Swiss bank and no one,
not even the IRS, would ever know about it.

（John Grisham, *The Firm*）

(27)の例文では、スイスの銀行の当該の預金について、それについて知る
可能性がより高そうなアメリカの内国蔵入庁(IRS)を挙げ、彼らですらも知
ることはない、ということで、誰も知る者はいないということを強調して

いる。

(28)は not に副詞が後続するものである。

(28) *not very / quite / wholly / . . .*

I suture her with the same thread I used last week to fix a hole in my sock. I'm <u>not</u> <u>very</u> good at it — I stick myself nearly every stitch — but I get the job done.　　　　　　　　　　(Jodi Picoult, *House Rules*)

（私は先週ソックスの穴を直したときに使ったのと同じ糸で彼女を縫い合わせる。別に裁縫が得意なわけではない。縫い目ごとに自分の指を針で刺してしまうのだから。でも何とか仕上げた）

(28)はいわゆる部分否定であり、強意的な副詞を not が修飾することで、「あまり／そんなに／完全に . . . ではない」という意味を表す。(28)の例文は証拠を入れたタッパーをアヒルのぬいぐるみの中に入れて縫ってしまう場面だが、縫合するのに手間取っている様子を描きながら、縫うのは「あまり上手くない」と述べているところである。

(29)は、not と否定接辞のついた形容詞という 2 つの否定的要素が連続して、二重否定の形式を利用して緩叙法になっている例である。

(29) *not un-Adj*

'Did you happen to notice the title?'

'Of course. I'm <u>not</u> <u>uninterested</u> in books myself. It was *The Three Coffins,* by John Dickson Carr. Sid was an admirer of Dickson Carr's work.'　　　　　　　　　　(Peter Lovesey, *Bloodhounds*)

（「その本の題名はご覧になりましたか」
　「ええもちろん。私自身も本にはかなり興味があるものでね。ジョン・ディクスン・カーの『3 つの棺』でした。シドはディクスン・カーを崇拝していました」）

(29)では、書籍には「興味がないわけではない」と言うことで、「かなり興味がある」と解釈されることを意図している。

(30) *not unexpectedly / unreasonably / unnaturally / unsurprisingly*

Karajan himself, <u>not</u> <u>unnaturally</u> for the son of a doctor being edu-
cated in the second and third decades of the twentieth century, had
a training that mixed science with the humanities. （BNC: ADP: 321）

（カラヤン自身は、1920 年代、1930 年代に教育を受けた医師の息子として
は珍しいことではないが、科学と人文学を取り交ぜた知的訓練を受けた）

(30)では not に否定接辞のついた副詞が後続しているが、二重否定の形式
を利用して、逆に肯定的になっている。(30)の例文で、「20 世紀の初頭に
教育を受けた医者の息子としては珍しいことではないが」ということは、
当然の成り行きだったということだろう。なお、(29), (30)のような not
に否定接辞のついた形容詞・副詞が後続する例については、1.5.2 節で再述
する。

つぎに(31)は前置詞句に not が前置されたものである。

(31) *not PP*

  a. <u>Not</u> <u>at any point</u> was I saying I was going to go to Georgia. I
    really looked hard at going to Duke and Tennessee.
    （COCA: NEWS: Atlanta Journal Constitution: 2004（20041215）: "Star,
    inside assist(ant); Lady Dogs phenom^s mom is aide on team"）

  b. <u>Not</u> <u>for the first time</u>, he had to remind himself that his best
    support in the murder squad was female and not much over
    thirty. （Peter Lovesey, *Bloodhounds*）

(31a)は、バスケットボール選手が自分の大学選びを振り返っている場面
であるが、地元のジョージア大学に行くとは「どの時点でも」言っていな
いと言っている。後述の否定倒置[→ 1.3.3 節]が生じていることからも分か
るように、ここでは文全体が否定されている。それに対して、(31b)では、
ダイアモンド警部が自分の最も優秀な部下が若い女性であることを考慮す
べきだと「初めてというわけではないが」思い至ったということで、ここ
で not は構成素否定になっていて、for the first time という前置詞句を否定
している。

（32）では not に that 節が後続して、「しかし〜と言うのではない」（"This is not, however, to say/suggest that . . . "［Huddleston and Pullum 2002: 811］）と、先行発話の意図しない解釈を排除するものである。

（32）*not that . . .*

I knew that Jacob was going to have trouble when those journals were presented as evidence. I wouldn't want the equivalent of my diary being read to a jury. Not that I keep a diary, or not that I would recount the evidence at a murder scene in one.

(Jodi Picoult, *House Rules*)

（ジェイコブがあの日誌を証拠として提示されたらトラブルを起こすだろうと思った。私でも自分の日記を陪審員の前で読み上げられたくはない。いや、私が日記をつけているわけではないし、つけていたとしても日記の中で殺人現場の証拠など詳しく書き込むわけもないが）

（32）の例文では、殺人罪に問われている少年ジェイコブが書いている日誌を証拠として裁判所に提出したくない理由として、母親エマは、自分なら日記みたいなものを陪審員の前で読み上げられたくないと述べたあと、但し書きのように、「日記をつけているわけではないし、つけていたとしても殺人現場の証拠など詳しく書き込むわけもない」と付け加えている。

（33）では、一方を not で否定して他方を肯定するという形で 2 つの要素が接続されている例を見てみる。

（33）接続と *not*

a. Hooliganism is not one but several overlapping phenomena ― traditional misrule, new forms of territorial aggression, youth styles both invented or reflected in the media. (BNC: A6Y: 1095)

（フーリガン行為というのは一つの現象ではなく、いくつかの現象が重なり合ったものである。それらは、昔からあるお祭りのような無秩序状態、国境をめぐっての新しいタイプの紛争、メディアに作られ反映された若者のやり方、といったものである）

b. "Hey man," I said, "take that crap upstairs to the shrinks. Don't tell me about it. I asked about her, not you."

（James Crumley, *The Last Good Kiss*）

（「おい、あんた」と私は言った。「そんなしょうもないことは精神科医
にでも言いな。俺に言ってくるなよ。俺が訊きたいのはあんたのこと
じゃない、彼女のことだよ」）

c. Its large golden head was in the shape of a cross, but <u>not</u> a normal
cross. This was an even-armed one, like a plus sign.

（Dan Brown, *The Da Vinci Code*）

（その鍵の大きな金色の先端部分は十字架の形にはなっているが、普通
の十字架ではなかった。十字の腕の 4 本のそれぞれが同じ長さで、足
し算の記号のようだった）

(33a) では、フーリガン行為（不良行為）が一つの現象であるということが
not で否定され、複数の現象が重なり合ったものであることが肯定される
ときに but で接続されている。(33b) では、失踪した若い女性の行方を聞
きに来た探偵に対して、かつて恋人だった男は彼女の突然の失踪がトラウ
マになっていると言い募る。それに対して探偵は「彼女のことを尋ねたの
であって、あなたのことを訊きたいのではない」と言う。否定される対象
は not you だけで表されている。(33c) では、ソフィーが祖父の部屋で
チェーンのついた十字架を見つける場面で、しかしそれは普通の十字架で
はなかった（but not a normal cross）ことを述べている（もちろん、十字架であ
ること自体が否定されているわけではない）。

1.3.1.2　not によらない否定

　本節では明示的な否定要素はあるものの、not によらずに否定を表す表
現について実例に基づいて観察する。絶対的否定辞（absolute negator）、近似
的否定辞（approximate negator）、否定接辞（affixal negation）に分けられる（Hud-
dleston and Pullum 2002: 812–822）。

　絶対的否定辞には 2 つの種類があり、(34) にあるように、名詞につく no
や名詞句 nobody や副詞 nowhere などの形態的に no がつく類と、(35) の
ように語頭の n- によって否定辞となる never, nor, neither である。通例文
否定の解釈になる。

(34) no がつく絶対的否定辞: *no, none, nobody, no one, nothing, nowhere, no place* (informal AmE)

a. 'How did it get into your book?' asked Shirley-Ann.

'I haven't the faintest idea.'

'None of *us* could have slipped it between the pages,' said Polly, and then undermined the statement by adding, 'Could we?'

(Peter Lovesey, *Bloodhounds*)

(「それはどうやってあなたの本の中に入ってきたのかしら」とシャーリー＝アンは尋ねた。

「まったく分かりませんね」

「だけど、私たちの誰もそれを本のページの間に挟むことはできない」とポリーは言い、そして自分の発言を弱めるように「でしょう？」と付け加えた）

b. So here is a conundrum for me. An amazing drummer, whose dynamism is in no way limited to his musical abilities, but with an artistic agenda that I can only half subscribe to, compared with allegiance to a band who I'm not even sure is committed to coming to London and whose chances of making it seem increasingly nonexistent. (Sting, *Broken Music*)

(「これは私にとって難問である。素晴らしいドラマーであり、その力は音楽的な能力に留まらないものだが、芸術的な意見が私とはあまり合わない人物をとるか、あるいは、ロンドンで活動するかどうかも分からない、成功する確率もどんどんなくなっていっているようなバンドに義理立てするか、である」）

(34a)では、博物館から盗まれた貴重な切手が推理小説クラブの一員が所有する本の中に差し挟まれていたことについて、「その本の中に入れられる人は私たちの中には一人もいなかった」と述べている。また、(34b)では、そのドラム奏者について「そのダイナミズムが彼の音楽的能力に限定されない」ということで、下線部の表現は否定辞として機能している。これと類似した表現には by no means, on no account がある。

次の(35)では否定要素が形態的に n- のみである例である。これらの語で

は n- を削除すると either, or, ever という否定極性で現れやすい表現になる点で先の (34) とは異なる。

(35) n- がつく絶対的否定辞： *neither, nor, never*

    a. "The one thing people <u>never</u> forget is the unresolved. Nothing lasts like a mystery."   (John Fowles, "The Enigma")

    b. <u>Neither</u> of these works, <u>nor</u> two more which are to be discussed, have attempted to integrate Eastern with Western art.

(BNC: A04: 412)

(35a) は最初の文の中に never が生じて「人々が決して忘れないことは解決されなかったものである」という意味になる。(35b) では neither と nor が現れているが、ドイツとアメリカで美術の総覧的な書物が 20 世紀初頭に出版されたことを述べた後で、「それら 2 冊とも、また、これから論述する 2 冊も、西洋美術と東洋美術とを総合的に扱おうとはしなかった」と主張している。neither と nor はこのように相関的に用いられる場合も、それぞれ単独で用いられる場合もあるが、先行発話で示されたことを受けて否定文を発するために用いられる。

1.3.1.3 近似的否定辞 (approximate negator)

近似的否定辞とは、量や頻度の尺度を表す表現のうち、その量や頻度がゼロに近い、もしくは、存在しないも同様であることを述べるものである。数量詞由来のもの (36) と、頻度副詞由来のもの (37) がある。

(36) *few, little*

    A short, fat, dark-skinned lady sat next to him.

    He smiled at her. "*¿De dónde es usted?*" he asked. Where are you from?

    Her face broke into unrestrained delight. A wide smile revealed <u>few</u> teeth. "*México*," she said proudly.

(John Grisham, The Firm)

(背が低くて太っていて肌の色が濃い女性が彼の隣に座った。

彼は笑顔で(スペイン語で)「どこのご出身ですか」と尋ねた。

彼女はとても嬉しそうに顔をほころばせた。笑顔で大きく開いた口には ほとんど歯がなかった。(スペイン語で)「メキシコです」と彼女は誇りを もって答えた)

（37） *rarely, seldom, barely, hardly, scarcely*

a. She ate slowly, and <u>rarely</u> ate all of what she ordered.

（Robert B. Parker, Rough Weather）

b. "Could you . . . " I can <u>barely</u> speak, my throat has gotten so tight. "Could you just put the bills in order?"

（Jodi Picoult, House Rules）

c. You have to present yourself in a manner that is sympathetic to the jury. And I knew Jacob could not — and would not — do that. Hell, I could <u>barely</u> get him to wear a tie here . . . I certainly couldn't make him express remorse, or even sadness.

（Jodi Picoult, House Rules）

(陪審員に同情してもらえるような態度を取る必要がある。だけどジェ イコブにはそれは無理だし、やろうとしないことは分かっていた。まっ たく、ジェイコブにネクタイをさせるのだってやっとだったのだか ら . . . 彼に後悔や悲しみですら表させるのも無理に決まっている)

(36)の例文では刑務所から逃走中の男がバスで隣に乗り合わせたメキシコ 人女性と言葉を交わす場面であるが、彼女はスペイン語で話しかけられた ことが嬉しかったのか顔をほころばす。と、開いた口の中に歯がほとんど 残っていない(few teeth)のである。(37)で挙げられている副詞では、rarely (「めったに〜ない」)などほとんどのものは否定的な含意があり、(37a)でも スペンサーの恋人スーザンが自分が注文した料理でも「全部食べるという ことはめったにない」ということである。(37b)はジェイコブが財布から 取り出された紙幣を見たときに、額面の大きい札から小さい札へと重ねて いないと混乱してしまうので、警察官にその順番で重ねてくれないかと頼 むところである。混乱でのどが詰まって「ほとんど話せない(I can barely speak)」ので、"Could you . . . " で一度止まってしまっている。ただし barely

は否定的な意味のほかに肯定的に使われる場合がある。(37c)は、出廷に
あたって「ジェイコブにネクタイをさせるのだってやっとだった」という
ことであり、ネクタイは着用されたのである。[11]

1.3.1.4 否定接辞 (affixal negation) [12]

否定接辞による否定は、矛盾関係になるものと反対関係になるものがあ
るとされる (Huddleston and Pullum 2002)。たとえば、(38a)の unavailable は
矛盾関係、(38b)の uncommon は反対関係を表すとされる。これらの語に
即して言えば、矛盾関係とは、あるものは利用可能である (available) か、利
用不可能である (unavailable) のどちらかであり、どちらでもない場合を排除
する関係である。反対関係とは、あるものがありふれた (common) ものか、
稀な (uncommon) ものか、あるいは、どちらでもない (ありふれてもいない
し稀でもない) ものか、のいずれかである関係である。

(38) a. In a great many works of an advanced nature (research material,
monographs etc.) style will not play a crucial role, since the
content will be <u>unavailable</u> in any other form. (BNC: B07: 535)
(高度な性質をもつ論文(研究資料、モノグラフなど)では多くの場合、
文体は重要ではない。というのも、他の形式ではその内容が入手でき
ないからである)

b. Recently spring records have fallen between 16 April (1968,
earliest county record) and mid-June, and autumn records be-

---

[11] barely が肯定的な含意がありつつも否定極性項目が生じる環境であること
については、almost との比較で考察した Horn (1996) を参照のこと。

[12] Huddleston and Pullum (2002) では共時的に否定として機能しているも
のみを否定接辞として論じているが、その基準として not の前置(構成素否定)
が可能かどうかを用いている。しかし、彼らも *a not anarchic society や
*several not intrepid explorers を挙げているように、not の前置は不可だが、
語源的に否定を表すものはある。たとえば Zimmer (1964) では形容詞の語基
(base) につくものとして、a(n)-(*anomalous, amoral*), dis-(*disagreeable*),
in-/il-/im-/ir-(*incredulous, impeccable*), non-(*nondescript*), un-(*uninterest-
ing*) の5つを挙げている。

tween 12 July and 31 October (1965, Selsey Bill), but the species
is very <u>uncommon</u> in October. (BNC: B31: 1527)

(近年では春の記録は 4 月 16 日から 6 月半ばまで（州の最初の記録が
1968 年）であり、秋の記録は 7 月 12 日から 10 月 31 日まで（1965
年、セルシー・ビル）であるが、この種は 10 月にはほとんど見られな
い）

(38a) は、専門性の高い多くの重要論文について「その内容は他の形式で
は入手できない」ので文体は重要ではないということだが、NPI の any が
生じている。(38b) は英国の鳥のガイドブックからのものだが、チゴハヤ
ブサについて、「10 月に見られることは非常に稀である」と述べているが、
このように程度副詞 very で修飾できるところからも程度のある「反対」の
意味を表していることが分かる。unavailable と not available のようにほ
とんど意味が変わらないもの（どちらも「利用できない」）もある一方、uncom-
mon（「稀な; 並外れた」）と not common（「よくあるわけではない」）のように意味
が異なる場合もある（Huddleston and Pullum 2002: 821）。なお、否定接辞につ
いては、第 3 章で詳述する。[13]

1.3.2 非明示的な否定の表現

1.3.1 節で示される否定辞の環境はすべて後述のいわゆる否定極性項目
（negative polarity item, 以下 NPI）を認可する環境だが、同様に NPI を認可する
環境の一つに、否定辞ではないものの、語彙的な意味の中にすでに否定の
要素が含まれているような表現が存在する。本節では、Huddleston and
Pullum (2002: 835ff.) の記述に従い、NPI の生起を手掛かりに、否定的な環
境を生み出す語彙的な意味をもつ語や表現を列挙し、それぞれの実例を見
ていく。

1.3.2.1 否定的な意味をもつ動詞・形容詞とその派生語

「避ける (avoid)」などの否定的な意味をもつ動詞がその後続する位置に

---

[13] および Horn (1991), Blutner et al. (2006) なども参照。

NPIが生じることを容認する。また、「バカらしい(absurd)」などの否定的意味をもつ形容詞でも同様のことが言える。

この中で、まず、意図的に行わないことを含意する動詞には(39)のようなものがある。

(39) *avoid, decline, fail, forget, neglect, refrain, omit* (BrE)
Realise also that what you wear affects your efficiency. Avoid wearing any outside clothing fitted with buttons or buckles.
(BNC: BNY: 1590)

(39)の例文は、身につけているものがその人の効率性にも影響を及ぼすので、ボタンやバックルのついた上着はなんであれ着ることを避けるように求められている。つまり、そうした上着は「身につけない」ということなので、否定が含意され、目的語位置にNPIのanyが生じている。

次に、ある人が別の人に特定のことをさせないようにするときに使われる動詞である。

(40) *ban, hinder, keep, prevent, prohibit, stop*
On the down side, domestic broadcasters decided to ban any songs or plays that could cause offence. (BNC: ABH: 1819)

(40)の例文は、非難を呼びそうな歌や劇は禁止するということである。ここでもNPIのanyが生じている。

(41)はdenyやrejectといった(相手の発言内容や贈り物などを)受け入れることを拒否することを表す動詞である。

(41) *deny, reject*
There were a Spad and a Sopwith Camel, a replica of the Wright Flyer, and a Fokker triplane that had buzzed the NASA causeway the previous day, driving inland thousands of frantic gulls and swallows, denying them any share of the sky.
(J. G. Ballard, "Memories of the Space Age")

((毎朝飛んでくる飛行機には)スパッドやソッピーズキャメル、ライトフラ
イヤーの複製、そして前日にNASAの舗装路を低空飛行していたフォッカー
の三葉機があり、驚いた数千羽のカモメやツバメたちを内陸のほうに追いや
り、鳥たちには一切制空権を与えないのだった)

(41)の例文ではdenyが二重目的語構文で使われているが、飛行機が飛び
交っているのでカモメやツバメが飛び回れるような空間が残っていない、
つまり、それらの鳥がまったく飛ぶことができないということである。NPI
のanyがここでも生じている。

　(42)は疑念を表す動詞および形容詞である。動詞doubtと語根を共有す
る形容詞のほかに、skepticalとその派生名詞もこの類に入る。

(42) *doubt, doubtful, dubious; skeptical, skepticism*

　　a. But Franny and I knew that there were very few 'good' students
　　　at Dairy, and on a Halloween Saturday night we doubted that
　　　even the good ones were studying — and we <u>doubted</u> that <u>any</u>
　　　of the dark windows meant that <u>anyone</u> was sleeping.

　　　　　　　　　　　　　　　　(John Irving, *The Hotel New Hampshire*)

　　　(しかしフラニーと私にはデイリー高校に「良い」生徒などほとんどい
　　　ないことが分かっていた。ハロウィーンの土曜日にはその数少ない良
　　　い生徒さえも勉強しているとは思えなかった。そして、窓に明かりが
　　　灯っていないからといって、誰か寝ているとも思っていなかった)

　　b. National Anglers' Council chief Peter Tombleson welcomed the
　　　emphasis on training but is <u>sceptical</u> about <u>any</u> compulsory test.

　　　　　　　　　　　　　　　　　　　　　　　(BNC: A6R: 25)

　　　(全国釣り人協会を主宰しているピーター・トンブルソン氏は、訓練を
　　　奨励するのには賛成だが、何らかの必須試験(の導入)には懐疑的だ)

(42a)は、ある大事件が起こる前の描写であるが、ハロウィーンの日の夜
にはみんな外で騒ぐので、光がついていない部屋があっても人が寝ている
ことを意味しているとは思えないということである。この例ではany of the
dark windowsとanyと2つのany類がNPIとして生じているが、認
可しているのは主文のdoubtであろう。また、(42b)は、イギリスで、釣

りの初心者向けのトレーニングを充実させ、釣り許可証を希望する人に試験を課し、合格を許可証交付の条件としようという動きについて、トレーニングはいいが「試験については懐疑的だ」ということである。

　次に驚嘆を表す動詞や形容詞である。(43)に示されるように、心理動詞・形容詞のうちこの意味を表すものの補文でNPIが容認される。

(43)　*amaze*（*amazing, amazed*）*, astonish*（*astonishing, astonished*）*, astound*（*astounding, astounded*）*, bowl over, flabbergast*（*ed*）*, shock*（*shocking, shocked*）*, surprise*（*surprising, surprised*）*, take aback*（*taken aback*）

Far too much to do this year, with the new production and Gesner worse than usual. I'm <u>amazed</u> <u>any</u> of us have time to come.

(BNC: J19: 1759)

(今年はやることがあまりに多すぎた。新規の歌劇の上演があり、また歌手ゲスナーもいつもより出来が悪かった。私らの誰か一人でも時間を割いて(パーティに)来てくれるというのは驚きだ)

(43)の例文では、話し手たちが(忙しくて誰も来そうになかったのに)集まったというのは驚きだということである。

　(44)のように「馬鹿げている」ことを表す形容詞にNPIが後続することもある。

(44)　*absurd, excessive, foolish, monstrous, ridiculous, silly, stupid, unacceptable, unwise,* etc.

It is <u>absurd</u> they should have <u>any</u> role at all in running this investigation.

(BNC: E9U: 462)

(44)は、病院の職員が起こした事件について、病院の管理体制に問題があったのに、その病院側が「事件の捜査の中で役割を与えられるのはおかしい」と述べているところで、absurdのあとにanyが生じている。

　本節で実例を挙げた語は、その形式に否定的な要素はなくても、語の意味の中に否定的な要素が含まれていて、それがNPIの認可につながってい

ると考えられる。

1.3.2.2 極端な程度を表す too

(45)は「あまりに . . . なので . . .{し／でき}ない」という意味を表し、形
式的には否定を含まないのに「ない」という否定の意味を含んでいる表現
である。

(45) *too . . . to . . .*

"Me too," I said, "but it's <u>too late to do anything</u> about it. Way too
late."　　　　　　　　　　　　(James Crumley, *The Last Good Kiss*)

(45)は、夫の元から失踪した女性を探すうちに大変な事件に巻き込まれた
探偵スルーが、「もはやこの件についてはどうにかしようにも遅すぎる。あ
まりにも遅すぎる」と述べる場面である。too late to do anything で「手遅
れでどうにもできない」と to 不定詞の内容の否定を表しており、NPI の
anything が生じている。[14]

　ところで、この構文では主語に否定辞を伴う語が置かれると否定を表さ
ない場合がある(Fortuin 2014)。まず、次の 2 つの文の意味の対比を観察し
よう。

(46) a.　No head injury is too trivial to be ignored.　　(⇒ not ignore)

　　 b.　No mountain is too high to climb.　　(⇒ climb)

　　　　　　　　　　　　　　　　　　　　　　　　(Fortuin 2014: 250)

(46a)は、頭の怪我は「どんな些細なものでも無視しない」ということで

---

[14]　to 不定詞の代わりに for NP がつく場合も、NPI が生じることからも分かる
ように、否定的であり、(i)も主人公ミッチが本や書類の山にかかりっきりで
「ラマールは別だが、他のどの同僚に対してもあまりにも忙しすぎた」という
ことは、ミッチは他の同僚とは話をしなかったということである。

(i) He kept to himself with his nose buried deep in the book and the piles
of paperwork. He was <u>too</u> busy for any of them, except Lamar.

　　　　　　　　　　　　　　　　　　　　(John Grisham, *The Firm*)

無視することの否定を含意するが、(46b)は「どんな山も高すぎて登れないということはない」ということで、結局〈登れる〉と言っているので肯定的である。これは実例でも確かめられる。

(47) a. Yet Gebhard continues to run things like a worried parent. In his workaday world, no detail is <u>too</u> trivial to be overlooked.

(COCA: NEWS: Denver Post: 1997 (19970512))

    b. Bernie is a hard-driving manager. No detail is <u>too</u> small to examine. (COCA: MAG: Forbes: 1990 (Nov26))

(47a)は to 不定詞の内容が否定されるもので、大リーグのロッキーズ監督のゲブハードの人柄について、心配する親のようにチームを運営し続けていて「どんな細部もあまりに些細なので見過ごされるということはなかった」ということで、細部が見過ごされること(to be overlooked)が否定されている。(47b)は to 不定詞の内容が肯定されるもので、何時間もの会議をも辞さない強引な管理職を評して「どんな細部もあまりに小さいので検討しないということはなかった」ということで、検討すること(to examine)が肯定されている。

1.3.2.3 否定的な意味をもつ前置詞

否定的な意味をもつ前置詞には(48)のようなものがある。

(48) *against, before, without*

    a. The new relationship meant that the United States would support Israel <u>against</u> any regional adversary which was either an actual or potential ally of the Soviet Union.   (BNC: APD: 124)

    b. However, <u>before</u> any behaviour therapy, you must get your vet to give your bitch a thorough check-up.   (BNC: C8U: 607)

    c. Diamond let the meeting run its course <u>without</u> any more input from him.   (Peter Lovesey, *Bloodhounds*)

(48a)では、新しい関係の下で、アメリカはイスラエルに敵対するどの国

にも対抗してイスラエルを支援するということで、対抗する(against)というところに否定的な要素がある。(48b)では、去勢された雌犬が攻撃的行動を取る場合、行動療法を行うが、それを始める前に、獣医師にきちんとした検診を行ってもらう必要性を述べている。「始める前に」ということは、まだ行動療法は行われていないので、否定的解釈になる。(48c)では、ダイアモンド警部は自分から発言は一切せずに会議はそのまま終わりを迎えた、ということで、発言がなかったのであるから、意味の中に否定的要素が含まれている。

1.3.2.4　排除を前提とする only

　副詞 only は「〜だけ」という意味から分かるようにもともと排除を前提としている。排除は、当該項目以外のものが当てはまらないというわけであるから、否定的意味である。

(49)　Thomas:　　　　　　What about you, sir? What did you do before the war started?

　　　The blind soldier: I was up at Oxford. But I <u>only</u> <u>ever</u> planned to farm.

　　　　　　　　　　　　　　　　(*Downton Abbey*, Series 2, Episode 2, 00:25:50)

(49)では、第一次大戦中、英国貴族の館であるダウントン・アビーが傷病兵を受け入れていたときの会話で、「戦争前はオックスフォード大学にいたが、将来として思い描いていたのは農業をすることだけだった」と言っている。農業以外の職種は排除されている。排除されなかった選択肢(「農業」)は否定されていないが、それ以外の選択肢がすべて否定されているため、only は否定的な意味となる。

　1.3.2 節で非明示的な否定の表現として紹介したものの意味の中にはどれも否定の要素が含まれていると考えられるが、否定接辞をもつ unwise などの例(27 頁)を除けば、それを形態的に明示しているものはない。NPI の出現は必ずしも否定の要素のみに左右されるわけではないが、その存在の一定の証拠にはなるだろう。たとえば、(41)で観察した deny について、

Cambridge Advanced Learner's Dictionary で deny を検索すると 'to say that something is not true' と定義されており、否定の要素が含まれていることは明らかである。ただし、Klima のテストである付加疑問の極性などは実例の中では見られない。

1.3.3 否定倒置

ひと口に倒置と言っても、いくつかの種類がある。本書で関係するのは、否定を含む表現を文頭に置いたときに起きる倒置、主語と助動詞との倒置 (subject-auxiliary inversion) であるが、まず、一般的に倒置はどのような環境で生起するのか、簡単に確認しておきたい。Huddleston and Pullum (2002: 94ff.) によれば、主述倒置には以下のようなものがある。

(50) a. Can she speak French? ［yes/no 疑問文］

    b. What did she tell you? ［wh 疑問文］

    c. What a fool had I been! ［感嘆文］

    d. Not one of them did he find useful. ［文頭の否定要素］

    e. Only two of them did he find useful. ［文頭の only］

    f. So little time did we have that we had to cut corners. ［文頭の so］

    g. Thus had they parted the previous evening. ［他の前置要素］

    h. Had he seen the incident he'd have reported it to the police. ［条件文の倒置］

    i. May you both enjoy the long and happy retirement that you so richly deserve. ［祈願文］ (Huddleston and Pullum 2002: 94–97)[15]

---

[15] 比較級の than 節に後続する主語＋述語もしばしば倒置する。

(i) There is an advantage in being large in males, and large males are more likely to mate with females than are small males.

(BNC: GU8: 1941)

（体の大きなオスであることには優位性があり、大きなオスのほうが小さなオスよりもメスと交尾する可能性が高い）

このうち否定倒置(negative inversion)と言われるのは、(50d)と(50e)である。[16] 実例も以下に挙げておく。(50d)は(51a)に、(50e)は(51b)にそれぞれ対応する。

(51) a. Not only did he owe Langdon a favor, but Teabing was a Grail researcher, and Sophie claimed her grandfather was the actual Grand Master of the Priory of Sion.

(Dan Brown, *The Da Vinci Code*)

b. Doing theoretical physics is usually a two-step process. In the first place one tries to get some feel for what is going on. Only then can one turn with any success to the second task of turning that view into the formal quantitative language of calculation.

(BNC: EW6: 968)

(51a)では、ティービングという研究者がラングドン教授にかつての恩義があるばかりでなく、なにしろソフィーは自分の祖父が本物のシオン修道会の会長だというのであるから、聖杯の研究をしている(のでラングドンとソフィーに手を貸せばティービングにも得るところがある)という。(51b)

---

[16] (50f)も little が否定的な意味であるので否定倒置に見えるかもしれないが、実際には、(i)のように否定的意味の so little が文頭にあって倒置が生じている例も、(ii)のように肯定的意味の so much が文頭にあって倒置が生じている例もあるので、やはり否定倒置というより so+X が原因で倒置が生じている。

(i) So little time had he to spare, indeed, that he declined Jardine's invitation to shoot with him in Scotland, an opportunity he had in the past seldom passed over. (BNC: HRB: 1466)
(時間がほとんどなかったので、これまで断ったことなどほとんどなかったのに、ジャーディーンのスコットランドでの狩猟の誘いを断った)

(ii) So much did he dread that his own was a case of "redemption by parricide" that he emphasized the unwillingness with which he accepted the divine call with language which is exaggerated and almost coarse. (BNC: A7C: 390)
(彼は自分の行為が「親殺しの償い」の例となることを非常に恐れていたので、大げさで品が悪いと言ってよいような言葉で、神の要請を受け入れたことは本意ではないと強調した)

では、理論物理学での研究は2段階のプロセスで行われ、最初に現象の仕組みについて見通しを得るが、それができて初めてその見通しを数式の形式的・量的な言語に移し替えるという2番目の仕事で曲がりなりにも成功することができる、という。

(50d)と(50e)や(51a)と(51b)のような文頭に否定要素が置かれた倒置文も、文全体がこうした否定要素の作用域に含まれていることは、(52)のように、肯定の付加疑問を容認する例や、(53)のように、NPIが現れる例からも示される。

(52) a. No dogs are permitted here, are they?　［否定要素が動詞の項の一部］

b. Under no circumstances will she return here, will she?　［否定要素が副詞的付加詞］

(53) Scarcely ever has the British nation suffered so much obloquy.　［NPI］　((52), (53)はいずれもQuirk et al. (1985: 779–781)から)

ただし、文頭に否定要素が置かれても、その否定要素を含む構成素内のみでの否定を表し、文をその作用域としない場合は、主述倒置は生じない。たとえば、(54)では、notはlong (ago)にしか関わらない。これは付加疑問の極性が否定であることからも示される。(54)は「そう遠くない過去に、彼らはモントリオールに住んでいたのでしたね」という肯定文である。

(54) Not long ago, they lived in Montreal, didn't they?

(Quirk et al. 1985: 780)

また、倒置が起こった場合と起こらない場合とでは解釈が異なることも知られている(Haegeman 2000)。

(55) a. With no job would Mary be happy.

('There is no job such that Mary would be happy with it.')

b. With no job, Mary would be happy.

('If she had no job, Mary would be happy.')

（Haegeman 2000: 21）[17]

添えられた解釈からも明らかなように、（55a）では、メアリはどんな仕事をしても満足することはない。つまり、仕事はするのであるが、そこに満足を見出さない。それに対して、（55b）では、メアリは仕事がなければそれで満足である。仕事があるほうが不満なのであろう。

また、（53）でも見たが、否定を表す他の副詞も倒置を起こすことがある。（56a）では rarely が文頭に置かれ、それに伴って助動詞 does が主語 crime に前置されている。「ほとんどの場合、犯罪は多くの人々が思うほど儲からない」という意味である。（56b）は、rarely の前にさらに only が前置されているが、収入の少ない男性を夫にもつ女性たちについて「彼女たちから、夫が喜んで家事を引き受けているとか、大黒柱である妻の世話を焼いているとかいう話を聞くことは、本当に稀である」という意味である。（56c）では文頭の very, very rarely が否定倒置を引き起こし、「彼女が買い付けに入るのは非常に稀で、買ってもイタリアの高価なニットウェアや（スペインの）ブラガンザの絹シャツであった」という。

(56) a. <u>Rarely does crime</u> pay so well as many people think.

（Quirk et al. 1985: 781）

b. <u>Only rarely did they</u> talk of their men willingly taking over the housework and servicing their breadwinner wives.

（BNC: EG0: 1124）

---

[17]　倒置してもしなくてもよいものがあることも、Büring (2005) で指摘されている。たとえば in less than という表現を文頭に置く (i) のような例では、事実上意味の違いがない。

(i) a. In less than 5% of these sentences can you see a truth conditional difference.

b. In less than 5% of these sentences, you can see a truth conditional difference.　（Büring 2005: 6）

ただし、このようなものも、含まれる数量詞の作用域が関わる場合には異なる解釈が存在することが Büring (2005) で指摘されている。本文の例 (62) 以降を見られたい。

　　c. Very, very rarely did she buy in, and if she did, then it was a line
　　　 of expensive Italian knitwear, or silk shirts from Braganza in
　　　 Spain.　　　　　　　　　　　　　　　　　　　(BNC: K8V: 2239)

また、NPI(ここでは ever)の出現も否定倒置の場合は許されるが、倒置が
起こらない場合は許されない。

(57) a. With no job would she ever be happy.
　　 b. *With no job, she would ever be happy.　(Haegeman 2000: 31)[18]

さらに、含意関係についても異なることが知られている。否定倒置を伴う
否定文は下方含意(Downward Entailing)であるのに対して、倒置を伴わない
文は上方含意(Upward Entailing)である(Ladusaw 1979)。このことを以下の
(58), (59)の例で見てみよう。フルーツを食べるべきではないなら、りん
ごも食べるべきではないので、(58a)は(58b)を含意するが、りんごを食べ
るべきではないからといってフルーツ一般を食べるべきではないことには
ならない(他のフルーツはよいかもしれない)ので、(58b)は(58a)を含意し
ない。それに対して、フルーツを盗むのに時間がかからなかったからといっ
てそのフルーツがりんごであるとは限らないので(59a)は(59b)を含意しな
いが、りんごを盗むのに時間がかからなかったとすれば、りんごはフルー
ツの一種であるから、フルーツを盗むのに時間がかからなかったことにな
り、(59b)は(59a)を含意する。

(58) a. On no account should you eat a piece of fruit for breakfast.
　　 b. On no account should you eat an apple for breakfast.
(59) a. In no time he had stolen a piece of fruit.
　　 b. In no time he had stolen an apple.

　　　　　　　　　　　((58), (59)は Haegeman (2000: 32)より)

18　前置詞句の目的語のみを前置することができるのは、(i)のように否定倒置
　を起こしている文のみである。
　(i) a. No job would John be happy with.
　　 b. *No job, John would be happy with.　(Haegeman 2000: 26)

したがって、(58)では、下方含意により、より一般的なことを述べる文からより特定的なことを述べる文への推論を容認するが、(59)では、上方含意であるから、より特定的なことを述べる文からより一般的なことを述べる文への推論が容認される。

こうした否定倒置の特徴をどのように説明できるだろうか。Haegeman (2000)では、文頭に置かれる否定の要素を含む句を焦点とし、また、否定の要素が、倒置に伴って移動する助動詞と、構造上、指定部(specifier)と主要部(head)の関係になる必要があると分析している。[19] たとえば、(60a)では during the holidays という付加詞が文頭に来ているが、on no account という否定の要素を含む前置詞句は文頭に移動していないため倒置は起こっていない。しかし、付加詞 during the holidays がトピックとして機能することから、(60c)のように助動詞がトピックを超えて移動できず、また、(60d)では on no account と助動詞とが離れているため焦点句の中で指定部と主要部の関係になれないため、非文になってしまうという。(60b)は、will が during the holidays を超えて移動する必要がなく、また、否定要素と助動詞が隣接し、指定部と主要部の関係になっているため、容認される。

(60) a. During the holidays I will do that on no account.

　　 b. During the holidays on no account will I do that.

　　 c. *On no account will during the holidays I do that.

　　 d. *On no account during the holidays will I do that.

(Haegeman 2000: 46)

---

[19] 指定部と主要部について、生成文法の枠組みでは、非常に大まかに言えば、次のような関係になっているものを言う。

(i)

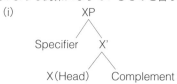

この指定部と主要部の関係は、否定基準(neg-criterion)と呼ばれ、正文(60b)
の構造図を示せば(61)のようになる。ここで焦点句(FocP)の指定部に否定
要素 on no account が、その主要部(Foc⁰)に助動詞 will が配置されている
(また、この文のトピックである during the holidays はそれらの左側にあ
り、指定部と主要部との間の関係に干渉しない)。このような構造があると
きに、否定基準が満たされ、否定倒置が可能になるとされる。

(61) Haegeman (2000)による(60b)の構造

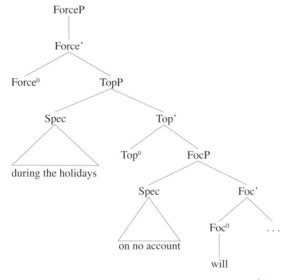

(Haegeman 2000: 46)

このように Haegeman (2000)は否定倒置では否定要素と、倒置に伴い移動
する助動詞が一定の構造的な環境になければならないことを指摘している。
また、たとえば in less than という表現を文頭に置く(62)のような例では、
先の(55)と同様、倒置が生じるものと生じないものがあり、それぞれ異な
る解釈になる(Büring 2005)。

(62) a. In less than 30 lockers, we found more than ten adult magazines.
　　 b. In less than 30 lockers did we find more than ten adult magazines.

（Büring 2005: 7）

Büring（2005）によれば、（62a）は累積的解釈（cumulative reading）、（62b）では配分的解釈（distributive reading）を得るという。つまり、（62a）では 30 個未満のロッカーに、全部で 10 冊以上の成人雑誌が見つかったということであり、（62b）ではロッカーをすべて調査したところ、30 個未満のロッカーにおいて、そのそれぞれ 1 つのロッカーに 10 冊以上の成人雑誌があったということであるという。

　ここで分かることは、（62a）のように less than を含む句が付加詞である場合は、後続の節全体を修飾しているのに対して、（62b）のように less than を含む句が否定の要素として主述の倒置を引き起こしている場合には、10 冊以上の雑誌を見つけるという事象がいくつのロッカーに関して起こったのかということを、否定要素の less than 30 lockers が指定している。このような解釈を可能にするためにも、否定の要素は後続の節で述べられる事象を統御する関係にある必要があり、Haegeman（2000）での結論と整合的であると言える。[20]

1.4　否定の多義性

1.4.1　内部否定と外部否定

先に述べた「標準的否定」に当たる例であっても[21]、not を含む否定文が

---

[20]　なお、否定辞繰上げを伴う従属節内の否定倒置という現象がある（Collins and Postal 2014）。(i)のように、従属節内の at any point が主節の don't think と否定辞繰上げの関係にあるので、否定倒置が可能になっている。

　(i)　I don't think that at any point will he steal that money.

（Collins and Postal 2014: 34）

しかし、(ii)のように、if 節のように下方含意の文脈であっても、従属節内で at any point を中心とする否定倒置は不可能である。

　(ii)　*If you think that at any point will he steal that money, you are crazy.

（Collins and Postal 2014: 34）

[21]　本書 1.2.2 節。

曖昧であることはしばしば指摘される。哲学者 Bertrand Russell の分析においても 2 つの否定を認めている。

(63) The author of *Waverley* wasn't Scotch.   (cf. Russell 1919)[22]

以下の (64a) では小説 *Waverley* の作者がスコットランド人であるという (63) の文の主張の部分を否定しているが、(64b) では主張だけではなく、『ウェイバリー』を書いた作者の存在そのものや、その作者の唯一性まで否定している。(64a) では否定がその文が表す主張のみを作用域とするため、内部否定と呼ばれる。他方、(64b) では、その文が表す主張、主語で表される対象の存在、そしてその唯一性とを否定の作用域とするため、外部否定と呼ばれる。[23]

(64) a. $\exists x[\text{write}(x, \text{Waverley}) \& \forall y[\text{write}(y, \text{Waverley}) \rightarrow x = y] \& \neg \text{Scotch}(x)]$

   b. $\neg \exists x[\text{write}(x, \text{Waverley}) \& \forall y[\text{write}(y, \text{Waverley}) \rightarrow x = y] \& \text{Scotch}(x)]$

(64a) は、「ある x について、x が『ウェイバリー』を書き、かつ、すべての y について y が『ウェイバリー』を書いたならば、x と y は同値であり、かつ、x はスコットランド人ではない」ということで、つまりこれは「x が『ウェイバリー』の唯一の著者であり、かつ、x はスコットランド人ではな

---

[22] 誤解がないように申し添えるが、小説 *Waverley* の著者はもちろんスコットランド人の Sir Walter Scott である。したがって、この例文は単に例文であって、事実を述べたものではない。また、Scotch という言い方は本来 Scottish とすべきだが、ここでは Russell の例文の言い方をそのまま踏襲する。

[23] この表記は Russell (1919) の内容をまとめた記述 (Horn (1989) など) や筆者が英国ニューカッスル大学の Burton-Roberts 先生の授業で学んだことを参照している。本書の記号を伴う他の表記に関しても、ほとんど筆者独自のものではない。

　なお、∃は存在量化詞、∀は全称量化詞であり、∃xP(x) は「ある x について、x は P である」ということであり、∀xP(x) は「すべての x について、x は P である」ということである。

い」ということである。それに対して(64b)は、「あるxについて、xが
『ウェイバリー』を書き、かつ、すべてのyについてyが『ウェイバリー』
を書いたならば、xとyは同値であり、かつxはスコットランド人である、
ということを満たすxは存在しない」ということで、つまりこれは、「xが
『ウェイバリー』の唯一の著者であり、かつ、xがスコットランド人である、
というようなxは存在しない」ということである。

　このように、(63)の文に対して2通りの解釈が可能であるということは、
notの作用域が曖昧であることを示唆する。しかし、notには肯定文の真偽
を逆転させる(極性を反転させる)という一つの意味(これについては本章の冒
頭の1.1節で詳しく述べた)ではなく、内部否定と外部否定の2通りの意味を
設定するべきなのだろうか。

　こうした否定の曖昧性を解決し、(63)の2つの「解釈」を容認するため
に、Horn (1985, 1989)は、文の中の主張に当たる部分を否定する記述否定
(descriptive negation)と、それ以外の含意や前提、形式などを否定するメタ言
語否定(metalinguistic negation)を区別する。そして、否定(not)は意味論的に
は一つの意味しかもたないが、語用論的に曖昧であるとして、メタ言語否
定を(65)のように規定する。

(65) Metalinguistic Negation — a device for objecting to a previous
　　 utterance on any grounds whatever, including the conventional or
　　 conversational implicata it potentially induces, its morphology, its
　　 style or resister, or its phonetic realization.　　(Horn 1989: 363)

ここでは、「否定(negation)」という言葉を使いながら、実際には先行発話
に対する異議申し立て(objecting to a previous utterance)であるとされていると
ころに注目したい。

　(65)のように、メタ言語否定は、言語規約的推意(conventional implicature)
や会話の推意(conversational implicature)、また、形態素や文体、使用域など、
どのような根拠であっても異議申し立てをする際に使われる仕掛けである
が、これは記述否定のようにある文で主張されている命題の極性を反転さ
せるということではない。それを根拠に相手の発言の適切性に異議を申し

立てるということである(Horn 1989: 421)。

　したがって、メタ言語否定にはもともと先行発話の否認(denial)という発語内行為が含まれているのである(van der Sandt 2003)。たとえば、メタ言語否定の典型的な例である(66)は、否定辞はたしかに含まれているけれども、先行発話として誰かが mongeese という誤った複数形を含む文を発話しなければ成り立たないだろう。

(66) I didn't manage to trap two mongeese — I managed to trap two mongooses. (Horn 1985: 132)

　　　(私は2匹のマンギースなど捕まえていない。2匹のマングースを捕まえたのだ)

また、先行する発話のもつ言語規約的推意や尺度推意、使用域、視点、内包的意味などを根拠に異議を唱えることもできる(これについては、1.4.3節でもう少し詳しく説明する)。

(67) a. John didn't manage to solve the problem — it was quite easy for him to solve / he was given the answer.

　　　　(ジョンはその問題をやっとの思いで解いたのではない。彼にとっては解くのは簡単だった／彼は答えを教えてもらっていたのだ)

　　 b. Some men aren't chauvinists — all men are chauvinists.

　　　　(男の中に男性偏重主義者がいるというのではない。すべての男は男性偏重主義者なのである)

　　 c. Grandma isn't "feeling lousy," Johnny, she's indisposed.

　　　　(ジョニー、おばあちゃんは「体調が最悪」なんじゃなくて、「お加減が悪い」のだからね)

　　 d. I'm not his daughter — he's my father.

　　　　(私が彼の娘だというのではありません。彼が私の父親なだけです)

　　 e. For a pessimist like him, the glass isn't half full — it's half empty.

　　　　(彼みたいな悲観主義者には、グラスにはまだ半分残っているというより、もう半分空になっているということなのだろう)

(Horn 1985: 130–133)

あるいは先行発話の前提を否認するメタ言語否定も存在する。よく知られているように、the king of France という定名詞句を含む文を発話することによって、話者はフランス王が存在していることを前提としている。しかるに、現在、共和国であるフランスには王は存在せず、このことを根拠に「フランス王は幸せだ」という発話そのものが意味をなさないという異議申し立てをしている。

(68) The king of France is not happy — there isn't any king of France.

(Horn 1985: 140)

こうしたメタ言語否定の出現頻度は高くない。しかも、記述否定と形式面ではほとんど違いがないので、その区別は難しい。否定文をメタ言語否定の例と認定するためには、例をひとつひとつ解釈する必要があり、また、否定文自体も膨大な数が存在するからである。しかし、メタ言語否定は一種の意表をついた言い方なので、そういう言い方を好む人物が登場するテクストを確認していくと、実例を見つけることはできる。

(69) Interviewer: One of the themes of *Inferno* is overpopulation. Why that issue?

Dan Brown: There is a statistic I heard a number of years ago: if you know somebody who is 85 years old, that person was born into a world that had a third as many people as the world does today. The population has tripled in the past 85 years. Futurists don't consider overpopulation <u>one of the issues</u> of the future. They consider it <u>*the* issue</u> of the future. (*TIME*, May 27, 2013: 52)

(インタビュアー: あなたの小説『インフェルノ』のテーマの一つが人口の過剰です。なぜこれを取り上げたのですか。

ダン・ブラウン: 何年も前に聞いたある統計値がありまして、85歳の人なら、その人は現在の世界と比べて3分の1の人口しかない世界に生まれ落ちたことになる、というものです。つまり、過去85年間で人口は3倍になったのですね。未来

　　　　学者たちは、人口の過剰を未来についての問題の一つだ
　　　　と考えてはいません。未来についての一番の問題だと考
　　　　えているのです)

(69)は雑誌のインタビュー記事の一部だが、作家のダン・ブラウンによる
と、未来学者(futurists)は人口の過剰が将来の「問題の一つ(one of the issues)」
であるとする捉え方を否定しているという。しかし、それは問題ではない
というのではない。複数ある問題のうちの一つということから導かれる〈重
要度がそれほど高くない問題〉という含意を否定し、「まさに一番の問題(the
issue)」であると未来学者たちは考えていると主張する。

　以下の(70)の例の背景は次のようなものである。妻を失い失意のどん底
にいた老年男性が、新しい恋に目覚めて相手の女性に告白までしたのに振
られてしまった。「彼女はすごく幸せそうだった . . . (略) . . . なぜ彼女は僕
を愛していると僕に思わせたのだろう？（"She seemed so happy; . . . why did she
let me imagine she loved me?"）」と言う彼に対して、その男性の娘が言ったこ
とである。

(70) She said, "Oh, Dad. It wasn't just that she seemed happy; she *was*
　　　happy. You both were. And she did love you, I swear it. . . . "

　　　　　　　　　　　　　　　　　（Anne Tyler, *Digging to America*)

(70)の下線部は「彼女は幸せそうだっただけじゃない。幸せだったのよ」
ということである。「幸せそうだった(seemed happy)」なら普通は「幸せだっ
た(was happy)」とまで断言できないことを推意するが、その推意を否認し
て、was happy と断言しているのである。

　次の例は、(37a)にも登場した作家の小説からのものだが、探偵スペン
サーとその恋人のスーザンがソファで親密にしているときに、飼い犬パー
ルが割り込んできたという場面である。

(71) "I seem to recall her barking at a very critical juncture."
　　　"For heaven's sake," I said. "I thought that was you."
　　　Susan giggled into my shoulder where she was resting her head.

"You yanked me right over the counter," she said.

<u>"I didn't yank," I said. "I swept."</u>　　　(Robert B. Parker, *Paper Doll*)

パールは大事なところで吠えたのよねとスーザンが言うと、大声をあげた
のは君のほうだろうとスペンサーが言う。それに対してスーザンが「あな
たは私をカウンター越しに乱暴に引っぱった(yanked)でしょう」と言う。す
るとスペンサーは「乱暴に引っぱってなんかない(didn't yank)よ。僕はさっ
と引き寄せた(swept)のさ」と言い返す。恋人同士の言葉遊びのようなもの
で、実際行われた行為は同じであるが、yank という語を使うか sweep と
いう語を使うかで、意味合いが異なる(強い力で引っぱったにしても、荒っ
ぽくなのか素早くなのか)ことを前提に、前者をメタ的に否定して後者を訂
正節(correction clause)において主張するという形になっている。

　興味深いことに、この本のまったく同じページ(p. 208)において、再びメ
タ言語的なやり取りがある。「食べる」ことを表す語が 2 つ示され、どち
らを使うかで言葉遊びをしている。

(72)　Susan nodded and kissed me lightly on the mouth.

　　　"Let's leap up," she said. "And <u>guzzle</u> some polenta."

　　　"<u>Guzzle</u>?"

　　　"Sure."

　　　"We gourmets usually say *savor*."　　　(Robert B. Parker, *Paper Doll*)

スーザンは語り手スペンサーに頷いて軽くキスすると、「さっと起きて、ポ
レンタをがつがつ食べましょう」と言う。スペンサーは「『がつがつ食べる
(guzzle)』って?」と語を問題視し、「ぼくたちグルメはそれをふつう『堪
能する(savor)』って言うのだけれど」と述べる。ここでは、guzzle という
語の含意が直接否定の対象にはならず、疑問の形で示されているというこ
とと、訂正節に当たる最後の台詞で savor という語が明示的にメタ的に提
示されているので、メタ言語「否定」の例とは言えないが、語の意味合い
に疑義を呈しているという点で、かなり近い例だと言える。このように、
言語表現をメタ的に捉えて問題にすることは、否定の多義性に留まらず、

様々な他の表現でも行われうることが理解される。

1.4.2　2つの but

　上述の2種類の否定に関連して、記述否定に対応する but とメタ言語否定に対応する but の2つがあるという点を Horn (1989: 402ff.)から見ておこう。まず、(73)が記述否定に対応する but である。ここでは not X but Y の X の要素がより"強い"要素で、Y のほうがより"弱い"要素であることに気をつけたい。たとえば(73a)では、温度の尺度を考えれば、「熱い(hot)」を否定すればそれよりも温度が低いことを示唆し、「あたたかい(warm)」であるという主張と整合的である。この場合、but は「熱くない」ことをより限定する節を導く役割を果たしている。(73b), (73c)も同様の例である。

(73)　a.　It isn't hot, but it is warm.

　　　b.　I don't quite love you, but I do like you.

　　　c.　I didn't eat any apples, but I did sniff one.　　(Horn 1989: 405)

(74)のメタ言語否定に対応する例では、節を導く but はすべて不適格とされ、but がない形(つまり典型的なメタ言語否定の形)をとっている。

(74)　a.　It isn't hot, (#but) it is scalding.[24]

　　　b.　I don't just love you, (#but) I adore you.

　　　c.　I didn't eat some apples — (#but) I devoured them.

　　　　　　　　　　　　　　　　　　　　　　　　　(Horn 1989: 405)

　これに対して、メタ言語否定に対応する but が生起するのは(75a)のような例である。ここでは相手の主張に含まれる"弱い"表現が棄却され、より"強い"表現がその代わりに but で導入される。「我が家には子供が3人いるのではなく、4人です」というわけだが、より"強い"(ここではより多い)「4人」が but で導入されている。

---

[24]　「#」は語用論的変則性を表す。つまり、文法的には問題ないが、解釈のレベルでは問題のある文であることを示す。

（75）a. We have {?not three children / not three children but four chil-
dren / not three children but four}.

b. Negation is ambiguous {*not semantically / not semantically but
pragmatically}.

a'. We don't have three children, but four.

b'. Negation isn't ambiguous semantically, but pragmatically.

（Horn 1989: 403–404）

not X の形式で生起できず、訂正節として but Y が必要であることからも、通常の否定ではなく、メタ言語否定であることが示されるという。(75a'),
(75b')のように not X but Y の not が定形動詞に編入されることもある。

　しかし、通常の not X but Y のパタンでは、X と Y の間に含意関係が想定されない対照否定(contrastive negation)を伴うものが多く(McCawley 1998: 612ff.)、実例を収集しても、メタ言語否定に対応する but の例は明確でないと感じる場合が多い。筆者としては、以下の例は当てはまると考えている。

（76）Imagine all the mothers who'll stand behind you, once they realize
their own autistic children might be targeted by neurotypicals once
again — not just to be 'fixed' this time around but possibly to be
charged with murder over what might otherwise be a misunderstand-
ing.　　　　　　　　　　　　　　　　　　（Jodi Picoult, *House Rules*）

アスペルガー症候群をもつジェイコブは無実の罪を着せられるが、彼を助けたいと称して彼の母親に近づいてくる怪しげな団体の男の台詞である。「今度こそは'治療される'だけでは済まず、本来であれば単なる誤解にすぎないことなのに殺人罪で起訴までされる」ということで、fixed よりも charged with murder のほうがより重大な事態であるから、ここには事態の重大性を尺度とした関係があるが、含意関係とは言えない。したがって、メタ言語否定と共起する but がここで用いられているとはっきりとは言えないが、not に後続して just があることもあり、表現間の強弱の関係が成

り立っているとすれば、そうであると考えることもできる。

　なお、英語にはこれら2つの環境に対応する but に形態的な区別は存在しないが、スペイン語やドイツ語ではこれら but の2つの解釈に対応して異なる語彙が存在し、記述否定に対応する but の解釈をもつ pero と aber と、メタ言語否定に対応する but の解釈をもつ sino と sondern とがあるという。それぞれ but_{PA} と but_{SN} とする (Horn 1989: 406)。[25]

(77) a. Das ist nicht sicher, aber das is wahrscheinlich.

　　 b. It's not certain, but it is probable.　　　　　(Horn 1989: 408)

(78) a. Das ist {nicht bewusst / #unbewusst}, sondern ganz automatisch.

　　 b. It's {not conscious / #unconscious} but rather totally automatic.

　　　　　　　　　　　　　　　　　　　　　　　　　(Horn 1989: 407)

(77)と(78)の(b)の英文はそれぞれ(a)のドイツ語文に対応するものだが、but_{PA} に対応する aber では節が後続し、より強い要素が否定されてより弱い要素が肯定されるのに対して、but_{SN} に対応する sondern では句が後続し、より弱い要素が否定されてより強い要素が肯定される。(78)で示されるように、否定の要素が形態的に編入されている否定接辞つきの語は容認されない。これはメタ言語否定の診断法の一つであるから、(78)の例がメタ言語否定の一種であり、この時は but の解釈は sondern のそれと共通したものになる（とはいえ、(78)は対照否定である可能性を排除できないと考えられる）。

1.4.3　発話に含まれる情報と否定：前提、推意、形式

　本章冒頭の例文(9)に関して既述のように、標準的否定（文否定、あるいは、前節の内容を踏まえれば記述否定）を含む文は、本章の冒頭(3)で紹介した否定の真理値表の通り、文で表される命題の極性を反転させる操作を

---

　[25]　記述否定に対応する pero と aber のそれぞれの頭文字を下付き文字としてつけて but_{PA} とし、メタ言語否定に対応する sino と sondern のそれぞれに含まれるｓとｎの文字を取って下付き文字としてつけて but_{SN} とする。

受けたものである。しかし、前節で見たように、文の中の否定の要素によっ
て否定されるのは、命題の否定に限られない。その文が発話されたときに
生じる前提、推意、形式が否定の対象になることもある。ここでは発話に
含まれる 4 つの情報とメタ言語否定の関係を Geurts (1998) の観察を参考に
記述していくことにする。

　Geurts (1998) は否定される情報を次の 4 つに分けて論じている。[26]

命題の否認 (Proposition Denial)

(79)　A: The cook is guilty.

　　　 B: The cook is not guilty.

前提の否認 (Presupposition Denial)

(80)　a.　The king of France is not bald — (because) there is no king of
　　　　 France.

　　　 b.　Kurt doesn't realize that his camels have been kidnapped, because
　　　　 they haven't been kidnapped.
　　　　 (カートは自分のラクダが盗まれたとは知らない。だって、盗まれてい
　　　　 ないのだから)

推意の否認 (Implicature Denial)

(81)　a.　Around here, we don't like coffee, we love it.
　　　　 (この辺の人たちは、コーヒーが好きというだけじゃなく、コーヒーを
　　　　 愛してやまないのです)

　　　 b.　Astrid didn't eat some of the chocolates; she ate all of them.
　　　　 (アストリッドはチョコをいくつか食べたのではなくて、全部食べてし
　　　　 まったのだ)

形式の否認 (Form Denial)

---

[26]　表示の煩雑さを避けるためにそれぞれの例文に出典は付さないが、Geurts
(1998) と Pitts (2011) から採取している。ただし、これらの例のいくつかは、
かなり古い文献から現在に至るまで何度も議論されてきているものである。

(82) a. Ruth Ellis wasn't the last woman to be hung in the UK — she was the last woman to be hanged.

　　　(ルース・エリスはイギリスでつるされた(hung)最後の女性というのではない。彼女は絞首刑になった(hanged)最後の女性なのだ)

　　b. This isn't [əˈluːmɪnəm]; it's [æljəˈmɪniəm].

　　　(これは「アルミナム」じゃなくて、「アルミニウム」だよ)

(79B)は否定辞が極性を反転させる標準的否定の例で、先行発話の主張を否認しているものだが、(80)–(82)はそうではなく、これらはすべてメタ言語否定によって先行発話の否認を構成するものである。

　(80)は前提を否定することで先行発話の否認を構成する。(80a)では the king of France という表現自体が、フランス王が存在することを前提としているが、それが not で否定され、訂正節で明示的にフランス王が存在しないことが述べられる。(80b)は realize が叙実動詞(factive verb)であるため、後続の that 節の内容(「彼のラクダが連れ去られた」)は真であることが前提となる。これが否定され、訂正節でそもそもラクダは連れ去られていないことが根拠として示される。

　(81)は会話の推意を否定することで先行発話の否認を構成するものである。(81a)では、コーヒーが「好き(like)」なのであれば、「愛する(love)」とまでは言えないと考えられる。この後者の考え方が推意であり、〈好き〉の度合いの尺度上にある「愛する」が「好き」を意味論的に含意することから、尺度推意と呼ばれている。この尺度推意が否定され、訂正節で「愛する」であることが示される。つまり、単に「コーヒーが好きである」という発話は否認される。(81b)も同様に、〈all, some〉という尺度を設定し、より強い表現である「すべての(all)」が「いくつかの(some)」を含意することから、「チョコをいくつか食べた」と言えば、「チョコをすべて食べたわけではない」という尺度推意が生じると考えるものである。しかし、ここでも尺度推意が否定され、「チョコをすべて食べた」という訂正節を含めて、「チョコをいくつか食べた」という発話の否認になっている。

　(82)は否定の焦点にある表現の形態・意味的な含みが問題になる場合で

ある。(82a)で問題になっているのは、過去分詞の形態である。ここでhung
とhangedはどちらもhangの過去分詞であるが、絞首はhangedが正しい。
これを指摘するために、hungを含む先行発話を否認するときに、これを否
定し、訂正節でhangedが使われる。(82b)も同様で、どちらも結局アルミ
ニウムのことであるにもかかわらず、「アルミニウム(aluminium)」という発
音を正しいものとして、「アルミナム(aluminum)」という発音を否定してい
る。[27]

　このように一概に否定と言っても、発話される文の中のどの情報が否定
されるのかは異なっており、この解釈を正確に行うことで、それぞれの否
定を含む英文の理解が深まると言える。

　ここで、1.4.1節で観察したメタ言語否定の実例を振り返り、文内のどの
情報が否定されているのかを振り返る(例文番号は前のままとするが、該当箇所
のみを引く。出典は既述である)。

(69) Futurists don't consider overpopulation <u>one of the issues</u> of the
　　 future. They consider it *the* issue of the future.

ここではone of the issuesとthe issueとがあり、「問題のうちの一つ」と
いうやや軽い扱いではなく、「まさにそれが問題である」という一番重要な
ものとしての扱いのほうが適切だと示唆している。つまり、形式の否認で
ある。次は老年男性を振った女性について、その男性の娘が言った「彼女
は幸せそうだっただけじゃない。幸せだったのよ」という台詞である。

(70) It wasn't just that she <u>seemed happy</u>; she *was* happy.

ここでは、〈was happy, seemed happy〉という尺度を想定し、seemed happy
ということはwas not really happyを推意するのであるが、この推意が否
定されている。推意の否認である。そして、次の例はカウンターの向こう
側からソファに引っぱってこられた場面。

---

[27]　英和辞典を見る限り、aluminumはアメリカ英語、aluminiumはイギリス
英語としている。

（71）"You yanked me right over the counter," she said.

"I didn't yank," I said. "I swept."

スペンサーは yank という語の意味合いに抵抗して sweep という語を選択しているので、これも形式の否認ということになる。

　こうした否認は必ずしも否定を伴っている必要はない。メタ言語否定ではないと説明した以下の例も、やはり形式の否認になっていると考えられる。

（72）"Let's leap up," she said. "And guzzle some polenta."

"Guzzle?"

"Sure."

"We gourmets usually say *savor*."

guzzle という語(とそれに含まれる意味合い)に代えて、savor という語を提案しているのであるから、文体上の変更を求める一種の否認と言えるだろう。このように、否定された情報は、新しい情報によって交替・更新される。

1.5　否定とその他の要素との関係

1.5.1　全部否定と部分否定

　周知のように、全部否定とはある名詞句について、叙述がまったく当てはまらないということである。部分否定とはある名詞句が表すものの一部については叙述が当てはまるが、他の一部には当てはまらないということである(後述するように、副詞でも部分否定が可能なものもある)。否定辞と数量詞が同一文中で生起するとき、数量詞が否定辞の作用域にある場合に、部分否定の解釈が生じる可能性があるが、数量詞によっては部分否定の解釈を許容せず、必ず全部否定の解釈になるものもある。ここでは加賀(1997)に沿って説明する。たとえば、(83)と(84)の各例について、全部否定と部分否定のどちらの解釈が妥当か観察してみよう。

(83) a. All the boys didn't leave.

    b. John didn't solve many of the problems.

(84) a. Most of the boys didn't leave.

    b. John didn't solve some of the problems.   (加賀 1997: 96)

加賀(1997)によれば、ここでは(83)のほうは否定辞 not が文全体に作用して all と many がその作用域の中に入っているとする部分否定の解釈と、それらが否定の作用域の中には入らずに全部否定になる解釈との間で曖昧であるという。[28] つまり、(83a)なら、「すべての男の子たちが去って行ったわけではない」という部分否定の解釈と、「すべての男の子たちは去らなかった(居残った)」という全部否定の解釈が可能だということである。(84)の most や some を含む文では全部否定のみが可能であり、(84a)なら「ほとんどの男の子たちは去らなかった(居残った)」という解釈になる。

　言うまでもなく、こうした解釈は、all, most, many, some のような数量詞と否定との関係に依存する。Horn (1972)において、(85)のような数量詞の尺度が提案されている。

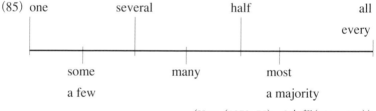

(85)
one　　　　　several　　　　half　　　　　all
　　　　　　　　　　　　　　　　　　　　every

some　　　　　　many　　　　most
a few　　　　　　　　　　　a majority

(Horn (1972: 75); cf. 加賀(1997: 123))

　加賀(1997)によれば、(85)のような尺度を作る際に、(86), (87)のような分布がもとになっているという。以下、加賀(1997)の記述に従い解説する。まず、(86)のような分布をどう説明できるだろうか。

(86) a. some if not {many/most/all}

    b. many if not {most/all}

---

[28]　加賀も述べているように、(83)の解釈にはかなり個人差がある。

  c. *all if not {some/many/most}

  d. *{many/most/all} if not some   （加賀 1997: 123）

ここで if not X で表される部分は尺度推意を表している。つまり、(86a)
では、some と言えば many, most, all ではないとされているから、many,
most, all よりも some のほうが小さい値を表すことになる。そして、(86b)
では、many と言えば most, all ではないとされているから、most, all より
も many のほうが小さい値を表すことになる。

 また、(86c)では all であると言えば some, many, most とは言えないと
なっているが、実際たとえば「すべての学生」であれば「幾人かの学生」
「多くの学生」「ほとんどの学生」のような学生の集団を含むことになるか
ら、if not でこれらの集団を否定することはできない。したがって、all は
尺度の頂点である。同様に、many, most, all と言えば、some ではないと
は言えないとなっているが、実際「多くの学生」「ほとんどの学生」「すべ
ての学生」の中には「幾人かの学生」という集団も含まれることから、
(86d)は成り立たない。したがって、ここでは一番少ない数を表すのがsome
である。こうした考察から、[some, many, most, all]という数量詞の尺度
が確定できる。

 さらに、(87)のような例からも、この尺度の妥当性が窺われる。

（87）a. some or even {many/all}

  b. {some/many} or even all

  c. *{many/all} or even some   （加賀 1997: 123）

(87)においては、or はどちらも共に成り立つ場合でも真になるから、右側
の部分に左側の部分の付加情報となるものを置くことができる。そういう
性質を利用して、(87a)では、some とも言えるが、それ以上の many や all
とさえも言えるということである。「幾人かの学生」であれば、「多くの学
生」や「すべての学生」と言うことも可能である。同様に、(87b)では、
some や many と言えば、all とも言えるという。しかし、(87c)にあるよう
に、many や all であるからといって、some とさえも言える、というのは

容認されない。「#{多く／すべて}の学生、しかも幾人かの学生」のような表現は、後者の表現が付加情報にならないため、容認されない。これは「幾人かの学生」が「{多く／すべて}の学生」の中にすでに含まれているからである。

ところが、(85)のような尺度はたとえば(88)のような例を解釈する場合に不十分であるという。

(88) a. {Many/Some} of my friends are linguists and {many/some} of them aren't.

b. #{All/Most} of my students are linguists and {all/most} of them aren't.　　　　　　　　　　　　　　　　　　　(加賀 1997: 124)

ここで、(88a)が適格であることは(85)の尺度から予測できる。というのは、many や some は半分(half)よりも低い値なので、半分以下の教え子が言語学研究者であるなら、他の半分はそうでないとすれば、矛盾はない。そして、(88b)が不適格であることも(85)の尺度から予測できる(「すべての教え子」「ほとんどの教え子」が同時に言語学研究者でありかつそうでない、ということはありえない)。

しかし、加賀(1997: 124–125)はとくに many が半分より少ない必要はないのではないかと指摘している。Many of my friends are linguists. という文は、仮に自分の友人のほとんどが言語学研究者だったとしても、正文となるべきであるという。また、(85)の尺度を想定するのであれば、なぜ all と many が部分否定を許容するのに、most と some はそうでないのかを説明するのが難しくなってしまう。というのも、部分否定は大きな値を表す数量詞については可能であると仮定すると、all は尺度の中で最も大きな値であり、これが否定の作用域に入れば部分否定になるのは理解できるとして、部分否定を許容しない most よりも(85)の尺度上は低い値を表す many がなぜ部分否定になるのかは、説明が難しいからである。

そこで、加賀(1997)は、「基数的スケール」と呼ばれる実際の数を指定する数量詞(ここでは many と some)のスケールと、「比率的スケール」と呼ばれる集合のうちのどの割合であるかを示す数量詞(ここでは most と all)とを

区別することを提案する（加賀 1997: 127ff.）。

(89)

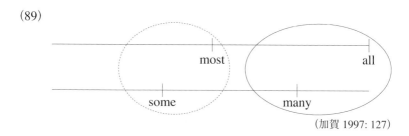

（加賀 1997: 127）

(89)で実線の円で囲まれた量の多いほうの端に位置する数量詞は部分否定が可能で、破線の円で囲まれた量の少ないほうの端に位置する数量詞は全部否定しか許容しない、として整理することができるという。これを基に(90)の例を検討する。

(90) I chase women now and then, but no one knows it. Or at least they can't catch me. I'm sure it's done by other partners, but you'd never catch them. Not all of them, but a few. Most have very stable marriages and are forever faithful to their wives.

(John Grisham, The Firm)

(僕はときどき女の尻を追いかけることもあるが、誰もそんなことは知らない。というか、少なくとも見つかったことはない。他のパートナー弁護士もやっていると思うが、彼らも見つからないだろう。彼らの全員ではないが、何人かはね。とはいえ、大多数の弁護士は非常に安定した結婚生活を送り、妻を裏切ることは決してない)

(90)の例は、ある法律事務所で主人公の同僚になった男の台詞だが、そこではパートナー弁護士は女遊びするということで、「パートナー弁護士の全員ではないが、何人かはね」と not all は部分否定の解釈になる。

　加賀(1997)はこうした説明を頻度副詞にも拡張し、(91)のような尺度を設定している。

(91) 比率的スケール

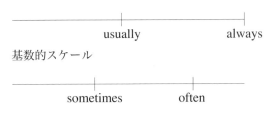

基数的スケール

(加賀 1997: 159)

(91)の 2 つの尺度を設定することで、どちらの尺度でも値の大きい部分の
み部分否定が可能であることから、(92a)や(92c)では部分否定が可能で、
(92b), (92d)では部分否定が不可能であることを予測し、実際にそうなっ
ている。

(92) a. He didn't always come home late.

　　　 b. He didn't usually come home late.

　　　 c. He didn't often come home late.

　　　 d. He didn't come home late sometimes. 　　(加賀 1997: 158)

　この加賀(1997)の分析はよく事実に合致し、興味深い考え方だと思われ
る。割合を表す most と、数え上げられる値を表す some や many が異なる
というのは直観的にも理解しやすい。しかし、all が否定されると部分否定
の解釈を容認するのは、英語ではすでに全部否定を none という形で語彙
化しているからかもしれない。また、not を前置できるかどうかによって
も異なる。簡単に 4 つの小説を検索してみたところでは、1.2.2 節で登場し
た not all, not many は実例((11a), (14))があるが、not most, not some は(数
量詞としては)実例として出てこない表現である。

1.5.2　二重否定

　二重否定とは同じ節の中に 2 つ以上の否定要素が現れ、それらが互いに
打ち消し合うことで全体としては肯定文になるような否定のことである。
Huddleston and Pullum (2002: 844)では次のような例が挙がっている。

(93) a. None of them had no redeeming features.

b. All of them had some redeeming features.

c. None of them had no redeeming features, did they?

(Huddleston and Pullum 2002: 844)

(93a)は「それらはどれも欠点を埋め合わせるような特徴がなくはない」ということであり、つまり(93b)「それらはすべてどこかに欠点を埋め合わせるような特徴がある」という肯定文と同じ意味である。ただし、(93a)は否定文であり、(93c)のように肯定の付加疑問がつくことからもそれは明らかである。これは(93a)で否定要素として機能しているのは主語の none であり、no redeeming features の no は目的語の名詞句内のみの否定であることに起因していると考えられる。また、(93b)の言い換えのように全称量化詞に変更されるのは(93a)の主語 none であり、全称量化詞に言い換えられるのは常に左側の否定要素であることも Huddleston and Pullum (2002)で観察されている。また、以下のような例も二重否定とされている。

(94) a. He didn't say nothing: he said it didn't matter.

b. Few people found nothing to criticize.

(Huddleston and Pullum 2002: 845；下線部筆者)

(94a)の下線部は「彼は何も言わなかったわけではない」ので「なにか言った」のであり、(94b)は「批判したいことがない人はほとんどいない」ので「ほとんどの人は批判したいことがある」ということである(4.2.2.2 節では、否定同士が打ち消し合わない多重否定を観察する)。

また、否定接辞のついた形容詞を否定辞 not で否定するものも肯定文と同じ意味になるとされる。

(95) a. She's happy, or at least not unhappy. (Horn 1991: 85)

b.

happy	neither happy nor unhappy	unhappy

not unhappy

(95)のような場合は happy と unhappy とが矛盾関係(contradictory)ではなく反対関係(contrary)にあるため、not unhappy は happy と同値になることができず、どちらとも言えない領域を含むことになるので、修辞的な効果もあるという(Horn 1991)。この場合、文否定が un- ではなく not によって表されていることについてはほぼ疑問の余地がない。

　また、(95a)のような例とは反対に、(96)のように、1つの文に2つの否定辞 not が生じてむしろ強い意味になる例もある。

(96)　　“Grandma,” she said in a startled voice.

　　　　“What, my pet!”

　　　　“You’re not to die.” Kezia was very decided.

　　　　“Ah, Kezia” — her grandma looked up and smiled and shook her head—“don’t let’s talk about it.”

　　　　“But you’re not to. You couldn’t leave me. You <u>couldn’t</u> <u>not</u> be there.” 　　　　　　　　　　　(Katherine Mansfield, “At the Bay”)[29]

（「おばあさま」と彼女は驚いたような声で言った。
　「どうしたんだい」
　「おばあさまは死なないわよ」ケザイアはとても決然として言った。
　「ケザイア」彼女の祖母は顔をあげて微笑み首を振った。「この話はもうやめにしましょう」
　「だけど死なないのよ。私を置いてきぼりにはできないはずよ。おばあさまがそこにいないなんてありえない」）

(96)は20世紀初頭の少し古い例だが、生きてそこにいてほしいという思いを伝えるために少女ケザイア(Kezia)は「おばあさまがそこにいないなんてありえない」と couldn’t と not とを並列して使い、非常に強い肯定の意味をもたせている。[30]

---

[29]　Katherine Mansfield の短編集 *The Garden Party*（1922）に所収の短編である。筆者手持ちの例は偶然これだったが、現代でもこうした文は可能であると思われる。

[30]　次のような二重否定を利用したイディオムもある。

　(i)　President Trump and Kim Jong Un’s courtship has been <u>nothing if not</u> fickle.

　また、否定要素が3つ以上にわたる場合があることも Horn (1991) は指摘している。(97) では下線部の no, too, overlook が否定要素を含んでいるとされ、「小さすぎて見過ごしてよい細部など一つもなかった」ということである。しかし、too ... to ... を素直に解釈すると、too small to overlook は「見過ごすには小さすぎる」(つまり「小さすぎて見過ごせない」) となるが、小さいものほど見過ごしがちであるから、筋が通らない。ここでは to overlook を結果のように解釈して「小さすぎて見過ごしてしまう」と考えて、主語の no detail と合わせて、「どんな細部でも小さすぎて見過ごしてしまうことはなかった」という意味になる (この点についてはすでに 1.3.2.2 節で述べた)。これが〈どんな小さな細部も見過ごさない〉という否定の意味になっている。

(97) No detail was too small to overlook. 　　　　　　　(Horn 1991: 98)

(98) She knew of no threatening letters or telephone calls; of no recent withdrawals of large sums of money, no travel arrangements. There had been nothing the least unusual in his behavior all week.

　　　　　　　　　　　　　　　　　　　　(John Fowles, "The Enigma")

(彼女が知る限りでは、脅迫状や脅迫の電話があったわけではなく、最近大金を銀行から下ろしたこともなく、旅行の予定を立てている様子もない。ここ一週間の彼の振る舞いにはおかしなところは何一つなかった)

　また、(98) では、nothing, the least, unusual の3語が否定要素を含むと考えられる。先行文脈から、おかしなことは一つもなかったと主張されていることが明らかであるが、the least unusual は「普通でないことの中で一番普通に近いこと」を表すので、彼の行動の中で少しでもいつもと違うところを探そうにも、それがない (＝nothing) であるから、それ以上にいつも

　　　("The Deterrence Debate," by James Stavridis. *TIME*, June 11, 2018, p.13)
　　　トランプ大統領と金正恩書記長との間柄について「非常に気まぐれだ」と言っている。文字通りには、nothing if not X とは〈X でなければ何物でもない〉ということから、「まさに X である」という強めの意味になる。

と違う行動はもちろんなかったことになり、事実上、全称量化詞と同様の解釈になり、〈全ての「いつもと違うこと」〉は彼の行動の中には存在しなかったということになる。[31] したがって、there had been nothing the least unusual で「どのような普通でないこともなかった」、つまり「おかしなことは一切なかった」の意味になる。[32]

1.5.3 否定呼応(negative concord)

否定呼応と言われる現象は、否定要素が打ち消し合って肯定文になるのとは異なり、複数の否定要素は事実上1つの否定を表していて、文全体も否定文になるものである。この現象はフランス語や西フリジア語、アフリカーンス語で標準的な否定として使われるとされる(Ladusaw 1992; van der Wouden and Zwarts 1993)。また、英語では主に非標準的な英語によく見られる(Labov 1972; Anderwald 2002)。(99), (100)がその例である。どちらも3つの否定的表現が見られるが、実際には一つの否定である。実例は小説や映画に多数みられるが、たとえば(101)では don't が主語 he と一致していないことからも明らかなように、バーの女主人の非標準的英語であり、また、レスターが女主人のブルドッグを恐れているからトラブルは起こさないという内容から、don't cause no trouble が doesn't cause any trouble の意であることは明らかだろう。

(99)　Nobody said nothing to nobody.

　　　　　　　(Ladusaw 1992: 237; van der Wouden and Zwarts 1993: 202)

(100)　a. I couldn't do nothing about it.

　　　　b. I haven't hardly had no fags today.

　　　　c. You'd never heard nothing.　　　　(Anderwald 2002: 101)

---

[31] My uncle is so deaf that he wouldn't hear the loudest noise. 「どんなに大きな音でも聞こえない」も、事実上、全称量化の例として知られる(Fauconnier 1975: 356)。

[32] 話し手がこの解釈を毎回、形容詞の尺度をもとに導出しているというよりも、nothing the least unusual のような表現が一つのチャンクのようなものになっていると想像される。

（101） "Naw," she answered when she stopped laughing. "Ol' Lester there, he <u>don't cause no trouble</u> in here. He's plumb terrified of my bull-dog there." 　　　　　　　　　　　　（James Crumley, *The Last Good Kiss*）

（彼女は笑うのをやめてから「いや」と答えた。「あそこにいるレスターはさ、ここじゃ何もトラブルは起こさないよ。あそこにいる私のブルドッグをめちゃ怖がっているからね」）

否定呼応には 2 つの種類があるとされ、一つは否定の展開(negative spread)、もう一つは重複否定(negative doubling)である。前者は否定の作用域の中にある不定表現をすべて否定的な表現にしてしまうもので、後者は否定表現を含む文であれば必ず現れる否定要素である。van der Wouden and Zwarts (1993)ではフランス語でこれらを例示している。

（102） a. Personne a rien dit. (Spoken French)（'Nobody said anything.'）
　　　　 b. Je n'ai vu personne. (Standard French)（'I didn't see anyone.'）
　　　　　　　　　　　　　　　　　　（van der Wouden and Zwarts 1993: 202）

(102a)の personne は「誰もない」の意味であり、rien「なにもない」は否定的に変えられた不定表現ということになる。このように文の線形順序に沿って否定が展開される。(102b)では否定辞 ne と personne とが重複している。ne は会話では現れないこともあることから、personne が否定要素であり、これが現れるときに重複して ne が現れると考えられる。英語では重複否定は存在しないが、否定の展開は存在するとされる。先に挙げた(100)–(101)のような not や never といった否定辞が統率する場合のほかに、(103)のように近似的否定辞 hardly だけでも否定の展開は生じることができることから、否定の展開は意味論的な現象である。

（103） a. There was hardly no money nor hardly no bread.
　　　　　　　　　　　　　　　　　　（van der Wouden and Zwarts 1993: 203）
　　　　 b. He'll die first. He's got hardly no blood left in him.
　　　　　　　　　　　　　　　　　　（COCA: 2004: FIC: Cold Mountain）
（彼のほうが先に死ぬだろう。もう彼にはほとんど血が残っていない）

否定の展開を(104a)のような形式であると考えると、Nに前置するno は、(104b)のように、「すべてない(∀¬)」という意味だったものが、「存在しない(¬∃)」と解釈されていると考えることができる(van der Wouden and Zwarts 1993: 207, 209)。

(104) a. [... [not/never/hardly] ... no N ...]
　　　 b. ∀¬ ⇒ ¬∃

ただし、seldom, rarely といった他の近似的否定辞に後続して no N が生起する例は、BNC や COCA や Google の検索によっても発見することができず、なぜ(103)のように hardly no だけが許容されるのかは分からない。

　否定の呼応は英語の史的変化の中でも一定の役割を果たすが、その点については本書の第4章で見ていくことになる。[33]

---

[33]　この節で述べたことに関連して、小西(1964: 168)は、「二重否定」の一種として、(ic)の文を検討し、(ia)の文が、(ib)のように切断されると even 以下の否定の意味が弱まるので、(ic)のように not を繰り返す(小西の用語は「再叙」)のだと主張する。これは非標準用法とされる I don't know nothing. のような場合とも共通するとしている。これはすでにふれるところがあった Klima (1964)の否定文のテストで not even tag と呼ばれていたものである。このような例に関連する最近の研究に関(2013)があり、「付言タイプ」として分析している。

(i) a. He does not study even at school.
　　b. He does not study, even at school.
　　c. He does not study, not even at school.
(ii) "Well, run after him, and tell him it was all — "
　　"No, no, no. I couldn't — not after what he did. Let's go along. I – I don't care."
((i)(ii) はいずれも小西 (1964: 168) より; (ii) は P. G. Wodehouse, *The Romance of an Ugly Policeman* からの引用)

これらの例を否定の展開と考えることはできない。後接の not XP の not は不定表現を否定に変化させたものではないからである。もとより、このように、節をまたがって否定の作用が「再叙」される現象を「二重否定」とまで言えるかどうかは検討が必要である。

1.6　第 1 章の振り返り

　本章は、Klima (1964) を受け継いだ Payne (1985) や、Huddleston and Pullum (2002)の考え方に沿いながら、多様な否定のあり方を、実例を用いて例証してきた。否定とは意味論的な操作であること、また否認とは異なることを明示した。文否定と構成素否定を区別し、そのうえで様々な否定辞の分類を行い、また、否定倒置について例証した。否定の多義性についても、否定 not の多義性や but の多義性の観点から説明した。そして、文中の他の要素との関係で否定の解釈が異なることについて、全部否定・部分否定や二重否定を通して観察した。

第2章

否定極性項目

　本章で扱う否定極性項目とはどういうものかを理解するために、まず
some と any について考えてみよう。どちらもあるものが少数であること
を表すが、通例 some が肯定文、any が否定文や疑問文に生起する。Swan
(2005, 2016) では、some と any は不定の数や量を表すもので、正確な数や
量を示すことが重要ではない場合に使われるとされる。

(1) a. I want some razor blades.
　　 b. Have you got any razor blades?
　　 c. Sorry, I haven't got any razor blades.

(Swan 2005: 539; cf. Swan 2016: 161)

ここで、some のように、肯定文では現れるが否定文では現れない表現の
ことを「肯定極性項目 (positive polarity item, PPI)」と言い、any のように、否
定文では現れるが肯定文では現れない表現のことを「否定極性項目 (negative
polarity item, NPI)」と言う。「極性」とは、直観的には、文が肯定的である
か否定的であるかを表す用語で、極性項目 (polarity items / polarity sensitive
items) とは文の肯定あるいは否定に偏在する表現のことである。

　NPI は any 以外にも多く存在する。たとえば、Swan (2016) によれば、以
下の (2)–(6) において、(a) 文は肯定文、(b) 文は疑問文ないし否定文であ
るが、(b) の下線部で示された NPI は否定文や疑問文について any と同様
の振る舞いをする。

（2）a. Somebody telephoned.　　　 b. Did anybody telephone?

（3）a. I've bought you something.　 b. I haven't bought you anything.

（4）a. She's already here.　　　　 b. Is she here yet?

（5）a. I sometimes go to the theatre.　 b. Do you ever go to the theatre?

（6）a. I met the Prime Minister once.　 b. Have you ever met the Prime

　　　　　　　　　　　　　　　　 Minister?

　　　　　　　　　　　　　　 （（2）–（6）は Swan（2016: 222）より）

次の 2.1 節と 2.2 節では、NPI が生起する環境には否定文や疑問文のほか
にはどのようなものがあるかを観察する。

2.1　NPI の生起環境

　NPI が現れる環境について観察しておきたい。否定文や疑問文以外にも、
副詞用法や名詞用法の if 節の中（（7a），（7b））、比較級の than の後（（7c））、
seldom や hardly のような非常に低い頻度や非常な困難を表す副詞（（7d），
（7e））のあと、否定的な意味の動詞 deny や forget の補文（（7f），（7g））、伴わ
ないことを表す前置詞 without に導かれる句の中（（7h））、困難を表す形容
詞 difficult のあと（（7i））、量が非常に少ないことを表す数量詞 few（（7j））に
後続する形で NPI が現れる場合もある。

（7）a. Let me know if you have any trouble.

　　b. I wonder if she found anything.

　　c. She writes better than anybody I know.

　　d. He seldom says anything.

　　e. I've hardly been anywhere since Christmas.

　　f. He denied that he had ever seen her.

　　g. Please forget that I ever told you anything about it.

　　h. I'd rather do it without anybody's help.

　　i. It's difficult to understand anything he says.

　　j. Few people have ever seen her laugh.　　　 （Swan 2016: 222）

　一般には、NPI を認可する要素と NPI とが c 統御 (c-command) の関係にあれば (Jackendoff 1972; 吉村 1999; Collins and Postal 2014, cf. Progovac 1994)、かなり広範なコンテクストで NPI が出現するとされる。c 統御とは、以下のように、節点 A が最初に枝分かれする節点に支配される節点 B を支配している関係を言う。B に支配される節点 C も含め、A に c 統御されている。[1]

(8)

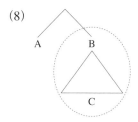

たとえば、(9) において、NPI を認可する要素 not と NPI の ever の生起を見ていただきたい。

(9) a. *Chloe ever tasted beer.

　　 b. Chloe did not ever taste beer.　　　　(Collins and Postal 2014: 17)

ここで正文の (9b) を (8) に当てはめてみると、(10) のようになる。

(10)

(10) からも明らかなように、not は ever を c 統御している。これが (9a) では不可能であるから、NPI が生起する場合にはそれを認可する要素に c 統御されている必要があることが分かる。

---

[1]　本書の性格上、構造的関係だけを概略的に把握するだけにとどめる。より厳密な議論については、原口・中村・金子 (2016) を参照のこと。

　本節では、さらに、Swan が挙げていない NPI の生起環境を含め、Line-barger (1991) や Huddleston and Pullum (2002) の記述を参考にしながら、NPI がどのような形で生じるのかを例示していく。

[A] 接続詞

　(7a) や (7b) のように if 節の中に NPI が現れることはよく知られているが、whenever に後続する場合もある。(11) では、自分が脚を骨折したのは魔女のせいだというボブの (荒唐無稽な) 主張を、ザックは自分の観点からは受け入れられないと言う。「自分の観点」とは否認の婉曲的な言い方にすぎないのではないかと詰め寄るボブに対して、ザックは次のように答える。

　(11) Zac: Whenever I say anything, Bob, I am speaking from my own
　　　　　　 point of view.　　　　　　　　 (Timothy Williamson, *Tetralogue*)

相対主義者のザックは「僕が何か言うときはいつも自分自身の観点から述べている」。だから、ボブの主張は、ボブの観点からは正しくても、ザックの観点からは誤っていることになる。

　また、どちらかを選択することを含意する whether に NPI が後続することもあり、(12) では文の主語として現れる節に NPI が生じている。

　(12) Whether any amount of Western help can rescue the economies of
　　　 Eastern Europe, much less the Soviet Union, is another question.

　　　　　　　　　　　　　　　　　　　　　　　　　　 (BNC: A8G: 128)

(12) は 1989 年 11 月の『ガーディアン』紙の記事であるが、西側の経済的援助がどれだけあっても東欧の経済を立て直せるかどうかは分からないし、ましてやソ連の経済の立て直しなどなおさらである、ということである。この例では先行節に否定を要求する much less という表現も生じていることから、これを含む whether 節に否定的な含意があると考えてもよいかもしれない。

　接続詞 before で導かれる節や、前置詞 before に後続する動名詞句の中

でも、NPI を容認することができる。

(13) We arrested him <u>before</u> he stole <u>anything</u>. （Linebarger 1991: 179）

(14) He couldn't turn to his father for help, because he'd cut him off, and frankly Sir Walter would have given Maisie Clifton a helping hand <u>before</u> he'd <u>lift a finger</u> to assist his son.

（Jeffrey Archer, *The Sins of the Father*）

(13)は before に後続する節で anything が生じている。(14)では強い NPI である lift a finger が生じている。もちろん「指を上げる」という意味ではなく、「(わずかでも)しようとする」ということであり、not lift a finger という形で「全然しようとしない」という意味である。サー・ウォルター・バリントンは不肖の息子ヒューゴーを少しでも助けようとする前に(ヒューゴーのかつての不倫相手である)メイジー・クリフトンを助けるだろうから、ヒューゴーは父ウォルターに助けを求めることはできないのである。

　まだ生じていない場合に備えるという意味の in case にも NPI が後続する場合がある。(15)では any が(just) in case に導かれる節に含まれている。

(15) I lean back in my chair. "You mind if I tape this? That way, I can have it typed up just <u>in case</u> we come up with <u>any</u> terrific insights."

（Jodi Picoult, *House Rules*）

この台詞は「録音しておいていいかな。そうすれば、なにか素晴らしいことを思いついたときには、書き起ししてもらえるから」ということだが、まだ思いついていないので、any が使われていると考えられる。

[B] 比較級 than

　(7c)でも述べたが、比較級の than で導かれる節でも NPI を容認する。(16)では lift a finger という NPI が認可されている。

(16) Cows fly more often <u>than</u> John <u>lifts a finger</u> to help him.

（Linebarger 1980: 83; 1991: 178）

実のところ、(16)は一種の誇張的な言い回しで、文字通りには「ジョンが彼を助けようとするよりも、牛が空を飛ぶ頻度のほうが高い」ということで、つまりは「ジョンが彼を助けようとするなんて、そんなことあり得ない」という意味である。英語では Pigs fly . . . や Cows fly . . . などの〈あり得ないこと〉を述べることで誇張的に強い否認を表すことができる。NPI が出現するのは当然である。

　(17)では than に NPI の any が後続しているが、know better than というイディオムの一部としての than である点が先ほどと異なる。

(17)　Lester and Oney . . . had wrists as thick as cedar fence-posts, knuck-led, work-hardened hands as lumpy as socks full of rocks, and a lifetime of rage and resentment. I grew up with folks like this and I knew better than to have any serious disagreements with them.

（James Crumley, The Last Good Kiss）

（レスターとオニーは、手首は杉の防護柵の支柱みたいに太く、関節が盛り上がり仕事で鍛えた手は石が詰まった靴下みたいにごつごつしていて、これまでの人生での怒りと恨みでいっぱいであった。僕はこういう連中と一緒に育ってきたから、この手の人たちと本気で喧嘩することはなかった）

文字通りには「～するよりは物をよく知っている」、つまり「よく分かっているから～しない」ということで、否定的な含みがあるために any が容認されやすいと言える。

[C] 最上級

　von Fintel (1999)によれば、形容詞の最上級に後続する NPI も存在する。(18a)では最上級形容詞の tallest に後続する不定詞句の中で ever という NPI が出現している。また、(18b)では ever が最上級に後続する関係詞の中に含まれている。

(18)　a.　Emma is the tallest girl to ever win the dance contest.

（von Fintel 1999: 138）

b. I don't know how that bus ever made it. It was the craziest ride
I ever took. （Elmore Leonard, *The Big Bounce*）
(あのバスがどうやって到着したのか分からない。僕が乗った中でも一
番トチ狂った運転だったよ)

(19)のように、最上級の形容詞を含む名詞句に直接 ever が後続する場合も
ある。俳優養成所からの卒業生としてはそれまでで最良の女優であったと
述べている。

（19）She was the best actress ever to graduate from the West Village
Workshop — she was the queen of the Washington Square Park
performers. （John Irving, *The Hotel New Hampshire*）
(彼女はウェスト・ビレッジ・ワークショップの卒業生として最良の女優で
あった。彼女はワシントン・スクエア公園のストリート・パフォーマーの
中のクイーンであった)

ここまでは ever が出現する例ばかりであるが、any を含むものもある。イ
ギリスのある政党の 1987 年の得票数に基づいて、労働者層からの得票率
は戦後の選挙では最も高かったと述べている。

（20）With 36 per cent of the manual workers' vote in 1987 the party's
share of the working-class vote was the highest for any post-war
election. （BNC: A6F: 1354）
(1987 年の選挙では肉体労働者の 36 パーセントの票を得て、党の労働者層
の得票率は戦後の選挙の中では最高であった)

BNC で検索してみると、ever に先行する 3 語までで出現する最上級の形
容詞は best が 268 件、biggest が 164 件、largest が 112 件であるのに対し
て、any に先行する 3 語までで出現する最上級形容詞は best が 72 件、
biggest が 37 件、largest が 22 件である。その他の NPI については 2.2 節
で挙げるものの中で、最上級形容詞と共起するものとしては in years が 43
件、in ages が 2 件のみである。実例を以下に示すが、(21a)では its lowest

level に in years が後続し「ここ何年かで最低の水準」ということであり（この文では its worst recession に in a decade が後続している点にも注意）、（21b）では the most charming people に in ages が後続し「長期間いろいろな出会いがあった中でも最も魅力的な人たち」ということである。

(21) a. With consumer confidence at its <u>lowest</u> level <u>in years</u>, there is no longer any doubt in Motown that the American car market has entered its worst recession in a decade.

（BNC: ABD: 2228）

（消費者の信頼が数年ぶりの最低水準にある中で、自動車産業の街デトロイトでは、アメリカの自動車市場が10年間で最悪の後退局面に入ったことはもはや間違いないと考えている）

b. I think your family and your friends are the <u>most charming</u> people I've met <u>in ages</u>! （BNC: GUE: 2280）

（あなた方のご家族やご友人たちは、私も長年いろいろな出会いがあった中で最も魅力的な方々です）

最上級形容詞と共に現れる ever（「ずっと」）や in years（「何年もの間で」）といった表現の文字通りの意味を考えると、これらは、ある事態が成り立つと考える時間帯を、話し手がより広げて設定しているということである。過去にさかのぼっても（、あるいは、未来を考えても）一番であるということで、他のものが最上級形容詞で形容される可能性を排除している。

[D] 否定的な意味を表す副詞

(7d)や(7e)では seldom と hardly が NPI の出現を可能にしていることを見た。(22)でも seldom が NPI の出現を可能にしているが、anyone および at all の2つが出現している。[2]「来客が到着したときと出発するとき以外はほとんど誰にも面会しなかった」の意である。

---

[2] このように any が先行して出現し、それに後続して別な NPI（ここでは at all）がそれに付随して現れるような現象が存在する。

(22) He seldom saw anyone at all except when they arrived and when
　　　 they left. 　　　　　　　　　　　　　(Elmore Leonard, *The Big Bounce*)

他の副詞についても同様であり、rarely と barely の例を以下に示す。

(23) a. He usually ate out — there was rarely any food in the house.
　　　　　　　　　　　　　　　　　　　　　　　　　　　　　　(BNC: AC3: 449)

　　　 (彼は普段は外食で済ませていた。家に食料品があったためしがあまり
　　　 ない)

　　 b. For suddenly she was remembering those enigmatic remarks he'd
　　　　 made, which she'd paid barely any heed to at the time.
　　　　　　　　　　　　　　　　　　　　　　　　　　　　　(BNC: JXT: 3484)

　　　 (というのも、彼女は彼が言った謎めいた言葉を突然思い出していたの
　　　 である。言われたときはほとんど注意を払っていなかったのだが)

ここでは NPI の any が rarely や barely によって認可され、それぞれ、「食
べ物があることはほとんどない」「当時はほとんど注意を払っていなかっ
た」ということである。[3]
　なお、barely と「ほとんど」という意味的な要素を共有する almost は
NPI を容認しないことが知られている (Horn 1997)。

(24) a. #He almost {budged / slept a wink / touched a drop / spoke to
　　　　 anyone}.
　　 b. He barely {budged / slept a wink / touched a drop / spoke to
　　　　 anyone}. 　　　　　　　　　　　　　　　　　　　　(Horn 1997: 174)

(24a)のように almost に NPI が後続する例はすべて不適格とされているの
に対して、(24b)のように barely に NPI が後続する例はすべて適格とされ
ている。また、コーパスで実例を検索すると、(25a)のように、BNC で
[almost * any]という検索式を用いて検索すると、そのすべてで any は NPI

---

[3]　しかし barely については肯定的な意味合いが強いことが知られている (Horn
　1997)。

としての解釈をもたず、むしろ「どれでも」という自由選択(free choice)の
解釈をもつ。それに対して、(25b)の[barely * any]の場合は any が NPI と
して解釈され、「ほとんどない」という意味であり、それに伴って 2 つ目
の NPI として at all も容認される。

(25) a. It has always seemed to me rather sad that almost any move from
beat duty is regarded as a promotion. 　　　　(BNC: A0K: 986)

　　 b. We barely knew any numbers at all at that time, but we got away
with noise and after that we fast became the second loudest group
in London playing gigs at Brighton, Hastings, Birmingham,
Newcastle, Tadcaster. 　　　　　　　　　　(BNC: AB5: 208)
(当時はほとんど何も曲を知らなかったが、とにかく大きな音でなんと
か済ませていた。そのあと、私たちはロンドンで 2 番目にやかましい
演奏をするグループになり、ブライトン、ヘイスティングズ、バーミ
ンガム、ニューカッスル、タドカスターでライブ演奏を行った)

ここで(25a)の that 節の内容は、警察官について「地域巡回の職務から、ほ
とんどどんな任務に転じても、それは栄転であると見なされる」というこ
とで、(25b)の最初の節の内容は「当時はほとんど何も曲を知らなかった
のである」ということで、any と at all という 2 つの NPI が生起している。

[E] 他の選択肢を排除する only

　1.3.2.4 節でも述べたように、only は選択肢を一つに限定する意味をも
ち、結果的にそれ以外の選択肢を排除することになる。そのような意味的
な特徴から、形容詞 only が名詞に前置された場合や、only のついた名詞
句を主語とした文の述語部分にも、NPI が生じることができる。たとえば、
(26)ではどちらも関係節の中に ever が生じている。(26a)では「自分でも
消耗する病になったことがある人だけこれがどんなに大変なことかが分か
る」と、類似した病気になったことがない人を排除している。(26b)は同
じ事務所に勤める弁護士二人の妻同士の会話であるが、話し手の夫は妻の
両親とそりが合わない。「...悪いのは私の両親だけど、でも私には彼らが

必要なの。私の愛した唯一の男性が私の両親を容認できないというのは心が痛いものよ。毎日ちょっとした奇跡が起こってほしいと祈っているの」と言う。「私の愛した唯一の男」ということは、他の人々や他の男性を排除しているので、NPI が生じていると考えられる。[4]

(26) a. <u>Only</u> people who have <u>ever</u> had a debilitating illness themselves can appreciate what an ordeal this was.　　(Linebarger 1991: 174)

b. "... My parents were wrong, but I still need them. It's painful when the <u>only</u> man I've <u>ever</u> loved can't tolerate my parents. I pray every day for a small miracle."　　(John Grisham, *The Firm*)

つまり、only を含む名詞句の関係節の中(いわゆる制限部[restrictor]に当たる)は only の作用が及ぶ範囲ということである。

また、(27)の a hope in hell(見込みがある)という表現を考えてみよう。この表現について非常に簡単な調査をしてみる。BNC でトークンを数えてみると、10 例中 9 例で否定と共に用いられている。COCA で検索しても 9

---

[4] only を含む定名詞句の制限部に NPI の ever が生じる印象的な例文として以下を挙げておく。その父親が真夜中に野外で排尿中ロバの引く荷車の車輪に首を挟まれて亡くなったような生徒は、男子であれ女子であれ、自分の他にいなかった、という小説冒頭の(内容はともかく)修辞的企みに富んだ一文である(日本語訳はあえて与えていない)。

(i) I was the <u>only</u> boy, or girl either, in the public school of the town of Dugton, Claxford County, Alabama, whose father had <u>ever</u> got killed in the middle of the night standing up in the front of his wagon to piss on the hindquarters of one of a span of mules and, being drunk, pitching forward on his head, still hanging on to his dong, and hitting the pike in such a position and condition that both the left front and the left rear wheels of the wagon rolled, with perfect precision, over his unconscious neck, his having passed out being, no doubt, the reason he took the fatal plung in the first place.

(Robert Penn Warren, *A Place to Come to*)

そして only が否定的な意味を含むからこそ ... the only boy, or girl either, ... のように or や either といった否定極性に関わる他の語も同時に出現している。

例中、6 例が否定と共に用いられ、その他は 1 例が if 節の中に現れ、1 例が疑問文で用いられ、1 例が whether 節の中で用いられている。これらはいずれも NPI を容認する環境である。このことから a hope in hell は NPI であると考えられる。[5] そして、その a hope in hell が生じる環境を見てみると、(27a)のように only が主語名詞句に前置されると正文となるが、(27b)のように even が主語に前置されると非文となることから、only が NPI を認可することが分かる。

(27) a. Only John has a hope in hell of passing.
     b. *Even John has a hope in hell of passing.

(Linebarger 1987: 328)

次の例では、副詞 only の直後に ever が生じている。

(28) Her devoted partner had it firmly in his mind that she only ever bought pictures from charity shops, and it was true. The pictures of elephants and dancers in the flat they shared in Russell Street had cost under a pound, every one.　(Peter Lovesey, *Bloodhounds*)

ある女性のパートナーの男性は、彼女が絵を慈善事業のお店でしか買わないと固く信じていたし、実際、男性と同棲しているフラットに飾っている絵画はすべて 1 ポンド以下で購入したものであるという。「絵画を慈善店で買うことしかしない」のではなく、「絵画を買うときは、慈善店でのみ買う」ということであり、慈善店以外のお店で絵画を買うことを排除しているので、ever が生じると考えられる。[6]

---

[5] また、a hope in hell という表現全体というよりも in hell が NPI だと考える立場もある(Israel 2011: 259)。
　なお、この段落で行っているような、ある表現を NPI と認定するかどうかをコーパスでの当該表現と否定(的環境)との共起の頻度で決定する手法については、Hoeksema (2013)を参照のこと。
[6] また、exactly や precisely など厳密な量を表す副詞を伴った名詞句を主語とした場合でも NPI が生じる。
　(i) Exactly four people in the whole room budged an inch when I asked

[F] 過度を表す too

何かの度合いが過度であることを表す too も NPI を後続させることがある。(29a) は、息子が友達とやっているゲームについて、最近は反エリート主義が行き過ぎてそうしたゲームは何であってもやらないものだと思っていた、ということを述べている。NPI の any が for で導かれる前置詞句の中で生じている。

(29) a. She would have thought they were <u>too</u> anti-elitist nowadays for <u>any</u> such pastime.　　　　　　　　　　(Alice Munro, "Fiction")

b. Nina was <u>too</u> far gone, <u>too</u> traumatised, to pay <u>any</u> attention. Even heroin could not reach her.　　　　　　(BNC: ALJ: 593)

よく知られるように、too A to do で「あまりにも A なので do しない」という意味であるが、(29b) では、自分の持ち物が他人の手によって 検_{あらた} められているのに「(暴力をふるわれて)ニーナはあまりにもひどい状態で、またあまりにも傷ついていたので、まったく注意を払わなかった」ということである。「(注意を)払わない」という否定的な意味論的含意に反応して any という NPI が生起している。[7]

---

　　　for help.　　　　　　　　　　　　　(Linebarger 1991: 175)
ところが、Jackson (1995) によれば、(iib) や (iiib) に見るように、exactly は NPI を容認しない。

(ii) a. No student has <u>any</u> apples.
　　b. *<u>Exactly</u> two students have <u>any</u> apples.　(Jackson 1995: 186)
(iii) a. Every student who has <u>any</u> apples is happy.
　　b. *<u>Exactly</u> two students who have <u>any</u> apples are happy.
　　　　　　　　　　　　　　　　　　　　　(Jackson 1995: 186)
ここから、(i) のように NPI が容認される環境では、Linebarger が述べるように「わずか 4 人の人たちしか ...」という (否定的な) 解釈が可能である必要がありそうである (だから比較的小さな数のみが出現する)。つまり、正確な値に限定する意味の exactly では NPI を容認することはできないと考えられる (なお、exactly や precisely は既述 (35 頁) の下方含意の環境を作り出すものではない (Zwarts 1998))。
[7]　この表現については 1.3.2.2 節でも取り上げたが、主語に否定表現を伴う例 (いわゆる「No X is too Y to Z 構文」(Fortuin 2014)) では、to 不定詞の内容が

[G] 否定的な意味の動詞・形容詞

(7f), (7g)では否定の含みのある動詞(deny, forget)がNPIの出現を可能にすることを見た。以下の実例ではrefuse, doubtの例を示す。(30)では、独身の女性が、自分に隠し子がいて、その父親が「私とはこれ以上一切の関わり合いをもつことを拒否した」ので、一人で子供を産んだと述べているが、ここではrefusedの目的語の一部としてNPIのanythingが生じている。(31)では、お互いに惹かれ合っている姉と弟のやり取りの一部であるが、お互いの(近親相姦的な)気持ちが将来変わっていつか「安全な」ものになるとは思えないと言っている。ここでは補文の中にNPIのeverが生じている。

(30) 'So you had the child?'

　　 She nodded. 'Alone. He <u>refused</u> to have <u>anything</u> more to do with me. . . .'　　　　　　　　　　　　　　　　(Peter Lovesey, *Bloodhounds*)

(31) I <u>doubted</u> that it would <u>ever</u> be safe enough, and I was on the verge of trying to convince her to do it now, . . .

　　　　　　　　　　　　　　　　　(John Irving, *The Hotel New Hampshire*)

否定の意味をもつ接頭辞を含む形容詞にNPIが後続することも容易に理解されよう。(32)の例では、勤務先の法律事務所がマフィアの資金洗浄を行っていることを突き止めた弁護士ミッチとその家族は、マフィアからもFBIからも追われる身となっている。彼らは、逃げ込んだモーテルの管理人アンディに、自分たちの顔に「見覚えがない」と言えば1日1000ドル与えると持ち掛ける。ここでanybodyはunableに認可されている。

(32) "I've got a deal for you, Andy. I'll give you a thousand bucks now and tomorrow, if you're still <u>unable</u> to recognize <u>anybody</u>, I'll give you another thousand bucks. Same for the next day."

　　 肯定的に解釈される場合と否定的に解釈される場合とがある。NPIの出現とこれらの解釈との関係については、管見の限り研究が見当たらないので、今後の課題であろう。

(John Grisham, *The Firm*)

否定的な含みをもつ形容詞の場合は、たとえば(33)のように、述部の数量
詞 little が節頭に置かれた場合、NPI の any が認可される。アメリカ人で
ある主人公たちがウィーンで経営するホテルで死者が出たときに、どこに
行けばいいのかすら分からず混乱している場面で、「自分たちが誰も海外生
活を本当にはほとんど分かっていなかった」ということである。

(33) It was apparent to me, then, how little any of us had really mastered
about living abroad: . . .　　　　(John Irving, *The Hotel New Hampshire*)

また、Linebarger の指摘では、surprised や sorry のような形容詞の補文で
も NPI は出現することができる。(34a)は「食べ物が残っていない」とい
う予測がはずれた(実際に食べ物は残っていた)ことに驚いたということで
ある。予測が否定されたので NPI の any が容認されているが、(34b)のよ
うに予測に確信をもっている場合は容認されない。同様に、(35a)は、彼
と出会わなければよかったと(実際には彼に出会ってしまった)後悔してい
るのである。(35b)では彼に出会ったことが望ましいことと肯定されてい
るので、NPI である ever は容認されない(cf. von Fintel 1999)。

(34) a. She was surprised that there was any food left.
b. *She was sure that there was any food left.
　　　　　　　　　　　　　　　　　　　(Linebarger 1987: 328)

(35) a. I'm sorry that I ever met him.
b. *I'm glad that I ever met him.　　　(Linebarger 1987: 328)

また、先の(7i)にあるように、difficult のような形容詞の補文中に NPI が
生じる場合もある。(36)は類例である。

(36) But the main difficulty was that if compensation were paid out on
this "once for all" basis, "it would be exceedingly difficult for any
future government ever to make radical changes in the financial
provisions, however badly they were working. . . ."

（BNC: J16: 875）

(36)は、1950年代のイギリスの都市計画において開発業者に補填する必要が出てきた場合に、実際に原則今回限りという形で補填を行うと、「将来的にどの政府も財政上の措置に（それがいかに損害になっていたとしても）大きな変更を加えることが非常に困難になってしまう」と述べている。ここでは any と ever という2つの NPI が生起している。

[H] 否定の意味をもつ前置詞

　本章の冒頭(7h)でも紹介したが、否定の意味をもつ前置詞でも NPI が後続する。(37)はすべて without の例であるが、(37a)では最小量を表す a bite が NPI として機能しており、一口も食べることなくナイフとフォークを置いたということである。(37b)では、笑顔ではあるが笑ってはいないということで、NPI の any が生じている。

(37) a. Maisie put down her knife and fork <u>without</u> taking <u>a bite</u>.

（Jeffrey Archer, *The Sins of the Father*）

b. Rugar smiled again <u>without</u> <u>any</u> humor.

（Robert B. Parker, *Rough Weather*）

c. "So you're basing your assumption of his guilt or innocence on what you know of Jacob, and not on the evidence."

Dr. Murano raises a brow. "And you're basing your assumption on the evidence, <u>without</u> <u>ever</u> having met Jacob."

（Jodi Picoult, *House Rules*）

(37c)の例は、殺人罪に問われたジェイコブの公判の様子であるが、検察官から、証拠に基づかず、単にジェイコブの人柄から無罪だと推定していると批判されたのに対して、被告側の証人である精神科医ムラーノは「（それを言うなら）そちらはジェイコブと一度も会ったこともなく、証拠だけに基づいて有罪だと想定しているではないか」と応じた場面である。without のあとに NPI の ever が後続している。

　また、(38)は against に NPI の ever が後続するものである。先行段落から分かるように、当時のダイムラー社は多角経営を目指し、本業の自動車事業に加え、航空宇宙産業や電気関連の製造業や金融業に投資して相乗効果を狙っていたのだが、そうした好循環が起こらない可能性が高く、しかもその可能性はどんどん高まってきている、というのである。

(38) The fruits of diversification will be clear even to the most sceptical observers in another few years, they claim, when the company's new subsidiaries will help Mercedes build still better cars while the company's ability to throw resources into fast-growing high-tech areas will give it an edge in those markets.

Maybe.

But, thanks both to Daimler's bad luck and bad judgment, the odds against this ever happening are high — and getting higher.

(BNC: ABJ: 2072)

(多角化の成果はもう数年経てば最も懐疑的な人たちにも明らかになってくるだろう。それらの新しい子会社はダイムラー社がより良い自動車を製造する助けになってくれるだろうし、また、本社のほうも急速に伸びているハイテク分野に資産を投入することができるので、こうした分野でも強みを発揮できるだろう。彼らはそのように主張する。

　そうかもしれない。

　しかし、ダイムラー社は悪運に見舞われ経営判断を誤り、そうした成果が出てこない可能性が高くなっている。そして、今も高くなり続けている)

　また、接続詞としての before のあとで NPI が生じることはすでに述べたが、前置詞 before のあとに any が生じる場合もある。(39)は 19 世紀イギリスのある町で子殺しの罪で捕まった男が死刑ではなく終身刑に処されたことについての記述である。

(39) The sentence disappointed many people whose prejudice had wanted him hanged, including those pamphleteers who had established his guilt long before any trial. (BNC: CBB: 669)

ここで before any trial というのは、どの裁判よりもずっと前にということ
ではなく、その男の裁判が始まるよりずっと前にということであり、any
は NPI である。ここで long が before に前置され、（自説を展開する）パン
フレットの作成者たちがいかに法的手続きを軽視して有罪かつ極刑が相当
だと決めつけていたかということが示されている。

[I] 否定的な意味の数量詞

　(7j)の類例として、明示的に否定を表す数量詞に後続する NPI も存在す
る。同様に neither, none, not every, almost no, at most＋基数詞などの数量
詞を含む名詞句も、その述部で NPI を容認するとされる(Zwarts 1998)。た
とえば、否定数量詞を伴う名詞句を修飾する関係節の中に NPI が生じるこ
とがある。(40)では中年の男がかつての自分の恋人の子供であるらしい若
い女性(つまり、自分の娘かもしれない女性)と一夜を(何事もなく)過ごす
のだが、彼は混乱してしまい、何もかも意味を失ってしまったと感じてい
る。nothing のあとに NPI の any longer が生起している。

(40) He was lucid enough to know that he was in a daze, that somehow
　　 <u>nothing</u> mattered <u>any longer</u>, where he went, what he did, where he
　　 was, even who he was.　　　　　(Patricia Highsmith, "A Girl like Phyl")
　　 (彼は自分がもうろうとした状態にあることが分かるくらいには意識がはっ
　　 きりしていた。なぜか何もかもが意味を失い、どこへ行くのか、何をする
　　 のか、自分がどこにいて、誰なのかさえ意味がなくなったことも分かって
　　 いた)

また、(41)は、no や not がついた数量詞以外で、few という数量詞を含む
主語名詞句に NPI が後続する例である。

(41) There is a shortage of determined, energetic and independent-mind-
　　 ed newsmen and women. <u>Few</u> journalists <u>ever</u> cover stories that
　　 require patience, time and money.　　　　　(BNC: CDU: 1705)

断固とした、エネルギッシュで、独立心のある記者が不足しており、「ほと

んどのジャーナリストは忍耐と時間とお金がかかるネタをまったく取材し
ようとしない」という。few journalists は後続する動詞句に NPI の ever が
生じることを許容する。

[J] 数量詞 every/most の制限部(restrictor)／総称的解釈の名詞の限定句

　数量詞の中でも前項の[I]のように no- がつき、文全体に否定の作用域が
及んでいる場合には、NPI が出現することは当然であるが、(42)のように
every の制限部(ここでは関係代名詞節)でも NPI が出現する。

(42) When he cannot find the words for how he feels, he borrows some-
　　 one else's. These come from *Cool Hand Luke*; Jacob remembers the
　　 dialogue from every movie he's ever seen . . .

　　　　　　　　　　　　　　　　　　　　　　(Jodi Picoult, *House Rules*)

　　 (自分の気持ちを表す言葉を見つけられないとき、彼は他人の言葉を借りる
　　 のだ。今回の言葉は映画『暴力脱獄』からのものであった。ジェイコブは
　　 自分が見たことがあるすべての映画の会話を覚えている)

次の例は all の制限部に NPI の ever が生じている例である。信用逼迫や金
融危機、暴力事件、アンガーマネジメントなど、最近の報道は悪いものば
かりだから、誰でもちょっと情けない気持ちになっても許されるだろうと
いうことである。

(43) The credit crunch, financial crisis, violent crime, anger management
　　 — it seems that all there ever is these days is bad news, and anybody
　　 would be forgiven for feeling a bit miserable.

　　　 ("The Laughter is still the Best Medicine,"

　　　　　　in BBC's *Beds, Herts & Bucks*, 25/09/2008)[8]

このように all でも NPI が出現する。これに対して、each の限定句では

---

[8]　記事の URL は次の通り。http://www.bbc.co.uk/threecounties/content/
articles/2008/09/25/telephone_laughter_club_feature.shtml

NPI は生じない。

　また、most の限定句においても NPI が生じる場合があるとされる。Heim (1984) や Herburger and Mauck (2013) では次の例が示されている。[9]（44a）では、brains は「知能」であるから「多少なりとも知的な人なら大体ルタバガ（根菜の一種）を食べる（ものだ）」と言っている。

(44) a. Most men with any brains eat rutabagas.　　（Heim 1984: 104）

　　 b. Most people who knew anything about the case were willing to come forward.　　（Herburger and Mauck 2013: 215）

(44b) では「この件について少しでも知っていることがある人は、ほとんどがすすんでそう申し出てくれた」ということで、anything about the case は「その件についてどんなことでも」の意である。

　さらに、総称的な解釈をもつ名詞句の中にも NPI が生起することもある。(45a) で students は ever と anything を含む関係詞句で限定され、「骨相学について少しでも読んでみたことのある学生」を一般的に指している。

(45) a. Students who have ever read anything about phrenology are intrigued by this kind of course.　　（Heim 1984: 102）

　　 b. Harvard researchers in 2005 found that prior to the Gulf War, men with any history of military service during the last century had a nearly 60 percent greater risk of getting ALS than their non-military counterparts.

　　　　（COCA: Lori Rackl, "War at home." *The Chicago Sun-Times,*

　　　　　　　　　　　　　　　　　　　　　　　22/05/2007, p. 14）

(45b) では、「前世紀（つまり 20 世紀）に何らかの軍歴がある男性は、軍歴をもたない男性よりも筋萎縮性側索硬化症になる可能性が 60 パーセント近く高い」という 2005 年のハーバードの研究者たちの発見について述べ

---

　[9]　COCA や Google で検索しても、数量詞 most に any や ever が認可される例は非常に少ない。

ているが、ここでの any は NPI であることは解釈から明らかである。[10]

[K] *the first* N, *the last* N

　次のように、*the first* N や *the last* N に後続して NPI が生起することもある。(46)では that 節に導かれる関係節の中に any が生起しており、(47)では過去分詞 built が後置修飾しているところで、ever を built に前置させている。

(46) Although it was the first winning season that any of us children could remember, it was dull — watching them grind down the field, eating up the clock and scoring from three or four yards out.

　　　　　　　　　　　　　　　(John Irving, *The Hotel New Hampshire*)

（あれは私ら子供たちが思い出せる最初の優勝シーズンではあったが、つまらなかった。選手たちが競技場を駆け回り、時間稼ぎをし、3 ヤード 4 ヤード離れたところから点を入れるのを見ただけだった）

(47) Chief Concorde pilot Mike Bannister said: "British Airways is delighted that we are returning the last Concorde ever built, Alpha Foxtrot, to her birthplace at Filton later this month. . . ."

　　　　　　　　　　　　　　　　　　　　　　　(Mail Online)[11]

（コンコルドの主任パイロットであるマイク・バニスターは次のように述べた。「最後に製造されたコンコルドである AF 型機（アルファ・フォックストロット）をその生誕の地であるフィルトンにて今月末に退役させることを、英国航空として嬉しく思っています。...」）

(46)では、語り手の祖父は地元の高校でアメフトのコーチをしているが、

---

[10]　なお、こうした most を伴った名詞句や総称的な名詞句は、every を含む名詞句とは異なり、そもそも例外を許容するのであるから、NPI は例外を排除してより強い解釈を促すものであると考える本書の立場では十分説明することはできない。

[11]　記事は 2003 年の航空機コンコルドの退役についてのもので、ウェブ上の記事に日付はないが、2003 年 11 月 26 日の退役前のものだと思われる。URL は次の通り：http://www.dailymail.co.uk/news/article-201768/Concorde-flight-home.html#ixzz4pJQx6gpx

語り手の兄弟が覚えている限り優勝できたシーズンはそのときが最初だっ
た、ということである。「最初」ということは、それより前にはなかったと
いう否定を含むので、any が認可される。(47)では、今回退役するコンコ
ルドの AF 型機について、それが最後に製造されたコンコルドだったと述
べている。これも、「最後」ということは、それ以後はないという否定を含
むので、ever の「それ以後に(はない)」という意味に適合し、認可される。

[L] 名詞句内

　否定的な意味合いの主要部をもつ名詞句内でも NPI が出現する場合があ
る。以下のような「否認」を表す denial に後続する that 節内で NPI が現
れている。トランプ大統領がロシア側から選挙協力を得たとする疑惑につ
いて、大統領本人は疑惑を否認してきたが、彼の息子の SNS の記述から実
はトランプ陣営はロシア側の協力を希望していたことが分かった、という
ことである。There is something to ... 「... には一理ある」という慣用句
がここでは denials があるために there was anything to ... のように変更さ
れて、「まったく真実はない」という意味になっている。

(48) And that overrides the months of <u>denials</u> from the Trump orbit that
　　　 there was <u>anything</u> to what the President has repeatedly called a
　　　 "witch hunt."　　　　　　　　　　　　　　(*TIME*, July 14, 2017)[12]

同様に、以下の例では、引用符の中で、disregard という否定的な名詞句の
あとの of 句の中で NPI の any が生じている。活字の歴史の中で、16 世紀
から 17 世紀初頭にかけて、セクレタリー体に代わるものとして筆記体の
イタリック体が優勢になったが、「1600 年代までは、そのイタリック体は
書き方の規則を一つも守らずに書かれていたために、書き手の同年代の人
たちや同じ国の人々であっても読むことができなかったかもしれない」と
いうことである。

---

[12]　記事のタイトルと著者は次の通りである。"How Donald Trump Jr.'s emails
have cranked up the heat on his family," by David Von Drehle.

(49) In the sixteenth and early seventeenth centuries this cursive italic style gained ground as an alternative to secretary, although as Hector says (op. cit.), "By 1600 it was being written with such magnificent disregard of any calligraphical rules that it might be illegible to the writer's contemporaries and compatriots." (BNC: B1P: 327)

次の例では、ウーバー社の不祥事から、情報技術の進化に政府などによる法の整備が追いつかないことを述べ、ルールを決める人がいないなら、企業のトップが責任をとる必要があると述べている。ここで、absence という否定的な名詞句の補部の of 句の中に any が出現している。

(50) If Uber's stunning stumble proves anything, it's in the absence of any rule makers that can keep up with them, the architects of the new economy — which may be another way of saying, the new world — must hold themselves accountable.

(*TIME*, June 26, 2017, p. 26)[13]

こうした名詞に導かれた例には Horn (2001)に引用されている(51)のような例もある。ここでは illusion(「幻想」)の中身を説明する that 節の中に NPI の ever が登場している。

(51) The Japanese-American character has no relevance to Marge's investigation. He is there mainly for humor. The humor is based on his derangement and his obvious illusions that Marge or their acquaintance would ever find him attractive.

("How America Unsexes the Asian Male,"

New York Times, 22/8/96, C9, cited in Horn (2001: 180))

(この日系アメリカ人の登場人物はマージの捜索には何も関係がない。彼は

---

[13] 記事のタイトルと著者は次の通りである。"Uber Fail: Chaos at the world's most valuable venture-backed company is forcing Silicon Valley to question its values," by Katy Steinmetz and Matt Vella.

主に観客の笑いをとるためにそこにいるのである。この笑いは、彼が錯乱
しているところと、マージやその知り合いの女の子が自分に気があると彼
が勘違いしているところにあるのである）

この例で ever が認可されるのは、illusion という語に含まれる否定的含意
（negative implicature）のせいだとしている。[14] その関連として以下の例を示し
ている。

(52) ... his obvious {#recognition / ?hope / #belief / ✓mistaken belief}
　　　that Marge ... would <u>ever</u> find him attractive. 　(Horn 2001: 180)[15]

(52)では、recognition や belief のような否定的でも肯定的でもない語に替
えると、ever は容認されない。hope のような肯定的な語でもやはり完全
には容認されない。ところが、mistaken belief のように that 節内の内容が
（誤っているから）否定されるような名詞句で導かれる場合は、ever は容認
される。この illusion や先ほどの absence のように明示的に否定は含まれ
ていないが、どこかに否定的な意味合いがある語では、any などのいわゆ
る弱い NPI は容認される。[16]

---

[14] ここで Horn は Linebarger（1980）の negative implicature を持ち出して
いるが、どのくらい厳密にこの用語を使っているかは不明である。

[15] ただし、この場合、mistaken という語そのものが NPI を容認する可能性を
検討する必要がある。(i)を観察すると、mistaken belief という名詞句という
より、mistaken が ever を容認しているのだと考えられる。
　(i) She had been <u>mistaken</u> <u>ever</u> to think that he would come.
　　　　　　　　　　　　　　　　　　　　　　(BNC: 1992: CB5: 3205)
なお、BNC の検索結果から、この ever to think ... というパタンは、後述する
only や stupid のような NPI を認可する要素にも後続することが分かる。

[16] こうした any, ever のような弱い NPI を容認する否定的なニュアンスをも
つ語を Horn（2001）では 19 世紀の作家フロベールの手紙の一節（作者は表現さ
れないが小説のすべてを司ることを、目に見えない神が世界のすべてを司るこ
とに喩えている）を引き合いに出して、フロベール・トリガー（Flaubert trigger）
と呼んでいる。名詞の中の"目に見えない"否定的含意が NPI を認可していると
言いたかったのであろう。

[M] 否定辞繰上げに関わる埋め込み節

Linebarger (1991)によると、埋め込み節でも NPI が出現する。たとえば、否定を含む一部の動詞の補文の中に NPI が出現する場合がある。

(53) a. I didn't realize that we had any hope of winning the case.

　　 b. I didn't say that we had any hope of winning the case.

　　 c. *I didn't add that we had any hope of winning the case.

(Linebarger 1991: 171)

この観察は Collins and Postal (2014)によってもなされている。

(54) a. I believe that nowhere near seven gorillas were they able to adequately train.

　　 b. I don't believe that anywhere near seven gorillas were they able to adequately train.　　(Collins and Postal 2014: 146)

(55) a. I believe that neither Jane nor Marla have they yet interviewed.

　　 b. I don't believe that either Jane or Marla have they yet interviewed.

(Collins and Postal 2014: 146)

(54), (55)について、(a)文と (b)文は少なくとも一つの解釈を共有するが、(a)文の nowhere と neither であるところ、(b)文では that 節内から否定辞 not が主節に繰り上がったためそれぞれ anywhere と either という NPI になっていると考えることができる。(53)と異なり、否定倒置も生じている。

　こうした構造は基本的に否定辞繰上げが可能な動詞(believe, feel, imagine, mean, think 等 [Collins and Postal 2014: 4])が主節に存在する場合に可能である。しかし、実際には、(53b)のように say や、さらに accept や claim などの一般に否定辞繰上げを許容しない動詞が主節にある場合でも可能なことがあるとされる。[17]

---

[17]　また prove のような動詞の補文にも NPI が生起することがある。(i)では条件文の主節で、(ii)では否定辞繰上げに類似した現象として、any(thing)が補

（56）Carol doesn't accept that at <u>any</u> time did Stan betray his wife.

（Collins and Postal 2014: 151）

これも Collins and Postal（2014: 148）が指摘していることであるが、複合名詞句制約（Complex NP Constraint）によって否定辞繰上げが不可能なはずの名詞と同格の that 節においても、否定辞による認可を伴わずに NPI が生じると考えられる実例がある。

（57）'There's <u>no</u> evidence that <u>anyone</u> broke in,' Diamond was swift to correct him. （Peter Lovesey, *Bloodhounds*）

（57）は「誰かが押し入ったという証拠はない」というのであるから、anyone は NPI である。これが認可される理由が no evidence にあると考えると、any のような NPI は、同一節で認可される必要が必ずしもないという結論になる。[18] ここは先の［L］名詞句内で取り扱った例（85–87頁）と類似しているように思われる。

［N］感嘆文

感嘆文でも NPI が生じることが知られている（Hoeksema 2000: 116）。（58）ではお休みを楽しみにしているか聞かれて、「とても楽しみにしています」

文内に生起している。

（i） a. If you're going to convict him, you'll need to <u>prove</u> that there's <u>anything</u> illegal about what he did. （Linebarger 1991: 175）

b. If the seller honours the express remedies, the buyer will have to <u>prove any</u> loss that he has suffered in addition to that covered by the clause, subject to the ordinary common law rules relating to remoteness. （BNC: 1993: J6T: 965）

（ii） It was not <u>proven</u> that at <u>any</u> time, not even on Thursday, had he contacted any of them. （Collins and Postal 2014: 149）

[18] 否定辞繰上げについては 1970 年代に盛んに研究されたものであるが、近年、いくつか新しい研究が出版されている（Gajewski 2007, Collins and Postal 2014）。研究史については、Collins and Postal（2014）の第 1 章などを参照していただきたい。

ということなのだが、ever が生じている。

(58) "Are you looking forward to your vacation?" "Am I ever!"

(Cambridge Advanced Learner's Dictionary (2003), s.v. "ever", p. 418)

また、(59)では、フラニーのちょっとした悪戯が一因で警官が亡くなってしまい、混乱の中で自分は悪辣な男子生徒たちに暴行されるという結果になったことについて、「ちょっとした悪ふざけのために本当に大変な目にあわされた」と言うときに、ever が生じている。

(59) It seemed to my sister that she'd been made to pay disproportionately for her mischief with the lights in the Hotel New Hampshire and her inadvertent contribution to Howard Tuck's departure from our world. "Boy, are you ever made to pay for a little fun," Franny said. (John Irving, The Hotel New Hampshire)

(姉のフラニーには、ホテルニューハンプシャーの電灯に悪戯したことでハワード・タックの死に思わぬ形でつながってしまったことに対して、つり合いが取れないほどの代償を払わされたように思われた。「まったく、ちょっとふざけただけなのに本当に大変な目にあわされたわよ」とフラニーは言った)

これらの感嘆表現では、主語と動詞(助動詞)の倒置が生じている。次のような感嘆符を伴う文では、倒置や否定的要素がなくても ever が認可されることもある。

(60) Like I would ever trust Fred! Yeah right. (Hoeksema 2000: 116)

この場合は、アイロニカルに解釈されることを表現(文頭の like や yeah right という話し手自身の応答)が明示している。「フレッドを僕が信じるなんて!」ということだから、〈信じるわけがない〉ということを含意しており、ここから NPI の ever が認可されている。

2.2 NPI の分類[19]

前節では主に any と ever という NPI の出現状況を見ながらどのような環境で NPI が生じるのかを観察したが、この節ではこうした NPI にはどのようなものがあるかを観察する。Huddleston and Pullum (2002: 823) では、次のリストが示されている。

(61) i. ANY 類：any, anybody, any longer, any more (*AmE* anymore), anyone, anything, anywhere

ii. 様々な文法的要素(多くが付加詞として機能)：at all, either, ever, long, much, till/until, too, what(so)ever, yet

iii. 法助動詞の dare と need

iv. いくつかの動詞：bother (＋不定詞), budge, faze

v. イディオム類(多数かつオープンクラス)：can abide/bear/stand, can be bothered, could care less, cost a bean, do a (single)

---

[19] NPI と否定を含むイディオム(negative idiom)の違いについて、Huddleston and Pullum (2002)は、イディオムに含まれる否定はその文自体を否定することはないが、NPI は非断定的な環境であれば現れることができるとしている。たとえば、イディオムの(not) half bad と NPI の(not) for long の振る舞いは異なり、前者が(ib)や(iib)のように not がなければ現れることができないのに対して、後者は(ia), (iia)のように他の非断定的環境でも生じうる。

(i) a. They laughed, but not for long / b. It was salty, but not half bad.

(ii) a. Few people laughed for long. / b. #Few portions were half bad.

(Huddleston and Pullum 2002: 825)

また、たとえば、辞書に not have a clue と否定を含むイディオムのように書かれていても、これが NPI であることは few と共起する例がすぐに見つかることから分かる。

(iii) We all think we understand the common cold. Yet few of us have a clue about how we get it or what to do to shake it off.

(A health column by Lucy Atkins in *The Guardian*, 15/2/2005. URL: https://www.theguardian.com/society/2005/feb/15/health.medicine andhealth2)

(風邪についてはよく分かっていると私たちはみな思っているが、どう感染してどうやったら治るのかについて知る人はほとんどいない)

thing（about . . .）, drink/touch a drop, eat a bite/thing, give a damn/fig, have a clue, have a penny（to one's name）（*BrE*）, have a red cent（*AmE*）, hear/say a word/sound, hold a candle to, in ages, in donkey's years, lift a finger（to help）, mind a bit, move a muscle, see a thing, see a（living）soul, so much as（＋動詞）, take a（blind）bit of notice, would hurt a fly

　それぞれの種類について、実例を挙げていくが、その前に、これらが NPI としてどういう役割を果たしているのか、また、これらに共通した性質とは何かについて簡単に触れておきたい。

　(i)の ANY 類と(v)のイディオム類を観察していると、これらの表現は「(量的に・価値的に)最低限のもの」を指している。最低限のものですら否定されるのであるから、例外なしにすべてを否定するということである。この「例外の排除」が、否定＋NPI という表現の多くに共通して見られる特性であるように思われる。その機能であるが、(ii)の要素を見てみると、「例外の排除」を表す at all のほかに、否定＋much のようなむしろ例外を許容するような表現もある(cf. 1.5.1 節)。前者は例外の排除から「否定の強化」を機能としてもっている。これは Kadmon and Landman（1993）の any に関する研究でも示されている(とくに any に強勢がつくなどして焦点になっている場合は否定の強化になる)。それに対して、後者の例外を許容する表現では、たとえば I don't travel <u>much</u> these days.（Swan 2005: 332）のように、旅行をしないのではなく、あまりしないと言っているので、否定はやや弱められていると言えるだろう。このように、NPI は一枚岩の現象ではないことを念頭に、それでも NPI の共通した意味は「最低限のもの」であり、その機能は例外の排除による否定の強化であるとし、much や all that のような「大きな量・度合い」を表す NPI では例外を許容し否定を弱化するものであると考える。

2.2.1 ANY 類

　ANY 類とされた語が NPI として使われている事例を以下で列挙する。

それぞれの例について簡単に説明する。

(62) a. The whole episode wouldn't have done anybody any harm pro-
vided that the stamp turned up again in perfect condition.

(Peter Lovesey, *Bloodhounds*)

b. I mean, I know she thinks she's being funny, but doesn't she
know what we've all heard quite enough of her vulgarity? At her
age, it hardly becomes her any longer — if it ever did.

(John Irving, *The Hotel New Hampshire*)

c. "You might have thought it would occur to me that if I needed
to cut any trees up, perhaps it would be due to a storm that had
interfered with my power. . . . " (Anne Tyler, *Digging to America*)

d. To get out, they've got to borrow, rent or steal a car. No rental
records anywhere around here. (John Grisham, *The Firm*)

(62a)では anybody と any という 2 つの ANY 類が生じている。盗まれた
貴重な切手さえ完璧な状態で戻ってきてくれれば誰にもどんな迷惑も掛か
らなかっただろうということである。(62b)では認可しているのが hardly
である点が他と異なるが、any longer という ANY 類が生じている。もう
子供ではないのに悪戯をするフラニーについての兄フランクの台詞で、「年
齢的にもう品の悪い悪戯は似合わない。(似合うことがこれまで一度でも
あったとしてもね)」という意味である。(62c)では、if 節の中で any が生
じている。ハリケーンが襲来し停電している中で、ガソリンエンジン駆動
ではなく電動のチェーンソーを所持している男性が、「木を切る必要がある
としたら、電力に影響を及ぼす嵐が原因かもしれないと気がついてもよさ
そうだと思うかもしれないが」と(やや自嘲的に)述べている。たしかに電
動のチェーンソーでは停電時に役に立たない。(62d)では anywhere という
ANY 類が生じている。「(彼らがここから出ていくにはクルマを借りるか、
レンタカーするか、クルマを盗むかしなければならないが、)この辺でクル
マを借りたという記録はどこにもない」と言う。

また、(63)のように、not に後続する場合、ANY 類に属する語が複数生

起する場合もある。

(63) You can<u>not</u> make <u>anyone</u> do <u>anything</u> <u>anymore</u>.

(Michael Ondaatje, The English Patient)

「あなたはもう誰にも何もやらせることはできない」と言うのだが、否定辞 not が、anyone と anything と anymore という 3 つの ANY 類を認可している。このような場合、not に対して 3 つの NPI が一種の連鎖を形成するという考え方がある (Collins and Postal 2014)。これを本書の立場から応用すれば、〈誰か〉、〈何か〉、〈いつか〉の 3 つの不定要素をすべて否定(not)することで正しい解釈に到達できるということになる。

2.2.2　様々な文法的要素

　様々な要素が否定極性をもった付加詞として現れる場合には次のような例がある。まず、Huddleston and Pullum (2002)の分類(61ii)でも触れられているが、減衰的な意味合いになる NPI がある。これは大きな量を表す表現である NPI が否定の作用域の中に入ることで、「そこまでたくさん ... ではない」という一種の部分否定のような否定になるものである。たとえば、(64)では、ある本の各章が格言めいたお題目で始まっていることを述べているが、ここでの格言(斜体字部分)は「そこまですごく感動的なものではない」と言う。ここで all that は度合いが大きいことを表し、それを don't で否定している。[20]

(64) They aren't all winners, however. For example, I do<u>n't</u> find this one <u>all that</u> inspiring: <i>My personality provides both risk for and resilience</i>

---

[20]　(61ii)の中で all that(＋形容詞)や a whole lot は挙げられていないが、これらは NPI として much と同じような性質をもつものであり、大きな量を表しながら否定されて「そこまで〜ではない」という意味になるものである。Israel (2011: 259)では、「量の尺度(the amount scale)」の"much"(大きな量を表し、かつ、情報的価値が低いもの)の一つとして a whole lot が、「度合いの尺度(the degree scale)」の"much"の一つとして all that(＋形容詞)が記載されている。

against self-regulation failure.

（John Perry, *The Art of Procrastination*）

（しかし、それらの格言のすべてが良いものとは限らない。たとえば次のものは私にはそんなに感動的には思われない。「私の人柄が、私自身を規制することに失敗するリスクの要因であると共に、そこから立ち直る力を与えてくれる」）

(65)では、主人公とその姉のフラニーがシェアしているお風呂をスージーも使うことになり、どちらかの部屋からしかお風呂に入れないので気を使うところであるが、スージーは「そんなに風呂に入るわけではないから（心配するな）」と言う。

(65)　Only Father's room had its own bath and its W.C. It appeared that Susie shared the bath Franny and I shared, although she could enter it only through one of our rooms.

　　　 "Don't sweat it," Susie said. "I don't wash a whole lot."

（John Irving, *The Hotel New Hampshire*）

（父の部屋だけが風呂・トイレ付きであった。そうするとスージーはフラニーと私がシェアしている風呂をシェアすることになりそうであった。しかも私たちの部屋からしか風呂に入ることができなかった。
　　「心配いらないから」とスージーは言った。「そんなにしょっちゅう体を洗うわけじゃないし」）

ここの a whole lot も多量を表す表現だが、これが否定されることで、減衰的な表現になっている。

　(66)のように、数量詞 much「多くの」も not と共起すると「あまり多くは（ない）」という意味になり、"少ない"という意味になるのだが、こうした「部分否定」の解釈を許容するという意味で all that や a whole lot と共通する。

(66) a. It probably doesn't reveal much that China and Russia（and Israel）don't already know.　　　　　（*TIME*, 27/3/2017; p. 10）[21]

---

[21]　記事のタイトルと著者は次の通り。"WikiLeaks: The Real Cost of 'Forced

b. "The man you thought was your father?" I said. "Van Meer? Could you find any solace with him?"

"He's an empty drunk," Adelaide said flatly. "He says things but does nothing."

"So he's <u>not</u> <u>much</u> of an option."

"None," she said. (Robert B. Parker, *Rough Weather*)

（「君が父親ではないかと思っていたあのヴァン・メーアさんは？ 彼のところでは安心して暮らせないのですか？」と私は言った。
　「彼はただの酔っ払いだから」とアデレードはにべもなく言った。「彼はいろいろ言うけど、何もやらない人です」
　「じゃあ彼のところに行くという可能性はあまりないのですね」
　「まったくありません」と彼女は言った）

（66a）では、NPI の much に加えて、関係代名詞節の中で、否定の don't に後続して already という肯定極性項目（positive polarity item, PPI）も出現している。これは主節の doesn't と関係代名詞節内の don't が打ち消し合って、結局「中国やロシア（そしてイスラエル）は大体知っている」という肯定的な内容を表すことになるので、出現できているものと思われる。[22]（66b）の［much of a(n) 名詞］というパタンも NPI である。自身の誘拐事件から戻ってきたアデレードが父親だと思っていた人物に関して「何もしてくれない」と言うので、スペンサーが「じゃあ彼のところに行くという可能性は大してないわけか」と部分否定で表現すると、アデレードは「あり得ない（"None."）」と全部否定で応じている。

（67）のように、much が節の最後にくる場合もある。

（67）He also said Aunt Alexandra did<u>n't</u> understand girls <u>much</u>, she'd never had one. (Harper Lee, *To Kill a Mockingbird*)

（67）では、副詞 much が否定の作用域に出現して、「アレクサンドラおば

Transparency'," by Ian Bremmer.

[22] このような従属節中の PPI の出現については、Linebarger (1987) の「否定推意（negative implicature）」による説明が納得しやすい。

さんは女の子のことがあまり分からない」と言っているが、この「あまり ...（ない）」というところが部分否定的な解釈になる。

　また、(68a)の「まだ夜明けではなかった」という場合のように、ある出来事がすでに起こってしまっているだろうという予想に反して「まだ起こっていない」ということを表す yet も NPI である。「｛これまで／これから先｝ずっと、いつも」を表す ever を否定すれば「一度もない」という意味になるので、(68b)では、映画監督のマーティン・スコセッシはすべてを事前に考え抜くことにこだわるが、確定していることは何もない、ということである。「（あるとすれば）少しでも」という意味の at all は否定されると「全然ない」という意味になり、(68c)では、スコセッシ監督の映画作りで、いくつかのロケ地には照明器具をもっていてもまったく近づくことができなかった、と述べている。

(68) a. It was <u>not</u> <u>yet</u> dawn. 　　　(Michael Ondaatje, *The English Patient*)

　　　b. Scorsese's insistence on thinking everything through in advance makes a cinematographer's job easier, though <u>nothing</u> is <u>ever</u> set in stone. 　　　(*TIME*, February 20, 2017)

　　　c. "Some places we could<u>n't</u> access with any lighting equipment <u>at all</u>. . . . " 　　　(*TIME*, February 20, 2017)[23]

　活動動詞(activity verbs)に後続する until 節が NPI であることもよく知られている。(69)は、不倫相手を殺された女性が探偵スペンサーの事務所を訪れ重要な事実を告白したときに、その女性に対してスペンサーが言った台詞である。

(69) " . . . We both know you were taken with him. We both know it's why you did<u>n't</u> say anything <u>until</u> he was gone."

　　　　　　　　　　　　　　　　　　(Robert B. Parker, *Rough Weather*)

---

[23]　記事のタイトルと著者は次の通り。"How Scorsese Made a Film That Went Against Hollywood's Rules" by Stephanie Zacharek.

「僕も君も、君が彼に夢中になっていたことを知っている。それが理由で、君は彼が死ぬまで何も言わなかった、ということは僕も君も分かっている」と、女性が言いたくないことを自分から進んで言っている。until はそれが表す時点までの継続した状態を前提とするので、ここでは何も言わない状態が続いたことを前提としている。

2.2.3 法助動詞の dare と need

法助動詞 need も否定文、疑問文、if 節など非断定的な文で使われる（Swan 2005: 342）。たとえば(70)では need に直接否定辞がつき、またそのあとに rub という不定形動詞が現れているので、need は助動詞として機能しているが、助動詞 need は肯定文では出現しない。

(70) Sarah: All right, she may be a witch, but that's very unlikely too.

Roxana: Therefore you were wrong to deny that, according to you, she may be a witch.

Sarah: You needn't rub it in. (Timothy Williamson, *Tetralogue*)

ここでは、ある女性が魔女である可能性を科学的に完全に否定できないことをサラが受け入れたときに、ロクサーナに「彼女が魔女である可能性を否定するのは間違いだったということになるのね」と念を押され、サラは「いちいち言わなくてもいいわよ」と応じている。

もう一つの法助動詞の NPI である dare は、(71a)のように疑問文で生じるが、How dare you ＋動詞？ は修辞疑問文の解釈でほぼ固定化された慣用句のようになっている。ここでは母親自身が娘の誘拐を画策したという疑いをかけられる場面で、それに反発する母親の発言である。ここでの下線部は「（被害者は私よ。）その私をよくも責められるわね」という解釈である。How dare you. だけで用いられることもある。

(71) a. "I don't . . . you think I knew what was going to happen? What an awful thing to think. My daughter is gone. My son-in-law is dead. I am the victim here. How dare you accuse me."

(Robert B. Parker, *Rough Weather*)

（「私はそんな … あなたは何が起こるか私が最初から知っていたとでも
思っているの？ なんて酷いことを考えるのよ。私の娘は誘拐され、私
の義理の息子は死んだのよ。よくも私を責められるわね」）

> b. "How can I even go *out*?" Franny whispered to me. "He could
> be *anywhere* out there," she said. "I don't dare go out," she re-
> peated. (John Irving, *The Hotel New Hampshire*)

(71b)は、かつて自分を乱暴した男が同じ街にいると分かったときに、フ
ラニーが外に出ることができないと訴える場面である。dare はここでは go
という不定形動詞を後続させているので、助動詞と考えられるが、dare not
という形ではなく、don't dare となっている。

　これらの法助動詞が NPI としてもつ解釈を Duffley and Larrivée (1998)
に沿って次のように説明できる。まず、たとえば lift a finger のような NPI
の意味はある行為を行うための最低条件を表している。同じように考える
と、need と dare はそれぞれ「〜する必要がある」と「あえて〜する勇気
がある」という意味であるから、ある行為を行うさいの条件が「必要」「勇
気」であるということになる。否定文や疑問文では、行為の前段階に存在
するそうした条件すら否定されたり疑念をもたれたりするのでより強い表
現になるのであろう。[24]

2.2.4　いくつかの動詞

以下の(72)は否定と共に用いられた bother「あえて〜する」の例である。

> (72) a. He didn't even bother to let me know he was coming.
> (OALD[8], s.v. "bother")

> b. Your attitude, Zac, is to patronize me by telling me how much
> you respect my point of view while actually not taking it seri-

---

[24]　なお、この説明は「必要」「勇気」があってもその行為をやらないという場
合すらも排除するという点で、後述する拡張・強化の考え方と整合的であると
も言える。

ously enough to <u>bother</u> arguing against it.

(Timothy Williamson, Tetralogue)

（ザック、あなたの態度はね、良い人ぶって私の意見をあなたがいかに
尊重しているかを語りながら、実際には私の意見を真剣に捉えていな
いからあえて反論しようともしないというものです）

　(72a)では Huddleston and Pullum (2002)の指摘通り to 不定詞を伴ったも
のとなっている。(72b)では動名詞を目的語とした例で、bother は NPI と
して機能しているが、これは while actually not taking it seriously enough
to ...の部分が文字通りにはく...するほど真剣に捉えていない〉という内容
であるので、結局「(真剣に捉えないから)あえて反論しようともしない」
ということになる。

　(73)のように、budge an inch「少し動く」も NPI として用いられる。ア
スペルガー症候群をもつジェイコブに対人スキルを教える女子大生が、彼
とのレッスンに自分の彼氏を連れてきたとき、ジェイコブが突然の洪水に
襲われたように感じたことを描写したものである。

(73)　But even when you see that wall of water rushing toward you, you
　　　know you are <u>powerless</u> to <u>budge an inch</u>.

(Jodi Picoult, House Rules)

水の壁が自分のほうにやってくるのに、「自分には 1 インチも動く力がな
い」と言う。この例で興味深いのは、not や nobody, hardly などの独立し
た否定辞ではなく、powerless「力がない」のような、否定を含意する接尾
辞 -less を含む形容詞に後続する to 不定詞に NPI が現れるということであ
る。

2.2.5　イディオム類(多数かつオープンクラス)

　この類は否定と共に用いられて一定の意味を表すものである。部分の意
味の総和が全体の意味と等しいとは考えにくいという点で、イディオムと
呼ぶのが普通である。オープンクラスということは、数が限られないとい
うことである。このタイプに属するものとしては、たとえば次のようなも

のがある。

2.2.5.1 動詞

stand は「耐える」の意味だが、通例、否定(および法助動詞 can)と共に用いられる。(74)では、連れてきたネイティブアメリカンの少女が隅で寝ている(その姿を the lump と表現している)のを「耐えられない」と言っている。

(74) All I did was ask her name, he said, throwing up his hands. She refuses to tell me her name. Give her some work to do, Roberts. I can't stand that lump in the corner.　(Louise Erdrich, "The Flower")
(僕は単に彼女の名前を尋ねただけだよ、と彼は手を上にあげながら言った。なのに、名前は教えないって言うんだ。ロバーツ、この娘に何か仕事を与えてやれ。あそこに丸まって寝ていられると我慢ならん)

(75)の bear も同様で、きちんと畳んだはずの服がタンスの引き出しに無造作に入っているのが耐えられないからセオの洗い物を片づけないということである。ここでも法助動詞 can が出現している。

(75) I don't put away Theo's laundry, either — but that's because I can't bear to see the drawers haphazardly stuffed with clothes that I distinctly remember folding on the laundry counter.

(Jodi Picoult, *House Rules*)
(私はセオの洗濯物を畳んでなおすこともしない。でもそれは洗濯物を置くカウンターできちんと畳んだはずの服が引き出しにでたらめに入れられているのを見るのに耐えられないからである)

「耐える」という意味の動詞が NPI になると思われがちだが、もちろん「耐える」という意味をもつ動詞でも endure は NPI ではない。簡易的に調べてみると、BNC で、bear, endure, stand について、品詞を一般動詞([VV.*])と指定して検索すると、bear ([bear〜P (VV.*)])では 4861 件、endure ([endure〜P (VV.*)])では 517 件、stand ([stand〜P (VV.*)])では 9561 件である(ただし、小学館コーパスネットワークで表示されるのは最大 3000 件ま

で）。これらの検索結果のうち1番から100番までを取り上げ、「耐える」の意味である例を抽出してみると、endure の場合は100件中78件、そのうち否定などの NPI の生起環境にある例は16件(20.5%)にすぎない。それに対して、bear の場合は100件中22件が「耐える」の意味で、そのうち NPI の生起環境にある例は18件(81.8%)であり、また、stand の場合は100件中7件が「耐える」の意味で、そのうち NPI の生起環境にある例は7件全部(100%)である。このように「耐える」という意味であっても endure は NPI ではないことが示される。[25]

2.2.5.2 *a(n) N*

　不定冠詞 a(n) を伴った最低限の量・質を表す名詞句が、否定辞と共に用いられて「一つも〜ない」という意味で NPI として用いられることがある。このタイプは概略、否定辞に後続して[V *a(n)* N]という形式になる場合が多い。(76a)では(understand) a word が否定的な内容をもつ hardly と共に用いられて、「一つの語が(ほとんど)理解できない」という意味ではなく、「どの一語をとってもよく分からない」つまり「(ほとんど)全然分からない」ということである。(61v)では see a (living) soul という頭韻を踏んだ形式が挙げられているが、[26]　(76b)では V に当たるのは tell であり、a soul が「ひとり(の人間)」という意味で否定辞と共に用いられ、「誰にも言わない」という意味である。

---

[25]　なお、bear や stand の件数のうちで「耐える」の意味の例が少ないのは、これらが10以上の語義をもつ多義語であり、この意味以外の意味で使われている例が多いからである(また、検索例には名詞の bear や stand が紛れ込んでいた)。それに対して、endure は一般の学習辞典では「耐える」と「持続する」の2つの語義しかない。また、こうした否定との共起を根拠とする NPI の認定については、Hoeksema (2013)で行われている。

[26]　形式が多少異なっている場合もある。たとえば see a soul について、LDOCE[3] (1995: 1370)では soul の3番目の語義の中で not a (living) soul / not a soul to be seen として挙げられているが、これらは Huddleston and Pullum (2002)が挙げている例と同様 soul が人を表すので、同じ NPI と考えられる。

(76) a. Bob: They were always arguing about it. Theories, politics, hegemony, liberation, all that. I could <u>hardly</u> understand <u>a word</u>. (Timothy Williamson, *Tetralogue*)

(ボブ：彼らはいつもそのことで議論していたよ。理論だの、政治だの、覇権だの、解放だの。僕にはほとんど一言も分からなかった)

b. The only way to cover a crime is to <u>not</u> tell <u>a soul</u>.
(Jodi Picoult, *House Rules*)

(犯罪を隠す唯一の方法は、誰にも言わないことだ)

また、(77)の NPI は卑罵語だが、don't に後続して、最低のものである shit であっても与えないということから、「まったく気にしない」という意味になる。さらに、not hurt a fly は(78a)のように仮定法で出てくることが多いが、人物について「ハエも傷つけない」ような優しい性格であることを言う。また、(78b)はある男が、自分は子供を傷つけるには力が弱すぎると印象づけようとしているということだが、否定的な含意をもつ too ... (to) ... の中で NPI として hurt a fly が生じている。

(77) Mr Orange: Fuck jail! I <u>don't</u> give a <u>shit</u> about jail. But I can't die.
(Quentin Tarantino, *Reservoir Dogs*)

(オレンジ氏：刑務所なんてクソくらえ！ 刑務所のことなんざどうでもいい。だけど俺はいま死ねないのだ)

(78) a. Jacob <u>wouldn't</u> hurt <u>a fly</u>, literally or figuratively — I've seen him cup his hands around a spider during a three-hour car ride so that ... (Jodi Picoult, *House Rules*)

(ジェイコブは、文字通りでも比喩的な意味でも、誰も(ハエでさえも)傷つけるような子ではありません。彼が3時間にわたる自動車移動中にずっとクモを丸めた手の中に入れていたのを見たことがあります)

b. He repeatedly tries to impress upon them he's <u>too</u> weak to <u>hurt</u> <u>a fly</u>. (COCA: 2014 (140916): SPOK: 20/20 10:01 PM EST)

(彼は何度も彼らに自分は弱すぎて誰も傷つけられないということを印象づけようとしました)

Huddleston and Pullum (2002) も述べているように、オープンクラスである
から、上で挙げられていないものも存在する。たとえば(79)では a plug
nickel が NPI であり、a nickel はもともと 5 セント硬貨のことだが、それ
も偽造された(plugged; plug とも)ものとなれば、非常に価値が低い。ほぼ無
価値である。それすらも否定されることで、「どんなにわずかな金額であっ
ても賭ける気がしない」ほどありえない仮定ということになる。

(79)　…I mean, if Cedras can be forced out of power, and if, in fact,
　　　Aristide can be brought back and if there are no more casualties —
　　　and these are big ifs that I wouldn't put a plug nickel on — then the
　　　policy will have turned out all right, …

　　　　　　　　　　　　(COCA: 1994 (19940925): SPOK: ABC_Brinkley)
　　　(つまり、もしセドラ大統領が権力の座から追い落とされて、アリスティド
　　　氏が大統領に返り咲き、しかも犠牲者がこれ以上出ないのであれば(もちろ
　　　んこんな仮定の話が現実のものになるほうにどんなにわずかな金額であっ
　　　ても賭けてみようとは思わないが)、そうすればその政策はうまくいくだろ
　　　う)

以下も額面の低いコインの類例。

(80)　A FUND standing at about £200,000 which was raised to give aid
　　　and comfort to homecoming British prisoners after the Second World
　　　War is alleged to be growing in direct proportion to the number of
　　　old soldiers dying without ever seeing a penny of it.

　　　　　　　　　　　　　　　　　　　　　　　　(BNC: A1J: 132)
　　　(第二次世界大戦後に帰国する英国兵に対する援助と慰安のために集められ
　　　た約20万ポンドの基金は、基金を1ペニーすら受け取らずに死んでいく元
　　　兵士たちの数に比例して、どんどん増えていっていると見られる)

(80)は、イギリスの退役軍人のための基金があるのだが、元軍人たちがそ
のお金を「1ペニーも受け取らずに」亡くなるに従って、基金が増えてい
るという。下線部の without に後続して a penny が ever と共に NPI とし
て使われている。

2.2.5.3　最上級

2.1 節で NPI の生起する環境の一つとして形容詞の最上級に言及したが、ここでは最上級を含む名詞句そのものが NPI となる現象を扱う。一番小さいものを表す最上級形容詞の表現である the faintest を否定することで「まったくない」という意味になる (Fauconnier (1975))。(81) と (82) にあるように、適格文も不適格文も、最上級の the faintest noise (一番小さい音) は any noise と同じ環境で同じ振る舞いをする。たとえば、(81a) では「彼はどんな物音でも我慢できない」ということだが、それに対応する (82a) の the faintest noise は any noise と同じ解釈になる。

(81) a. He cannot stand any noise.

　　　 b. There isn't any noise that he can stand.

　　　 c. Any noise bothers him.

　　　 d. *There is any noise that bothers him.

　　　 e. My uncle can hear any noise.

　　　 f. *There is any noise that my uncle can hear.

(Fauconnier 1975: 357)

(82) a. He can't stand the faintest noise.

　　　 b. There isn't the faintest noise that he can stand.

　　　 c. The faintest noise bothers him.

　　　 d. *There is the faintest noise that bothers him.

　　　 e. My uncle can hear the faintest noise.

　　　 f. *There is the faintest noise that my uncle can hear.

(Fauconnier 1975: 358)

(83a) のように the slightest idea が not によって容認される NPI である場合もある。祖父から渡されたローズウッドの箱を目の前に、主人公のソフィーは、なぜ祖父がそれを自分にくれたのだろうか、と自問自答している。「それをどうしたらいいのか、彼女には皆目分からなかった」ということである。

(83) a. *Why did my grandfather give this to me?* She had <u>not</u> the <u>slight-</u>
<u>est idea</u> what to do with it. （Dan Brown, *Da Vinci Code*）

b. ' . . . What was Sid's reason for coming here?'

'I haven<u>'t</u> the <u>foggiest</u>,' Milo answered with a shrug. 'He wasn't
in the habit of visiting me. Besides, he knew I wouldn't be here.

（Peter Lovesey, *Bloodhounds*）

(83b) も同様である。探偵小説クラブ「ブラッドハウンド」の会員である
シドがマイロの自宅で殺害された。シドはマイロの自宅を定期的に訪問し
ていたわけでもないし、マイロが留守にしているだろうと知っていたのに、
なぜ彼がそこに来たのか、皆目見当がつかない、とマイロが述べていると
ころである。ここで I haven't the foggiest (idea) は I haven't any idea と同
じことを言っている。

　もちろん、一番小さいという意味の形容詞の最上級がついていれば必ず
NPI と同じような働きをするかと言えば、そうではない。たとえば、(84)
では the slightest sniffle or cough とあるが、それに先行して NPI を認可す
る要素が見当たらない。

(84) The BMW was indeed wired. Heavily wired. . . . Expertly wired,
with terribly expensive equipment capable of hearing and recording
<u>the slightest sniffle or cough</u>. （John Grisham, *The Firm*）

ここでは、弁護士ミッチの愛車の BMW に、鼻をすする音や咳など〈どん
な音でも〉拾う高性能な盗聴器が仕掛けられていたという意味で用いられて
いる。[27] 例外を排除するような意味は同じだが、否定ではなく、ここでは
むしろこの装置で盗聴・録音できない音がすべて排除され、すべての音が
盗聴・録音可能なのである。

2.2.5.4　その他の NPI

　少し珍しい表現として、with a ten-foot pole がある。(85) では、終身刑

---

[27]　この the slightest は自由選択の any と同じ働きをしている。

を受けた連続殺人犯が考えたレシピを掲載した料理本『連続殺人犯と作る料理の本(*Cooking with a Serial Killer*)』の中にある調理可能な料理について、「あの本に書いてあるような料理などに、まったく触れたくもない」という感想を述べている。

(85) In 1998, while serving two consecutive life sentences, Puente began corresponding with a writer named Shane Bugbee and sending him recipes, which were subsequently published in a book called *Cooking with a Serial Killer*.

　　　Call me crazy, but I wouldn't touch that food with a ten-foot pole.

　　　　　　　　　　　　　　　　　　　　　　　(Jodi Picoult, *House Rules*)

　(1998 年に、2 つの連続した終身刑を務めている間に、プエンテはシェイン・バグビーというライターと文通を始め、彼にレシピを送るようになった。それらのレシピがやがて『連続殺人犯と作る料理の本』として出版された。
　　頭がおかしいと言われても、私はあの本の料理を 10 フィートの棒の先でも触りたくない)

こうした with a ten-foot pole は、通例、接触を含意する表現と共起すると思われ、ここでも touch と共起している。この表現は Israel (2011) では最大化 NPI (maximizing NPI) とされているもので、さらに次のようなものが挙げられている。

(86) a.　Wild horses couldn't keep me away.
　　　b.　I wouldn't do it for all the tea in China.　　　(Israel 2011: 95)

(86a)では、野生の馬のような非常に力が強い動物でも私を止めることはできないだろうと言うことで、つまり「何であっても私を止めることはできない」と主張している。また、(86b)は中国にあるすべてのお茶をやると言われても私はそれをする気がないと言うことで、つまり「どうしても私はそれはしない」と主張している。いずれも強い否定を伴った主張になっている。先ほどの with a ten-foot pole もそうだが、これらの表現は行為の容易さを比喩的に表現している。10 フィートの棒を持っていれば離れてい

ても触れることが可能であり、野生の馬であれば何でも簡単に動かせる。また、中国の茶をすべてやると言われればやる気が起こるかもしれない。それでもしない、やらないということは、どんなことがあっても拒否する、という解釈になる。

　また、Hoeksema (2013)では、さらに次のような語がNPIとして紹介されている。(87a)のremotelyは「遠い」ことを意味している点で先ほどのwith a ten-foot poleなどの最大化NPIと共通している。こちらは形容詞の前置修飾に用いられることが多い。また、(88a)のaliveは最上級の形容詞をもつ(肯定)文、あるいは、anyを伴う否定文の中で用いられる。

(87) a. I am <u>not</u> <u>remotely</u> interested in your achievements.

(Hoeksema 2013: 61)

　　 b. My response sets out the constitutional position that has applied to members of the House of Commons over generations and I <u>cannot</u> for the life of me see or believe that there is anything <u>remotely</u> controversial about what I have said.

(John Bercow MP, Speaker of the House of Commons,

Channel 4 News, 22/03/2019, 16:36)[28]

(私の先の応答は何世代にもわたって下院議員に適用されてきた憲法上の立場を述べたものであって、私が申し上げたことにいささかでも議論を呼ぶようなところがあったとは到底思えません)

(88) a. <u>Neither</u> I nor any woman <u>alive</u> has ever performed them.

(Hoeksema 2013: 67)

　　 b. They gave us a list of the clothes and equipment we would need, and Dad bought me a pair of spikes from Ron Springett's Sports Shop.

　　　 I remember them well; they were blue leather and had four spikes and I was the <u>proudest</u> youngster <u>alive</u> in possessing them.

---

[28]　イギリスのチャンネル4ニュースのFacebookでの投稿内での例。ウェブサイトのURLは次の通り。https://www.facebook.com/6622931938/posts/10156608193786939?sfns=mo

（BNC: BMM: 326）

（中等学校では必要となる服や装備品のリストが配られ、父は私にロン・スプリンゲットのスポーツ用品店でスパイクを一足買ってくれた。
　あのスパイクのことは今でもよく覚えている。青い革製で4本のスパイクがついていた。それを所有していることで僕はこの世で一番の鼻高々の若者だった）

(87b)は NPI としての remotely の実例で、イギリスの国会で、レッドサム院内総務から自身の発言の揚げ足を取られたバーコウ下院議長が「自分の発言に論争を生むような要素などまったくない」と述べたものである。(88b)はイギリスの陸上の短距離選手だったリンフォード・クリスティの自伝からの例であるが、NPI としての alive が最上級形容詞 proudest を含む名詞句に後続している。中等学校に入ってスポーツ専門店で父親にスパイクを買ってもらったクリスティはそれを持っていることで「この世で一番の鼻高々な若者」であった、という。[29]

2.3　統語論的分析

　前節で説明した NPI の出現位置に関して、1980 年代から 90 年代前半にかけての、技術的に高度になる前の生成文法の枠組みで NPI を包括的に分析したのは Progovac (1994) である。再帰代名詞・代名詞・指示表現(固有名詞や数量詞名詞句など)と先行詞との照応関係(anaphoric relation)と、NPI と否定辞との関係との間に、一定の並行性が存在するとされている。

　まず、照応関係について、(89a)のように、herself は主文の主語 Jane とは同一指示にならないが、同じ that 節内の主語 Mary とは同一指示になる。(89b)の 1 つ目の文のように、代名詞は同一節内の主語 Mary とは同一指示にならないが、2 つ目の文では、that 節内の him は主文の主語 Peter と

---

[29] この remotely や alive の語法は現在では学習者向け英和辞典でも記載されているが、remotely は否定と共に用いられるのに対して、alive は単独で not と共起するとは限らないので、alive が NPI であるとするのは検討が必要かもしれない。(88a)でも alive は any woman をさらに限定するように働いているように思われる。

は同一指示になる(なお、指標 j からも分かるように、Mary と her が同一
指示ではない解釈ならば可能であるし、him が Peter 以外を指す解釈も可
能である)。(89c)のように、that 節内の固有名詞 John は主文の主語と同
一指示にならない。また、指示表現 John は基本的にどこでも同一指示に
ならない。

(89) a. Jane$_i$ believes that Mary$_j$ respects herself$_{*i/j}$　(Progovac 1994: 3)

　　 b. Mary$_i$ saw her$_{*i/j}$.

　　　 Peter$_i$ doesn't say that John insulted him$_{i/j}$.　(Progovac 1994: 4)

　　 c He$_i$ thinks John$_{*i/j}$ likes Bill.　　　　(荒木・安井 1992: 187)

これらの性質をまとめたのが(90)の束縛条件(binding conditions)である。統
率範疇(governing category)とは、インフォーマルに言えば、主語＋動詞のパ
タンをもつ構造のことである。

(90) a. 原則 A: 照応形(anaphor)はその統率範疇内で束縛される。

　　 b. 原則 B: 代名詞(pronoun)はその統率範疇内で自由である。

　　 c. 原則 C: 指示表現(R-expression)は自由である。

　　　　　　　　　(Progovac 1994: 19; cf. 荒木・安井 1992: 184)

　Progovac (1994)では、NPI は照応形(anaphor)とされ、原則 A に従ってい
ると説明されるが、他方、PPI は代名詞類(pronominal)と並行的に捉えられ、
原則 B によって説明される(Progovac 1994: Chapters 1–2)。この場合、先行詞
に当たるものが否定辞で、照応形や代名詞に当たるものがそれぞれ NPI や
PPI ということになる。PPI については、たとえば、(91a)では、否定辞
not に統率される範囲に PPI の already が存在するため、原則 B に違反し、
非文となる。また、否定辞によって統率されるのは主文なので、PPI が補
文の中にある(91b)では、原則 B に抵触せず、正文となる(Progovac 1994:
54)。ここで[　　]で囲まれた部分は統率範疇を表す(以下同様)。

(91) a. #[John has <u>not</u> <u>already</u> arrived].

　　 b. Mary did <u>not</u> say [that John has <u>already</u> arrived].

（Progovac 1994: 54）

　NPI に関しては、第一に、(92a)では、否定辞の not と NPI の anyone と
が、原則 A に従い、同一節内にある。ところが、(92b)では、not と anything
とが原則 A に従っていない。この場合は、anything が解釈の段階で主文の
位置まで繰り上がり、not による認可を受ける、と考える。

(92)　a.　[Mary did <u>not</u> see <u>anyone</u>].

　　　b.　Mary does <u>not</u> claim [that John misplaced <u>anything</u>].

（Progovac 1994: 55, 57）

　第二に、そもそも否定辞が存在しない環境でNPIが認可される次のよう
な例については、疑問文にせよ if 節にせよ否定的な意味の動詞の補部にせ
よ、真理値が決定されていないという共通点をもつことから、節の先頭に
演算子(Operator)があるものと想定し、それがNPIの認可を行うとする。以
下のOpとある部分がOperatorの統語的な位置とされ、これによってanyone
が認可される(Progovac 1994: Chapter 3)。

(93)　a.　[Did Op [Mary see <u>anyone</u>?]]

　　　b.　[If Op [Mary saw <u>anyone</u>]], she will let us know.

（Progovac 1994: 55）

　ここで(94)のような統語構造を想定する。

(94)

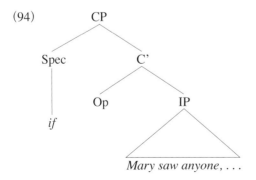

（Progovac（1994: 66）を改変）

(94)にあるように、OperatorがIPと姉妹の位置、すなわち、［主語＋述語］の左側の位置にあるので、Operatorは節の一部ということになる。このように仮定すると、たとえば次のような事実が説明される。(95a)のように、否定的な意味をもつ動詞に目的語としてthatで導かれる従属節が置かれる場合には、節内のNPIのanythingが認可されるが、(95b)のように、節ではなく名詞句のNPIであるanythingが直接目的語としてdoubtに後続する場合は、認可されない。

(95) a. I doubt [Op that John understood anything].

　　 b. *I doubt [anything].　　　　　　　　　(Progovac 1994: 8)

このように、anythingは原則Aに従いOperatorに束縛される必要があることが示されている。(95b)では束縛するOperatorが存在しないので、非文になるという。

　第三に、(96a)のように、onlyが文頭位置にあるときにはanyが容認されるのに、onlyが間接目的語の直前にある(96b)では容認されないことについては、先ほどのOperatorの場合と同じように、onlyが［主語＋述語］の左側に位置していることが必要だから、としている。

(96) a. [IP Only Mary showed any respect for the visitors].

　　 b. *John gave only his girlfriend any flowers.　(Progovac 1994: 73)

これも束縛する先行詞の役割を果たすonlyが原則Aに従っているときのみ認可されると説明される。

　ところが、この分析には不備があるとされる。以下、上の3点についてそれぞれHorn and Lee (1995)に指摘されている点を紹介する。たとえば、(91a)でPPIであるalreadyが通常の解釈では認可されないのはhas notに含まれる否定が原因であるとされるが、では逆にNPIは照応形にあたる否定がなくても認可されるかというと、そんなことはない。まず、(97a)ではhasn'tが強調されればPPIのalreadyが認可されるが、(97b)ではhasを強調してもしなくてもNPIのyetが認可されない。

（97）a. She HASN'T already finished her thesis.

　　　b. *She HAS yet finished her thesis.　　　（Horn and Lee 1995: 407）

また、Horn and Lee（1995）や奥野（2002）で指摘されるように、（98a）では否定的な動詞 deny の直接目的語として any のついた名詞句が生じており、［主語＋動詞］の左側の位置に Operator を設定することは誤りである。（98b）の実例からも同様のことが分かる。

（98）a. He {denied / #admitted} <u>any</u> involvement in the conspiracy.

　　　　　　　　　　　　　　　　　　　　（Horn and Lee 1995: 410）

　　　b. Trump denies <u>any</u> impropriety. "The law's totally on my side,"
　　　　 he said in November.　　　（*TIME,* June 19, 2017, p. 23）[30]
　　　　 （トランプはいかなる不適切性も否定した。「法律は完全に私の側にある」とは 11 月の彼の発言である）

たしかに doubt については目的語として名詞句の NPI である anything を取る場合は非常に少数だが、見つからないわけではない。とくに、（99）では、複数の NPI が同時に生じているので、より生起しやすいと考えられる。[31]

（99）a. "I can't believe it," I said, as if I had the right to <u>doubt anything</u>
　　　　 <u>at all</u>.
　　　　 （COCA: "Tinder Box," by Robert Wexelblatt. FIC: The Massachusetts
　　　　 Review, 46(4), pp. 588–612）
　　　　 （「信じられない」と私は言った。あたかも何かを疑うこと自体が許されているかのように）

　　　b. "See, Ackerman, don't <u>ever</u> <u>doubt</u> <u>anything</u> I say."
　　　　 （COCA: "Coming Alive in the Milky Way," by David Williams. FIC:

---

[30]　記事のタイトルと著者は次の通り。"The Suite of Power: Why Donald Trump's Washington Hotel is the Capital's New Swamp" by Alex Altman.

[31]　Horn（2001）ではこれを二次的なトリガー（secondary triggering）や寄生的 NPI トリガー（parasitic NPI triggering）と呼んでいる。

Confrontation, Fall 2012, Issue 112, pp. 42–52)
（「いいかい、アッカーマン、僕が言うことは何であれ一度たりとも疑っちゃいけないよ」）

また、Horn and Lee (1995)では、Progovac (1994)によると NPI が主文位置に繰り上がることで認可されるはずの例も、実際には非文であることが指摘されている(Horn and Lee 1995: 414; 奥野 2002: 12)。たとえば、(100)で、any potatoes が主文位置に繰り上がるのであれば、それが every boy よりも広い作用域をもつことになり、容認されるはずであるが、実際には容認されない。

（100）　*I don't think [that every boy has any potatoes].

（Horn and Lee 1995: 414; 奥野 2002: 13)

Horn and Lee (1995)では、(101b)のように否定と NPI の any との間に every という数量詞が介在していることが容認性を下げている原因であると考えるほうが合理的だとしている。

（101）　a.　John didn't give the charity any money.
　　　　b.　*John didn't give every charity any money.

（Horn and Lee 1995: 416)

最後に、only が節頭に置かれるときだけ NPI が認可されるという点も、以下のように反例が指摘されている。(102a)では主語と動詞の間に only が置かれても目的語位置の any は認可されるし、また、逆に、(102b)では only が節頭に置かれている場合でも NPI が認可されていない。

（102）　a.　I only eat any meat when I'm depressed.
　　　　b.　I eat meat only when I'm depressed about {something / ?*any-
　　　　　　thing}.　　　　　　　　　　　　　　　（Horn and Lee 1995: 420)

Horn and Lee (1995)では only の焦点ではないところでは NPI が認可されると考えるべきだとしている。また、(103)のように前置詞句内の名詞句

の左側にある only が of で表される名詞句内の any を認可する場合もある。

（103）He stood uneasily in the <u>only</u> space of <u>any</u> size that he could find, trying to stay clear of the slowly revolving display stands.

（Peter Lovesey, Bloodhounds）

（彼は、少しでも空いている唯一の場所に窮屈そうに立ち、ゆっくりと回っているディスプレー用のスタンドに体が当たらないようにしていた）

このように、Progovac (1994) では、NPI が同一節内で否定辞に認可されることは説明できても、それ以外の点については、十分に予測ができないことが分かる。

それでも、Horn and Lee (1995)によると、以下のような疑問文の違いは、やはり Progovac (1994)のような統語的接近法が有効であることを示しているという。

（104）a. Has anyone come?

　　　b. *Anyone has come?　　（Horn and Lee 1995: 421; 吉村 1999: 222）

このように主語位置の NPI が疑問文において認可されないことから、吉村 (1999) は、語用論的アプローチでありながらも、NPI の認可には c 統御 (c-command)が必要だという結論に至っている。たしかに、文の中の何かの要素が NPI を認可する必要があり、それが NPI よりも先行して生起する必要があるという点は、基本的に正しいと思われる。ただ、もう少し実例を観察すると、これはむしろ主語と助動詞の倒置が起こらない場合に、NPI が認可されないものと思われる。倒置が起こっていれば、それが明示的でなくても、NPI は認可される。たとえば、（105）はハリウッドに来たイケメン刑事のマイケルとそのかつてのパートナーであった探偵クインシーとの会話である。「なんで女の子はいつも君には笑顔なのだろうね」とクインシーが尋ねると、「君はつまらないことを尋ねる人だと言われたことはないか」とマイケルが返すところである。

（105）"How come women always smile at you?" Quincy asked, poking his gums with a toothpick.

"Anyone ever told you you ask dumb questions?"

"It's 'cause you're such a handsome sonofabitch," Quincy mumbled enviously. "Me, I got the personality. You got the looks. Lucky asshole." (Jackie Collins, *Hollywood Kids*)

（「なんで女性たちはいつも君には笑顔なんだろうな？」つまようじで歯茎を掃除しながら、クインシーは言った。

「君は誰かに馬鹿げた質問をする人だと言われたことあるだろ？」

「それってつまり、君がすげえハンサム野郎だからだよな」クインシーは羨ましそうにぶつぶつ言った。「俺は、まあ、人柄がいいから。君はルックスがいい。まったく運の良いヤツだ」）

下線部を含む文について、has が明示されていないことが told という動詞と文末の疑問符から分かる。したがって、ここから予測されるのは、疑問文と言っても、倒置が起こらなければ、NPI は認可されないということである。また、吉村自身によっても、次のような例が報告されている。

(106) *Any doctor was not available. （吉村 1999: 265）

この例も、(104b)の *Anyone has come? の例と同じように、NPI としての any が認可要素(not や has)よりも先行して生起しているということが、他の正文となる例とは異なっている。もともと述語動詞に隣接する否定辞の影響が主語位置に及ばないことがあることは、たとえば(107)のような数量詞の解釈からも理解される。(107)に対する 3 つの解釈が(108a)–(108c)で示されている。

(107) All the bills don't amount to $50.

(108) a. Not all the bills amount to $50.

b. No bills amount to $50.

c. All the bills taken together do not amount to $50.

(Tottie and Neukom-Hermann 2010: 152)

(108a)が部分否定、(108b)が全部否定、(108c)が集合的解釈となっている

が、Tottie and Neukom-Hermann (2010)のコーパス(BNC)を用いた調査では、(108a)が 54%、(108b)が 18%、(108c)が 28% であり、否定辞 not の影響が主語位置の all にまで及ぶ解釈が半数を超えるが、そうでない解釈も半数近くあり、述語動詞に隣接する否定辞が文のどの部分までをその作用域とするかは明確ではない。

したがって、2.1 節の冒頭で説明した一定の構造的条件は残るにせよ、否定辞・その他の要素が NPI とどのように関わるかは、意味論・語用論での説明のほうがより詳細に説明できるだろうと本書では考える。

2.4　意味論・語用論的分析

2.1 節で NPI が現れる環境、2.2 節で NPI の種類について観察してきたが、これらの間の関係はどうなっているのだろうか。つまり、どういう種類の NPI がどのような環境に現れるのだろうか。これについては PPI と NPI が尺度的な推論(scalar inference)によって容認される語用論的な現象であるとする Israel (2011)による包括的な研究があり、そこでは付録として 9 ページにわたって詳細な英語の極性表現(PPI, NPI)が挙げられている。

本書では、多くの NPI を含む文について、先行節で見た NPI の多くが最低限の量・度合いを表すことから、たとえば否定文ではそれすらも排除される、つまり、「例外が排除される」という解釈を惹起するという直観的なアイディアを重要なものと考えたい。[32]

分かりやすい例として、(109)の any を観察する。女子高生のナンシーはベビーシッターとして働いているが、その家にある家具の中を無断で見て回り、「おもしろいもの」を探している。

(109)　But the revolver wasn't loaded and there weren't <u>any</u> bullets in the

---

[32]　この直観はもちろん筆者だけのものではなく、次に紹介する Kadmon and Landman (1993)をはじめ、多くの論者が言及している。また、これに似た直観として、否定辞繰上げで言われる排中律の性質(excluded middle property)と呼ばれるもの(Collins and Postal 2014)もある。

　　drawer. （Elmore Leonard, *The Big Bounce*）

拳銃を見つけたものの、銃弾が装填されておらず、引き出しを調べてみて
も銃弾は見当たらなかった、という場面である。ここで any bullets という
名詞句は、たんに bullets とだけ言うよりも、「まったくなかった」という
ことを明確にしている。さらに、(110)では、a drop が NPI として機能し
ているが、単に雨が降らなかったというだけでなく、「一滴たりとも降らな
かった」と、わずかでも雨粒が降ってきた可能性も排除している。

（110）And it wouldn't rain — not a drop!

（John Irving, *The Hotel New Hampshire*）

また、(111)では、動詞句の NPI が使われているが、これも、単に驚かな
かっただろうというだけでなく、「まばたき一つしなかっただろう」と述べ
ることで、驚いた素振りを一切排除している。

（111）If the man in the white dinner jacket, who owned the once exotic
　　　Arbuthnot-by-the-Sea, had been there to greet them, they wouldn't
　　　have blinked an eye. （John Irving, *The Hotel New Hampshire*）
　　　(その白のディナージャケットを着た男性は、かつては異国情緒あふれて
　　　いたアーバスノット・バイ・ザ・シーというホテルのオーナーだったの
　　　だが、彼がふたりにそこで声を掛けたとしても、彼らはまばたき一つせ
　　　ずにいたことだろう)

こうした例から、NPI の多くは、量や振る舞いについて、その程度が「ほ
んの少し」であることを意味する表現であることに気づく。つまり、一発
の銃弾や雨粒一つ、驚きを表す最低限の振る舞いとしてのまばたきといっ
たものを、それぞれ、「銃弾がなかった」「雨が降らなかった」「驚かなかっ
た」と主張することに反する最低限の「例外」をも排除するという解釈で
ある。

　問題は、この「例外の排除」という解釈がどのようにして生じるのか、
という点である。この点について、まず、先にも例文を紹介した Faucon-
nier (1975)の言う語用論的尺度による分析がある。以下の例を観察してみ

よう。

(112) a. <u>The faintest noise</u> bothers my uncle.

b. Ernest did not hear (even) <u>the loudest noise</u>.

(Fauconnier 1975: 361–364)

それぞれの文の the faintest noise も the loudest noise も any noise に言い換えられ、自由選択の解釈の any(free choice *any*)になる。これには否定によって引き起こされる語用論的尺度の転換が関わっているとされる(Fauconnier 1975)。

(113) a.

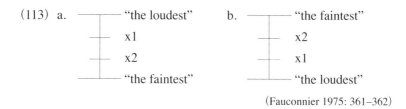

(Fauconnier 1975: 361–362)

(112a)に対応するのは(113a)であるが、x bothers my uncle の x の値が尺度上に記述されている。一番小さな音が邪魔になるならば、より大きな音(x2やx1)も邪魔になり、一番大きな音ならば当然邪魔になる。したがって、「どのような音でも叔父の邪魔になる」という解釈になる。(112b)に対応するのは(113b)であるが、否定によって尺度が反転すると、Ernest did not hear x の x の値の尺度上の含意関係として、一番大きな音を鳴らしても聞こえなかったならば、より小さい音である x2 や x1 も聞こえず、一番小さな音ならば当然聞こえない。したがって、「どのような音でもアーネストには聞こえなかった」という解釈になる。このように、尺度の中で一番下の値を指示することで、それよりも上の値についてもそれが成り立つ。

　ところが、「最低量(minimum quantity)」に関わる最上級形容詞が否定文に生じると、これは最低量で表されるものの存在そのものが否定される(Fauconnier 1975: 366–367)。これは前段までの尺度の考え方では説明できないという。

（114）　a. Martha didn't hear even the loudest noise.

　　　　b. Martha didn't hear even the faintest noise.

　　　　c. Martha didn't hear any noise. 　　　　（Fauconnier 1975: 367）

（114a）では「マーサはどんな大きな音でも聞かなかった」ということで、「どんな音でも聞こえなかった」という意味の（114c）と同じ解釈である。（114b）では「マーサはどんな小さな音も聞かなかった」ということで、これも「何も聞かなかった」という意味の（114c）と同じ解釈である。つまり（114c）の any noise は2つの解釈を容認する。そうすると、最低量を表す最上級形容詞 the faintest は、肯定文の（112a）では自由選択の解釈（「どんな小さな音でも」）、否定文の（114b）では NPI の解釈（「どんな小さな音も」）となる。

　このように最低量を表すと思われる表現が NPI として振る舞う例にはさらに（115）のようなものがある。

（115）　a. I don't see the most remote connection between your argument
　　　　　　and your conclusion.[33]

　　　　b. Nelson didn't notice the slightest emotion on Richard's face.

　　　　c. Holmes did not find the tiniest shred of evidence to support his
　　　　　　theory.

　　　　d. He didn't show the least frustration. 　　　（Fauconnier 1975: 366）

これらの文では、下線部の最上級形容詞をすべて NPI の any で言い換えることができる。たとえば、（115a）の文は「あなたの議論と結論の間には何の関係も見出せない」、（115b）の文は「ネルソンはリチャードの顔にわずかな感情も見出さなかった」、（115c）は「ホームズは自分の理論を支持するわずかな証拠さえも見つけなかった」、（115d）は「彼はまったく苛立ちを表に出さなかった」という意味である。これらを先ほどの Fauconnier

---

[33]　これは 2.2.5.4 節で見た NPI の remotely と合わせて考えると興味深い。最も離れた関係を排除するということは、何の関係もないということである。

(1975)の考え方に合わせて尺度を想定すると、たとえば以下のようになるだろう。

(116) a.

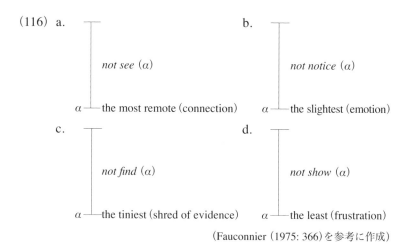

(Fauconnier (1975: 366)を参考に作成)

(116a)では、見ない可能性が一番高いのは最も離れた関係 (α) である。(116b)では、気がつかない可能性が一番高いのは最も小さな感情の高ぶり (α) である。(116c)では、見つけなかった可能性が一番高いのは最も些細な証拠 (α) である。(116d)では、彼が見せなかった可能性が一番高いのは最もわずかな苛立ちである。こうした尺度の最低値を否定することで、尺度上の含意関係により、完全な否定になる。このように、「例外の排除」の解釈には、尺度の最低値を否定することが関わっていると考えることができる。[34]

2.5 「拡張」と「強化」

2.4 節で「例外の排除」は何らかの尺度上の最小量を排除する解釈であ

---

[34] 「例外の排除」という NPI の考え方は、「でさえも (even)」という意味要素が NPI に入っているという考え方につながっている (Lahiri 1998: 98; Giannakidou 2011: 1684)。

ると説明したが、本節では、Kadmon and Landman (1993, 以下 K&L 1993 と
略記)の理論を中心に、「拡張」と「強化」という観点を考察する。彼らは、
NPI の any を取り上げ、(117a)と(117b)の解釈の違いに注目する。

(117) a. I don't have potatoes.
　　　 b. I don't have any potatoes.　　　　　　　　　　(K&L 1993: 359)

たとえば料理のためにジャガイモが必要だと言う場合、(117a)のように
「ジャガイモがない」と言うより、(117b)のように「ジャガイモが一つも
ない」と言うほうが、たとえば芽が生えて食べられなくなったジャガイモ
すらもないという含みをもたせた解釈を容認する。次の例は every の制限
節である関係代名詞の中に any が生じるものと生じないものの比較である。

(118) a. Every man who has matches is happy.
　　　 b. Every man who has any matches is happy.　　(K&L 1993: 359)

(118a)のように「マッチを持っているすべての男」と言うより(118b)のよ
うに「マッチを一つでも持っているすべての男」と言うほうが、マッチ箱
の隅に一本でも残っているようなこともないという可能性に含みをもたせ
た解釈だと言える。つまり、(117)と(118)の例に関しては、(b)の文は(a)
の文よりも強力に例外を排除する(K&L 1993: 359)。K&L (1993)によると、
(119)のように、自由選択の any でも同様の解釈が可能になる。

(119) a. An owl hunts mice.
　　　 b. Any owl hunts mice.　　　　　　　　　　　　(K&L 1993: 359)

　これをどう考えるべきだろうか。NPI が生じている(117b)と(118b)の場
合、any potatoes や any matches という表現においては、potatoes や match-
es という名詞が指すものが、ある点で、通常想定されているよりも枠を広
げて理解されていると考えることができる。先ほども触れたが、料理に使
うという観点では、料理に使いやすい新鮮なジャガイモだけではなく、大
きな芽が生え変色してしまって料理には適さないジャガイモですらも、手
元にないという解釈をもつ。すると、芽の生えたジャガイモを料理用ジャ

ガイモとしては例外とすると、それすらも手元にないので、例外が排除されたという解釈が生じると考えられる。同様のことが any matches についても言える(K&L 1993: 361)。このような、より枠を広げた解釈を許容することを、K&L (1993)は「拡張(widening)」と呼び、以下のように定義している。CN は common noun(普通名詞)のことである。

(120) 拡張: any CN という形式の名詞句においては、any は、ある文脈上の次元に沿って、一般名詞(CN)の解釈を拡張する。

(K&L 1993: 361)[35]

つまり、(117b)は、料理用という文脈上の次元に沿って、料理に適したジャガイモから料理に適さないジャガイモも含んでというふうにジャガイモの集合を拡張し、それらすべてのジャガイモについて手元にないという解釈である。例外が排除されることで、「ジャガイモは一つもない」という、たんに「ジャガイモはない」というよりも強い主張になることから、K&L (1993) は解釈上の制約として「強化 (strengthening)」を設けている。ここでは「強化」を意味論的含意の関係で捉えている。

(121) 強化: any が導く拡張された解釈がより強い陳述を作り出すときに限り、any が容認される。
　　　　　　言い換えると、その陳述について、拡張された解釈がそうでない解釈を意味論的に含意するときに限り、any が容認される。　　　　　(K&L 1993: 369 [意訳])[36]

　これが事実上、1.3.3 節で紹介した Ladusaw (1979)の下方含意 (Downward Entailing)と同じ効果をもつ。つまり、より一般的なものからより特定的な

---

[35]　(120)以降の文献の日本語訳は(本書のほぼすべての日本語訳と同様に)すべて拙訳である。

[36]　原文は次の通り。"*Any* is licensed only if the strengthening constraint is satisfied, i.e., it is licensed only in contexts where the widening it induces makes the statement it's in stronger than it would be without the widening." (K&L 1993: 369)

ものへの推論を許容するということである。(122a)では、より一般性の高い広い解釈が、より特定的な狭い解釈を含意することは明らかであることから、この any を含む文は容認される(⇒は含意関係)。

(122) a. I don't have any potatoes.　　　　　　　(K&L 1993: 370)

　　　　　 広い解釈: 料理に適したものであれなんであれ、ジャガイモ
　　　　　　　　　　　はない

　　　　　⇒狭い解釈: 料理に適したジャガイモはない

　　　 b. ¬∃x[Potato(x) & I have(x)]　　　　　　(K&L 1993: 370)

強化が必要なのは、次のような理由による。まず、たとえば(117a)の文と(117b)の文のそれぞれを形式的に表現すると、(122b)と同じものになるが、これでは解釈の違いが十分に表現できない。そこで、any がつくことで potatoes が指す集合が拡張され、より強い主張になるときだけ any が容認されるとする。

　したがって、たとえば肯定文で(NPIとしての)any が用いられると正文にならないのは、any を用いても解釈が強化されず、より強い主張にならないためである(≠は含意しないことを表す)。

(123) *I have any potatoes.　　　　　　　　　　　(K&L 1993: 370)

　　　　 広い解釈: 料理に適したものかそうでないものかはともかく、
　　　　　　　　　　ジャガイモはある

　　　 ≠狭い解釈: 料理に適したジャガイモがある

どういうものかはともかくジャガイモはあると言われても、それが料理に適したジャガイモかどうかは分からないので、広い解釈は狭い解釈を含意しない。したがってより強い主張とはならず、(123)は非文となる。

2.5.1 「拡張」「強化」による ever の生起の説明

　上記のような any の解釈は他の NPI にも適用可能である。たとえば、(124)では、ever があることで、誰かが語り手に不意打ちを仕掛けることができないことを、ever がない場合よりも、より強く主張している。

（124）Nobody could <u>ever</u> take me by surprise.

（Jodi Picoult, *House Rules*）

ever（「これから先ずっと（...ない）」）という表現があることで、それ以降のどの時間帯についても不意打ちを仕掛けることができないと述べ、不意打ちを仕掛けることができる時間帯を例外なく排除している。どの時間帯でも不可能であることから、「誰も絶対に僕に不意打ちを仕掛けることはできない」と主張している。より広い解釈「誰もこれから先ずっと僕に不意打ちを仕掛けることはできない」は、より狭い解釈「だれも僕に不意打ちを仕掛けることはできない」を含意することで、強化されるため、ever は認可されることになる。

　次の（125）は、昔の恋人の娘であるらしい若い女性とホテルで同室となった中年男性が、自分の名前を母親（＝昔の恋人）に伝えないよう約束させる場面である。否定を含んだ命令文であるが、それに後続して ever を入れることで、自分の名前がいつか何らかの形で知られてしまう可能性まで考慮して（つまり、命令文の内容が当てはまる領域を拡張して）、名前が知られることを避けようとしている。結果として命令文が拘束する時間帯がより長いものとなり、より強い依頼になっている。

（125）Jeff wasn't going to argue. He was also tired. "Can I ask you one favor?"

　　　"Sure."

　　　"Don't mention my name to your mother — <u>ever</u>. All right?"

　　　"Why should I? You haven't done anything."

（Patricia Highsmith, "A Girl like Phyl"）

より広範囲の時間帯に言及している広い解釈「これから先ずっと僕の名前を言わないでくれ」が、狭い解釈「（今の約束として）僕の名前を言わないでくれ」を含意していると考えられるので、ever の出現は容認される。さらに、否定辞 never にさらに ever が後続することで、さらに強い否定的な主張を行っている（126）からも、「拡張」「強化」が関わっていることが分

かる。[37]

(126) Even though there were times when she probably was sick of
hearing me talk, she <u>never</u>, <u>ever</u>, told me to shut up.

(Jodi Picoult, House Rules)

(きっと彼女だって僕の話を聞くのが嫌になった時があっただろうけど、
彼女は一度たりとも僕に黙れとは言わなかった)

ここでは、never(「一度もない」)に後続してever(「これまで」)を入れることで、
彼らが交わした会話をさかのぼって思い起こしてみても、「おしゃべりをや
めてと言われたことはこれまで一度もない」という解釈になる。先ほどの
例と同様、単に never というよりも強い主張になっている。

2.5.2 K&L (1993)の問題点

K&L (1993)の説明に対しては、問題点が指摘されている。たとえば、
(127)のように、any を含む名詞句が「拡張」として理解される場合として
any に強勢が置かれる例が K&L (1993)では論じられている。これについ
て、強勢がなければ「拡張」の解釈は生じないとする指摘がある(Krifka 1995:
215)。(以下の例で大文字は音声的な強勢を表す)

(127) YOU: Will there be French fries tonight?

　　　 ME:　No, I don't have potatoes.

　　　 YOU: Maybe you have just a couple of potatoes that I could take
　　　　　　 and fry in my room?

　　　 ME:　Sorry, I don't have ANY potatoes.　　　(K&L 1993: 360)

最後の ME の台詞を No, I don't have any potatoes. と any に強勢を置かず
に言えば、「拡張」の解釈は生じないという。そうだとすれば、any が「拡
張」を引き起こすとした K&L (1993)の主張とは相容れない。

　また、そもそも any があっても「拡張」や「強化」の解釈が生じないと

---

[37]　never は OE で ne 'not' に æfre 'ever'が加わったものである。

される例も指摘されている。たとえば、(128)の例では、(128a)と(128b)
の二文は明確に同等だとされ、K&L (1993)で言われるような強化の効果は
不定冠詞を any に変更しても生じないという指摘もある(Jackson 1995)。

(128) a. John hasn't visited any African countries.

b. John hasn't visited an African country. (Jackson 1995: 186)

先ほどの any potatoes の例では(料理に適したジャガイモに限らず)どんな
ジャガイモも含むように拡張されるとされていたが、以下の例のany prime
numbers という表現は、たとえば大きな素数も小さな素数も含むように、
「素数」の概念を拡張するわけではない(Krifka 1995)。

(129) This sequence doesn't contain any prime numbers.

(Krifka 1995: 215)

とはいえ、素数は 2, 3, 5, 7, 11 . . . のような小さなものから巨大なものま
であるので、すぐに分かるような素数だけでなく、どのような素数も含ま
れていないという解釈だと考えれば、想定される素数の集合をより大きく
とっているという点で、拡張されているとは言える。このように、(129)
については説明できるとしても、(128a)と(128b)が明らかに同等であると
いう Jackson (1995)の直観は説明できない。

さらに、かりに「拡張」「強化」を、any を含む名詞句に対する意味的な
操作として認めるとしても、意味論的なレベルのものなのか、語用論的な
レベルのものなのか、はっきりしないという指摘もある(Krifka 1995: 215)。

また、K&L (1993)の考え方では、any や ever はうまく説明できるとし
ても、他のNPIを説明することは難しいように思われる。たとえば、(130)
では、lift a finger という NPI が用いられているが、「僕の考え方が君の考
え方より良いかどうか少しでも調べてみようと思うほど僕の考え方を君は
真剣には受け取っていない」という解釈になる。

(130) As far as I can see, you only pay lip service to the idea of respect-
ing my point of view. You don't take it seriously enough to lift a

finger to find out whether it's better than yours, even when your
life may depend on it.　　　　　　　（Timothy Williamson, *Tetralogue*）

ここで lift a finger という表現が「調べるための最低限の努力」を表すとす
ると、（130）のような否定的文脈ではそれも例外として排除されていると
いう直観はあるのだが、ここではどう「拡張」されているのだろうか。指
を上げることのほかに、どのような種類の「最低限の努力」にまで拡張さ
れることになるのだろうか。目を開くことだろうか。椅子に腰かけること
だろうか。しかし、lift a finger to find out . . . という表現にそのような拡
張した解釈は不可能である。したがって、何に対して拡張になるのかが不
明確であると言える。

2.5.3　Krifka（1995）

前節では、K&L（1993）の問題点として、強勢を置く any と強勢を置かな
い any とを同列に論じているが、実は any に強勢を置かなければ「拡張」
の解釈は生じないという Krifka（1995）の指摘があった。しかし、これは逆
に言えば、これらに別々の解釈を与えればよいということになる。選択肢
を導入する表現として NPI を分析する Krifka（1995）では、（131a）,（131b）
のような例に異なる解釈を与えている（先ほどと同様、大文字は強勢である）。

（131）a. Mary didn't see anything.
　　　　b. Mary didn't get ANYthing.

メアリが何かを見なかったことを前提とし、メアリが見る可能性があるも
のを anything という語によって表すことにして、（131a）の解釈を考えてみ
よう。まず、$P \subset Q$ は、P が Q を含意し Q が P を含意しない関係（例えば、
ある X が雀であれば、それは鳥であるが、X が鳥であってもそれが雀とは
限らない）を表し、「P は Q よりも強い（P is stronger than Q）」ということであ
る（このとき、P は Q よりも特定的である）。したがって $P \subset thing$ は、その
ような意味で「P は thing よりも強い」ことになる。語の意味を背景、前
景、選択肢の 3 つの要素から成るとする。anything の意味を（132）のよう

に文脈を背景とし、thing を前景とし、{P | P⊂thing}を前景 thing の選択肢
とすると、(131a)の意味は(131a')のようになる。ここで P は thing に対
してより具体的な選択肢となるようなものを導入している(メアリが部屋に
入ると中は真っ暗で何も見えなかったとすると、「メアリは机を見なかっ
た」「メアリは椅子を見なかった」「メアリは本棚を見なかった」というよ
うな命題が選択肢を構成する)。

(132) anything＝⟨文脈, thing, {P | P⊂thing}⟩

(131) a'. [In a context where Mary didn't see a thing] & [There is no P
　　　　[P⊂thing | {Mary didn't see a P}⊂{Mary didn't see a thing}]]
　　　　& [Mary didn't see a P]　　　　　　　　　(Krifka 1995: 225)[38]

メアリが thing を見なかった場合に、「メアリが P を見なかった」ほうが
「メアリが thing を見なかった」よりも強くなるような P はなく、かつ、メ
アリは P を見なかった、という尺度的な主張になる。これはどういうこと
かと言えば、メアリが見なかったもので thing よりも特定的な P は存在し
ないということである。つまり、メアリが物(thing)を見なかったのであれ
ば、「物」と言えるどんなものも見なかったわけで、机や椅子や本棚なども
見なかったことになる。だから、「メアリは机を見なかった」は「メアリは
物を見なかった」よりも強い表現たり得ない。机だけでなく、椅子や本棚
を含め、何も見なかったというほうが強い表現である。この考え方に従え
ば、例外を排除する NPI の意味も捉えられる。K&L (1993)の拡張と強化
を P と thing の集合間の関係に還元しているとも理解することができる。
　また、非文である *Mary saw anything. では、メアリが thing を見た場
合、「メアリが P を見た」が「メアリが thing を見た」よりも強い主張とな
るような P は存在しないことになるので、矛盾が生じ、解釈が成り立たな
いため、非文になるとされる。つまり、メアリはある物を見たときに、た

---

[38] 　Krifka (1995)では前提、焦点、選択肢の 3 項で NPI を含む文の解釈を形式
意味論の表記で書いているが、本書の性格上、表記などは大幅に変更している。
以下、Krifka (1995)に則った解釈はすべて変更された表記を用いている。より
厳密な表記については、Krifka (1995)を参照のこと。

とえばそれが本であれば、メアリは本を見たわけで、そのような本は存在しないことにはならない。

　これによって、先ほどの Jackson (1995)の例(128)に解釈を与えることができる。Krifka (1995)に沿って考えると、(128a)の解釈は、(128b)の an African country のそれとは異なり、any があることで(128a')のようになるだろう。

（128）a. John hasn't visited any African countries.

　　　　b. John hasn't visited an African country. 　　(Jackson 1995: 186)

（128）a'. [In a context where John hasn't visited an African country] & [There is no P [P⊂African country | {John hasn't visited a P} ⊂{John hasn't visited an African country}]] & [John hasn't visited P]

ジョンがアフリカの国を訪れたことがない場合に、「ジョンはP国を訪れたことがない」のほうが「ジョンはアフリカの国を訪れたことがない」よりも強い主張になるようなPは存在しない、ということで、たとえばガーナを訪れたことがないと言っても、コンゴやナイジェリアを訪れたことがないとは言えないから、「アフリカの国を訪れたことがない」のほうがそれより弱い主張になることはない。したがって John hasn't visited any African countries. が成り立つことになる。こうした他の選択肢を想定する点で、(128a)と(128b)は異なる。(128a)で、ジョンは「アフリカの国を訪れたことがない」(＝(128b))ばかりか、「アフリカの国を(どれも)訪れたことがない」ということである。

　次に、any に強勢が置かれる場合についての Krifka (1995)の分析を見てみる。(131b)の文に対して次のような解釈を与えている。ここには解釈が適切なものになるよう、[a], [b]の2つの条件がついている(なお、(131b' [b])の∈は「要素である」ということである。また、∪は連言を表すもので、ここでは「メアリがPをもらえなかった」(Pはまともな贈り物[鞄、靴、指輪など])という命題を全て足し合わせたものである)。

（131） b. Mary didn't get ANYthing.

（131） b'.〈[Mary didn't get anything], thing, {P | P⊂thing & [P isn't a
minor thing]}〉

［a］ for all P∈thing, P isn't a minor thing: {Mary didn't get a
thing}⊂{Mary didn't get a P}

［b］ {Mary didn't get a thing}⊂∪ [{Mary didn't get a P} | P⊂
thing & P isn't a minor thing}]　　（Krifka 1995: 228–229）

この文の解釈の際に、たとえばメアリがプレゼントをもらえなかった、と
いう場面を想定してみる。この文では any に強勢があることから、「つま
らない物(a minor thing)」というカテゴリを設けて、実質上、表すものの領
域を拡張することを可能にしている。P はつまらなくないものであるから、
「まともな物」である。したがって、この文では「（プレゼントとして）まと
もな物はもちろん、つまらない物ですらもらえなかった」という解釈を得
ることになる。条件(131b' [a])は、「メアリが物をもらえなかった」なら、
それは「メアリがまともな物をもらえなかった」よりも強い主張になる、
というもので、条件(131b' [b])は、「メアリが物をもらえなかった」なら、
それは「メアリがまともな物をもらえなかった」ことを表す全ての命題を
足し合わせたものよりも強い主張になる、ということである。

　これに従えば、K&L (1993)での以下の例も同様に説明できることにな
る。「料理に適さないジャガイモ」のカテゴリを想定すれば、P は「料理用
のジャガイモ」とすることができ、「料理用のジャガイモだけでなく、料理
には使えないようなものも含めて、ジャガイモが一つもない」という解釈
になる。

（133） I don't have ANY potatoes.

〈[I don't have any potatoes], potato, {P | P⊂potato & [P isn't a
non-cooking potato]}〉

［a］ for all P∈thing, P isn't a non-cooking potato: {I don't have a
potato}⊂{I don't have a P}

［b］ {I don't have a potato}⊂∪[{I don't have a P} | P⊂potato & P isn't a non-cooking potato}]

　条件(133[a])では「ジャガイモがない」は「料理用のジャガイモがない」よりも強い主張であるとされる。条件(133[b])では「ジャガイモがない」ならば、それは「料理用のジャガイモがない」ことを表す全ての命題を足し合わせたものよりも強い主張である、とされる。どちらも満たされていれば、そのコンテクストで I don't have ANY potatoes. は成り立つ。

　このように、この理論では、NPI が選択肢を導入することで K&L (1993) の「拡張」を説明し、それらを組み込んだ選択可能な命題間の含意関係で主張の強さの違いを設定することで K&L (1993) の「強化」を説明する。この点で、語用論的な理論であると言える。

　そして、この理論を、(130) で見た lift a finger のようないわゆる強い NPI に応用することもできる。Krifka (1995) では (not) lift a finger は (not) drink a drop のような NPI と同じものと考えられている。(134) では drink a drop という表現が使われているが、drop を液体の最小量、drop^A を液体の量の集合であるとすると、次のように表せる。[39]

（134）Mary didn't drink a drop.
　　　　⟨[There is no y [Mary didn't drink y]], drop, drop^A⟩

(Krifka 1995: 238)

この場合、メアリがある液体を飲んだら、飲んだ液体の一滴一滴の全てを飲んだことになるので、次の2つを前提にする。つまり、(i) メアリが液体を飲んだら、その液体の一滴を飲んだことになり、(ii) メアリが液体の一滴を飲んだとき、その一滴だけということはなく、ふつうはより多い量を飲んでいることが多い、ということである。そして、与えられる解釈としては、次のようになる(ここで P は液体の量の選択肢とする)。

（135）When P∈drop^A, {Mary didn't drink a drop}⊂{Mary didn't drink P}

(Krifka 1995: 239)

---

[39]　drop^A の A は alternative のことである。また、このような a drop は「少量のお酒」という意味になることもある。

つまり、液体の量の集合に属する P について、「メアリが一滴も飲まなかった」というのは、「メアリが P を飲まなかった」というよりも強い主張である、したがって、Mary didn't drink a drop.「メアリは一滴も飲まなかった」が成り立つことになる。

これと同様に lift a finger を考えると、「指を上げる」は（比喩的に）「最低限の努力をする」という意味であるから、上の表記をそのまま利用すれば、以下のようになるはずである。(i) あなたが努力するなら、最低限の努力はすることになり、(ii) あなたが努力すると言えば、それは最低限の努力だけをするというよりは、かなりの努力をすることをふつうは想定する、という条件を満たせば、(136) の文は成り立つことになる。ここで lift a finger が比喩的な表現であるので、それを引用符で囲っている。

(136) He never lifts a finger to help with the housework.

       (*Cambridge Advanced Learner's Dictionary* 2003: 461)[40]

  ⟨[There is no y [He never does y]], lift a finger, "lift a finger"^{A}⟩

(137) When P∈"lift a finger"^{A}, {He never lifts a finger}⊂{He never does P}

「lift a finger のような最低限の努力もしない」は、「他の努力をしない」よりも強い主張になる。結局、どのような努力も行っていないことになり、He never lifts a finger (to help with the housework). は成り立つことになる。K&L (1993) の理論についても、"lift a finger" で表される最低限の努力を「拡張」して選択肢を設定し、その中でも (never) lift a finger を含んだものを最も強い主張としているので、「強化」についても説明できる。このように、Krifka (1995) の説明では、前節で挙げた K&L (1993) の直観を維持した上で、その欠点を克服することができる。

ここで前提にしている意味論的含意関係は、1.3.3 節でも触れた下方含意と同じものと考えられる。下方含意は、より一般的なものからより特定的

40 　説明の都合上、より分かりやすい例に変更した。また、never はここでは not と同じように解釈することにする。

なものへの推論であるので、たとえば John hasn't visited any African coun-
tries. から John hasn't visited Ghana. への推論である。Krifka (1995) の理
論では、その逆の推論は成り立たない (John hasn't visited Ghana. ≠ John hasn't
visited any African countries.) ことから、John hasn't visited any African coun-
tries. がより強い (そして例外を排除した) 主張になっていることが説明され
る。

2.6　尺度: NPI の語彙意味論

　前節で見たように、NPI は選択肢を導入し、その中でも最小限・最低限
の値をもつものを指示している。ここで問題になるのは、選択肢の選び方
である。上で見たように、それぞれの NPI の例に関して、様々な選択肢が
立てられている。(128a) の any African countries の場合ならアフリカの各
国が選択肢 P ということになり、アフリカの一カ国ないしは数カ国を訪れ
たことがないのではなく、アフリカのどの国も訪れたことがない、つまり
数量の尺度に沿った選択肢が前提とされていることになる。また、たとえ
ば、drink a drop では「量」の尺度、lift a finger では「努力」の尺度が前
提とされていた (それぞれの尺度で最低の値を表す)。

　NPI にはこうした想定される選択肢が尺度を成す概念が存在し、Israel
(2011: 258–266) によると、数量 (amount) のほかに、度合い (degree)、頻度
(frequency)、時間的早さ (earliness)、時間的遅さ (lateness)、つながり (connec-
tion)、類比 (similarity)、潜在性 (potential)、重要性 (significance)、努力 (effort)、
尊敬 (esteem)、嗜好 (inclination)、回避 (aversion)、許容 (tolerance)、トラブル
(trouble)、富 (wealth)、貧困 (poverty)、多弁 (loquacity)、知 (sapience)、その他
(miscellaneous) に分類され、さらに形態的な NPI (debunk, disable 等) もある。
すでに本章では 2.2 節で NPI を列挙・分類したこともあり、これらの多数
の NPI (および PPI) をここで再び多数列挙することは控えるが、本章の最
後として、NPI/PPI の語彙的意味に基づいた Israel (2011) の独自の極性項
目の尺度的 "修辞学" を紹介しておきたい。

　NPI にはごくわずかな量を表す表現 (2.5 節ではこちらの分析を紹介した) と、

多量を表す表現とがある。Israel (2011) の例と、それと同じ NPI が使われ
ている実例を挙げる。まずはごくわずかな量の表現 sleep a wink（「一睡も（で
きない）」）であるが、(138a) のように、否定 (not) がないと容認されない。
(138b) は 1970 年代後半のロンドンでバンドのポリスのリーダーだったス
ティングが病気のメンバーのために鬱々とした夜を過ごしている場面で、
バンドの状況と自分の責任を考えて一睡もできなかったという。

（138）a. Margo did *(not) sleep a wink before her big test.

(Israel 2011: 85)

　　　b. I don't <u>sleep a wink</u> as I turn our situation over and over in my
　　　　 head, the responsibilities of the family weighing heavily on
　　　　 me: ...　　　　　　　　　　　　　　　(Sting, *Broken Music*)
　　　　 (私は一睡もせず、自分たちの状況を頭の中で何度も考え直した。家
　　　　 族に対する責任が自分に重くのし掛かってきた)

次に、多量を表す表現 much（「あまり（～ない）」）が生起する例である。(139a)
は、1.5.1 節で見た部分否定と同じように、「重要なテストの前にあまり眠
れなかった」という意味である。

（139）a. Margo did *(not) sleep much before her big test.

(Israel 2011: 85)

　　　b. 'I'll give him an injection, but he's old. If he doesn't respond,
　　　　 I don't think there's <u>much</u> hope.'　　　(Sting, *Broken Music*)

(139b) では、自分たちの飼っていた老犬の調子が悪くて獣医に連れて行っ
たのだが、その獣医によると、注射はしてみるが老犬なので改善がなけれ
ば「あまり希望があるとは思えない」とのことである。

　Israel (2011) の理論は PPI も含めたものになっているので、それらにつ
いても、(140) と (141) で彼の例とそれと同じ PPI が使われている実例を挙
げる。まず、量が多いほうの表現 scads of である。(140a) は賭けに勝って
大金を得たということである。(140b) では、息子を殺された会社役員のレ
サード夫婦が探偵スペンサーに犯人逮捕を依頼する場面で、お金ならいく

らでも払えると言っているところである。

(140) a. Belinda (*rarely) won scads of money at the races.

(Israel 2011: 87)

b. "Maybe if somehow we could help you catch him," Lessard said.

"We have scads of money," Mrs. Lessard said. "We can pay you anything."

"No need," I said. "This happened right under my nose and I didn't prevent it. I have to even that up."

(Robert B. Parker, Rough Weather)

(「あなたが彼を捕まえる手助けをなんとかできたらと思うのだ」とレサード氏は言った。

レサード夫人は「私たちお金ならたくさんあるの。どんな額でもお支払いできるわ」と言った。

「そんな必要はありませんよ」と私は言った。「これは僕の目の前で起こったことで、それを僕は防げなかったのですから。借りは返しておかないと」)

(140a)では rarely に後続する文脈では scads of が生起できないことからPPI だとされる。

　次に、少量を表す PPI である a little bit of である。(141a)は、「賭けに勝ってわずかなりともお金を得た」ということである。(141b)では、語り手が年上の女性サブリナ・ジョーンズからキスの仕方を教えてもらっているところである。キスの秘訣は「多様性」だと言う彼女は、「(唇を)少し噛んで、少し舌を入れるの」と言う。

(141) a. Belinda (*rarely) won a little bit of money at the races.[41, 42]

---

[41]　a little bit of は PPI であるようだが、(i)では(of を取った)a (little) bit は否定と共に用いられ、「まったく(ない)」の意味に用いられる。

　(i)　"You got any children of your own?"

　　"No," I said. "I've never even been married."

　　"Then you don't understand at all. Not even a little bit."

　　b. 'Variety,' said Sabrina Jones in my ear. 'That's the secret to kissing,' she said.

　　　　'Little bites, and a little bit of tongue,' said Sabrina Jones, 'but the important thing is to move your mouth around.'

（John Irving, The Hotel New Hampshire）

　また、極性項目は、文中にそれがあることによって、解釈が強調的(emphatic)になるのか、減衰的(attenuating)になるのかによっても分けられるとする。NPI や PPI を含む言い方のほうが、そうでない場合より、より強い解釈をもつのか、あるいはより弱い解釈をもつのか、ということである。具体的には、否定文では、(138)のように、少量を表す NPI は「わずか〜さえもない」という強調的解釈になる。(139)のように、多量を表す NPI は「あまり〜ない」という減衰的解釈になる。逆に、肯定文では、(140)のように、多量を表す PPI が「たくさんある」という強調的解釈になり、

"All right."

"And don't go around pretending to, either," she said, hitting me on the knees with her reddened knuckles.

"All right."

"And goddammit, I'm sorry."

"Okay."

"Oh hell, it ain't a bit okay," she complained, then stood up and rubbed her palms on her dusty slacks.

（James Crumley, The Last Good Kiss）

[42] 'a little bit of'を BNC で検索して得られた 567 例についてすべて目視で確認したが、たしかにほぼすべて肯定文で生じている。ただし次のような実例があるので、PPI ではないと思われるかもしれない。

(i)　Can we not hear a little bit of it now?　　　　（BNC: HMD: 1366）

(ii)　It's not just a little bit of science for the sake of science although it has a strong content there.　　　　（BNC: KRH: 1045）

しかし、(i)では a little bit of NP が否定よりも広い作用域をもっているようで、「すこしでもいいから聞かせてもらえないか」という意味である。また、否定疑問文で控えめな訊き方であることも理由であろう。(ii)では「ちょっとした"科学のための科学"というものではない」というように、対比的な意味合いで使われており、a little bit of NP は否定されてはいない。

(141)のように、少量を表す PPI は「すこしある」という減衰的解釈になる。「少量」を表す表現の解釈が NPI の場合と PPI の場合とで異なっており、また、「多量」を表す表現も NPI と PPI では異なる解釈になるのである。このことを Israel (2011)は(142)のような方陣を用いて説明している。

　ここで high/low とは量の大小を表しており、下側の 2 つの象限では、少量の表現について、PPI の場合は減衰的、NPI の場合は強調的になることを表している。また、上側の 2 つの象限では、多量の表現について、PPI の場合は強調的、NPI の場合は減衰的になることを表している。[43]

(142)　Israel の方陣 (Israel 2011: 90)

High

	Emphatic	Attenuating	
	a heap, a ton, utterly,	*a whole hell of a lot, much,*	
	the whole shebang	*all that much, any too*	
PPIs	- - - - - - - - - - - -	- - - - - - - - - - - -	NPIs
	Attenuating	Emphatic	
	a little bit, sort of, rather,	*a damn thing, an inch, at all,*	
	somewhat	*the least bit*	

Low

この方陣であれば、たとえば、先述の NPI の any が強調的解釈に貢献する場合、それが右下の象限に分類されることになるだろう。

　これだけでは説明できない例として、既出のものも含めて、以下のようなものがある。(143)は NPI の例であるが、わずかな量を表す a red cent と大量を表す for all the tea in China との両方が強調的解釈になる。また、(144)は PPI の例であるが、大量を表す a king's ransom と少額を表す for peanuts との両方が強調的解釈になる。

---

[43]　Israel (2011)では Emphatic/Attenuating を情報価値(informative value)と考えて、それぞれ[+i]/[−i]のように表示する。また、量の大小、つまり high/low も量的価値(quantitative value)と考えて、それぞれ[+q]/[−q]のように表示する。

（143）　a. He won't spend a red cent on your wedding.

　　　　b. She wouldn't kiss him for all the tea in China. (Israel 2011: 97)

（144）　a. Julio spent a king's ransom on the party.

　　　　b. But he somehow got Madonna to play for peanuts.

(Israel 2011: 97)

先ほどの(142)の方陣に当てはめれば、(143a)は右下の象限に現れる。しかし(143b)は、強調的解釈であるから、減衰的解釈とされる右上の象限には入らない。また、(144)についても、(144a)は左上の象限に現れるが、(144b)は、強調的解釈であるのにごく少額を表す表現であるので、左下の象限には入らない。つまり、(143b)や(144b)は、(142)の方陣の中に居場所がないということになる。これらを説明するために、Israel (2011: 97)は、「標準(canonical)」と「反転(inverted)」という2つの尺度を導入した新たな方陣を示している。

（145）　強調的解釈における標準尺度と反転尺度 (Israel 2011: 97)

High

	CANONICAL		INVERTED	
	Emphatic PPIs		Emphatic NPIs	
	tons of, utterly, insanely, way,		*wild horses, in ages,*	
	a heap		*all the tea in China*	
	Emphatic NPIs		Emphatic PPIs	
	a wink, an inch, at all,		*the drop of a hat, a jiffy,*	
	the least bit		*a pittance*	

Low

(145)で、表現が表す量と解釈との関係が反転した尺度である右側を見てみると、(143b)は右上の象限に入り、(144b)は右下の象限に入ることになる。

　Israel (2011)の2つの尺度をもとにした方陣による解決は、既述の2.3節で触れた Fauconnier (1975)の枠組みで、尺度上の最小値を表す最上級表現が NPI として機能し、否定されることで強調的解釈になることを容易に説

明するし、同時に、肯定文での最大値を表す最上級表現が肯定文で（自由選択という）強調的解釈を得ることとも（それを説明するとまでは言えないが）矛盾しない。

2.7　ま　と　め

　本章では、NPI の振る舞いや否定との基本的な構造的関係から始め、NPI の生起環境とより細かな分類と広がりを観察した。また、統語的分析、意味論的分析、そして、語彙意味論と語用論的尺度を組み合わせた分析とを紹介した。

　本章は、NPI の言語事実の観察と理論の一部を紹介したにとどまる。NPI の分析としては、このほかにも意味論分野の Giannakidou (1999, 2011) の non-veridicality 分析や、統語論的分析として Collins and Postal (2014) の古典的否定繰上げ分析からのアプローチ、また、語用論的分析として吉村 (1999) の関連性理論によるアプローチや Horn (2002) の pragmatic inertia としての分析もあるが、NPI の理論について概略的にでもこれ以上のことを説明するのは筆者の力量を超える。

　例文を観察していく中で明らかになったように、多くの NPI は、「例外の排除」によって否定の強調を表すのがその機能であり、そのため尺度上の最小値を否定することで強調的解釈を得るものである。既述のように（127頁の例文(128)）、不定数量詞の some と交代する any は強調的解釈にならないという指摘があるが、それは ANY 類の表現を他の NPI と区別して扱う理由にはなっても、NPI そのものの機能を否定するものではないと考える。このように「区別して考える」ことが認められるならば、2.2.2 節や前節の減衰的解釈をもつ「多量」を表す NPI も、他の NPI と区別し、1.5.1 節で議論した数量詞の否定に似たメカニズムによって減衰的解釈を得ていると考えることができる。減衰的解釈をもつ NPI については、今後の研究が待たれる。

　また、「例外の排除」によって強調的解釈を得るというのは、排中律 (excluded middle) が関わっていると考えてみることもできる。[44] 本書の冒頭

でも述べたように、否定の機能とは P に対して ¬P を決定することに関わ
るので、一方が他方の否認になるためには、該当するすべてのことについ
て否定しておく必要がある。そのことを明確にする手段の一つとして NPI
が機能している、と考えることもできる。

第**3**章

否 定 接 辞

　否定接辞と言えば、すぐに unhappy のような語に含まれる un- のことを思い出すだろう。周知のことだが、unhappy は、un＋happy のように２つの部分から成り立っていて、un- を接頭辞(prefix)、happy を語基(base)と言う。また、doubtless は、doubt＋less の２つの部分から成り立つが、doubtが語基、-less が接尾辞(suffix)である。接頭辞と接尾辞を合わせて接辞(affix)と言う。[1] これらのほかにも、動詞につく un-（例 *undress, untie*）、名詞について動詞を作る de-（*de*bug, *de*frost）、名詞・形容詞につく counter-（*counter*attack, *counter*-intuitive）、動詞・名詞・形容詞につく mal-（*mal*treat, *mal*function, *mal*-odorous）など否定接辞は多いが、説明の便宜のため、形容詞について意味を反転させるものを扱う。

　本章の目的は２つある。一つは、否定接辞の意味の問題である。否定接辞はよく「反対関係」と「矛盾関係」の間で曖昧であると言われる。否定接辞のついた形容詞をコーパス検索し、それぞれの接辞について、どちらの意味がより優勢であるかを観察した上で、２つの意味で曖昧ではあるが、その中でも一定の傾向があることを示す。もう一つは、否定接辞が肯定的ないしは中間的な意味をもつ語基にのみつくとされる問題である。これは

---

[1]　接辞がつく語の名称については、stem, root, base があるが、本稿では base を採用する。議論については Plag (2003: 10–11)を参照。なお、in- は im-, ir-, il- などの異形態をもつが、本稿では区別せず in- を用いる。また un- で un- と in- の両方を代表させる。

Zimmer (1964)以来の古い問題であるが、多くの例外が指摘されている。これについて、尺度という観点から、語用論的な解決を探る。

3.1 否定接辞の意味:「反対関係」と「矛盾関係」

否定接辞として、接頭辞 un-, in- がすぐに思い浮かぶが、この他にも a-, dis-, non- などがあり、本節ではその意味に注目して記述する。また、接尾辞は -less である。これらは、(一般的には同一語源の)語基につくことで、1 語を成す。[2] これらについて Quirk et al. (1985: 1540, 1553)の観察を(1)–(6)で紹介する。それぞれの括弧内の付記および(3)の例は Marchand (1961: 129ff.)のものである。

(1) a-[3] 「欠如(lacking in)」(形容詞・名詞につく): amoral, asexual, anhydrous, anarchy [ギリシャ語源で英語の un- と同じ意味]

(2) dis- 「ない(not)」「〜の反対(the converse of)」(動詞・形容詞・名詞につく): disobey, disloyal, disorder, disuse, disunity, discontent [古フランス語源 des- から]

(3) in- 「ない」「〜の反対」(フランス語・ラテン語源の形容詞につく。un- よりも数は少ない): incomprehensible, illegible, impossible, irreplaceable [フランス語・ラテン語の借入語から]

(4) non- 「ない」(通常ハイフンをつけて名詞・形容詞・副詞につく): non-smoker, non-perishable, non-trivially [ラテン語より]

(5) un- 「ない」「〜の反対」(形容詞・分詞につく): unfair, unwise, unforgettable, unassuming, unexpected [古英語より。印欧祖語では

---

[2] 「(一般的には同一語源の)語基につく」というのは、たとえば、(1)であれば、a- はギリシャ語源の接辞なので、語基もギリシャ語源のものになるということで、anarchy の -archy の部分はギリシャ語の「指導者・統治者」の意味の語(arkhós)に由来する。

[3] a- は語基の最初の音節が母音である場合に an- になるとされる(Marchand 1961: 140)。

上の a(n)-, in- と同語源とされ、主に形容詞につく。句動詞の分詞に
もつくことができ、例として uncalled-for など。また、他の接頭辞に
前置される場合もあり、例として unbeknown, undiscouraged(un- も
-dis- も否定)など]

(6) -less 「なしで(without)」(抽象名詞・具体名詞につく。後者の場合はふつ
う段階性なし)：careless, restless, colorless, harmless; childless,
homeless[もともと接尾辞 -ful に対応する否定の接尾辞で古英語で
は自立語だったが、中英語以降に接辞となった]

((1)から(6)まで Quirk et al. (1985), Marchand (1961)を参考に作成)

Hamawand (2009: 155)によると、(1)の a- が反対関係と矛盾関係を表し、
(4)の non- が語基との矛盾関係を表し、(2)の dis-, (3)の in-, (5)の un-
が反対関係を表す。dis-, un-, in- の順に反対関係が強くなるという。ここ
での矛盾関係とは、語基となる語と接辞のついた語との間で、一方が成り
立てば他方が成り立たないし、その逆も真である関係のことである。また、
反対関係とは、語基となる語と接辞のついた語との間で、両方とも成り立
つことはないが、両方とも成り立たない可能性もあるものである。

矛盾関係の例として、たとえば alcoholic / non-alcoholic というペアを取
り上げてみると、これは一般に飲み物に関して「アルコールを含んでいな
い」ことを言うが、少しでもアルコールを含んでいればそれは non-alco-
holic であるとは言えず、alcoholic である。また non-alcoholic な飲み物は
アルコールを含んでいないものであると言え、その中間の状態はあり得な
い。一方が成り立てば他方が成り立たず、その逆もまた真であるような関
係である。次に、反対関係の例として、happy / unhappy のペアを取り上
げてみる。幸せでも不幸せでもない中間の状態は存在するが、幸せかつ不
幸せである状態は(比喩的な解釈を除けば)存在しないと考えられる。つま
り、これは両方が成り立たない可能性はあるが、両方が成り立つ可能性は
ない関係である。

このように、矛盾関係と反対関係は、2語で表される状態の中間の状態
を表すことができるかどうかの点で異なる。そうすると、反対関係には段

階性があるのに対して、矛盾関係にはないことになる。これは段階性を表す副詞との共起関係に反映される。たとえば、non- や a- のついた形容詞は rather や very などとは共起することができないが、dis-, un-, in- のつく形容詞はそれらと共起することができると指摘されている（Horn 1989: 281–282; Hamawand 2009: 103）。[4]　そうすると、non- や a- は段階性がないので矛盾関係、dis-, un-, in- は段階性があるので反対関係ということになる。[5]

したがって、否定接辞のついた形容詞に very や rather などの段階性を表す副詞がつくかどうかが、矛盾／反対のほぼ唯一のテストと言える。BNC を検索すると、"rather non-" という語列は存在しないことが分かる。[6]また、a- がつく形容詞については、amoral, apolitical, asymmetric, atemporal, atonal, avolitional, asymbolic, asyllabical （Marchand 1961: 141）については very がつく例は BNC に 1 例も存在せず、rather がつく例は rather

---

[4]　Hamawand (2009: 103) では rather に non- がついた語が後続できない例として *rather non-appearance という例が挙がっているが、そもそも rather は形容詞・副詞を修飾するのが通例で、名詞に直接前置させることは困難なので、適切な例ではない。このほか、たとえば、non- が a- よりも高い「矛盾性 (contradictoriness)」があると述べる (Hamawand 2009: 130–131) など、「矛盾」という概念の捉え方自体に難がある個所もあり、また、語義の定義に使われる用語についても正確さを欠く部分がある。Hamawand (2009) の観察は興味深いものもあるが、意味論的な記述には注意が必要である。

[5]　これに対して、Lieber (2004: 118–121) では、a- については言及していないが、他の 4 つの接頭辞について、いずれも語基によって段階性があったりなかったりすると本人の直観から述べている (たとえば、dis- は挙げられている例のほとんどが段階的で反対関係を表すが、disengaged のみ非段階的で矛盾関係を表すとしている)。したがって、non- / dis- / un- / in- がつく形容詞はすべて反対関係と矛盾関係とで曖昧であると結論づける。このように、意味論的直観に基づく議論には危うさが伴うことに注意。

[6]　ただし、"very non-" の語列は 1 例のみある。それは Martin was very non-committal at that point. という例であるが、non-committal という語の語義を LDOCE で確認すると「自分の意見や意図を意図的にはっきりと表明しないこと (deliberately not expressing your opinion or intentions clearly)」となっている。「はっきりと (clearly)」という段階性を表す部分が語義の中に存在していることが確認でき、very と共起することは可能であったと考えることができる。

amoral の1例だけである。また、たとえば atypical という語について検索してみると、very と共起する例は存在しないが rather と共起する例は1例ある。[7] こうした場合を除くと、non- や a- がつく形容詞は、語基となる形容詞に対して、おおむね矛盾関係にあると結論できる。

　逆に、反対関係を表すとされる dis-, un-, in- のつく形容詞については段階性を表す副詞と共起することが予測される。しかし、前段で挙げた very や rather については共起関係が必ずしも明らかではない。[8] BNC で検索してみると、たとえば disobedient という語は71件中、rather がつく例は存在せず、very がつく例は1例だけであり、また、incredible という語は1204件中、very や rather がつく例は1つも見出せない。ただし、unhappy という語は1844件中、very のつく例が128件、rather がつく例が5件である。したがって、それぞれの形容詞において段階性の現れやすさは異なるようである。とくに dis-, in- のつく形容詞が語基となる形容詞に対して意味的に反対関係であるという主張は、BNC の調査だけでは十分に裏づけることができない。また、Quirk et al. (1985)や Lieber (2004)でもこれらの接辞は反対関係のみならず矛盾関係を表すとされており、disoriented, un-authorized, incredible のように段階性がない(もしくは、very, rather によって修飾されにくい)dis-, un-, in- のつく形容詞が存在することは不思議ではない。

3.2　接辞同士の比較[9]

3.2.1　否定の接頭辞 dis-, a-, non-, un-, in- の意味

　un- のつく形容詞を、語基を共有する a- のつく形容詞とコーパス検索に

---

[7]　この場合、「典型」が明確にされていない文脈で生起しており、atypical は「典型的でない」ということなので、典型的なものや普通のものが明確にされない場合には、一定の段階性があると思われる。これは Lieber (2004)の主張とも一致する。

[8]　Hamawand (2009: 103)では extremely discourteous, somewhat unclear, quite illegal のように段階性を表す副詞と共起する例が挙げられている。

[9]　本節は Hamawand (2009)の第5章"Construal"における、接辞同士を比較

よって比較すると、やはり前者には very や rather が現れるのに対して、後者ではそうではないことが分かる。たとえば、BNC の検索で、先ほど取り上げた atypical と untypical を比較してみると、次のような違いが見られる（スペースの関係上、BNC の例は一部のみ取り上げる）。

(7) a. atypical: 'not typical or usual' (OALD[8], LDOCE)

BNC 検索：144 件中、very がつく例 0 件、rather がつく例 1
件

    (i) a sample of people who are <u>rather</u> <u>atypical</u> of the desired
target audience as a whole   (BNC: F9D: 1082)

（全体として望ましい観客というタイプにはやや当てはまらない
人々）

b. untypical: 'not typical' (OALD[8]); 'not having the usual features or
qualities that you would expect' (LDOCE)

BNC 検索：100 件中、very がつく例 4 件、rather がつく例 2
件

    (ii) "I'm <u>very</u> <u>untypical</u>. I'm here to make a killing. Watch me
on telly."   (BNC: HNK: 47)

（私はかなり型破りなんです。ここで一発当ててやろうと思って
いるんです。テレビに出るから見てくださいね）

   (iii) The years between the calling of the first Exclusion Par-
liament in the spring of 1679 and the meeting of the Oxford
Parliament in March 1681 was the time when the Whigs
were at the peak of their popularity, but this was a <u>rather</u>
<u>untypical</u> situation, even for the Restoration era.

(BNC: HY9: 1009)

（1679 年春の最初の排除議会の招集と 1681 年 3 月のオックス
フォード議会の開催の間の期間は、ホイッグ党が人気の絶頂に

するというアイディアを借用しているが、その他の記述は異なっている。たとえば、atypical / untypical の比較は共通しているが、これとは別に調査をしてもいる。

　　　　あったころであった。しかしこの時期は王政復古期にあっても
　　　　かなり変わった状況にあった）

　これらの 2 語の定義を見ると、段階性において差があるようには見えない
が、BNC 検索では、トークンはわずかではあるが、段階性を表す very や
rather がつきやすいのは untypical のほうであることになる。
　次に non- のつく形容詞と un- のつく形容詞との比較だが、non(-)con-
troversial と uncontroversial とを比較してみたい。BNC では very や rather
が生じる例が検出されなかったので、ここでは COCA の検索結果を挙げ
ておく。

(8) a.　non(-)controversial: 'not causing, or not likely to cause, any
　　　　disagreement' (OALD⁸)
　　　　COCA 検索：97 件中(ハイフンありが 34 件、なしが 63 件)、very
　　　　　　　がつく例 1 件、rather がつく例 0 件

　(i)　Thus far, Kobil and other experts said, Bush has used his
　　　　presidential clemency power in very limited fashion.
　　　　　"It's just really very noncontroversial cases," Love said,
　　　　calling them "a little unusual in their colorlessness."
　　　　　(COCA: Michelle Mittelstadt, "Bush in a quandary over agents'
　　　　　　　　　case": NEWS: Houston Chronicle: 20070304)
　　　　(コビル教授ら専門家によると、ここまでブッシュ大統領は寛大
　　　　な処遇を与える大統領権限をかなり限定的な形で用いてきた。
　　　　　「本当にまったく議論の余地のない事例だけなのです。その特
　　　　色のなさは少し珍しいものです」とラブ氏は言った)

　　b.　uncontroversial: 'not causing, or not likely to cause, any disagree-
　　　　ment' (OALD⁸)
　　　　COCA 検索：147 件中、very がつく例 3 件、rather がつく例
　　　　　　　0 件

　(ii)　The Senate works on something called unanimous consent.
　　　　So when the Senate majority leader says I want to bring
　　　　up this slate of nominees, usually very uncontroversial.

（COCA: SPOK: Fresh Air 12:00 AM EST）
（上院は全会一致というもので機能している。だから、上院の多
数派のリーダーがこれらの人たちを任命したいと言えば、普通
まったく論争を呼ばないものです）

これら 2 語について、OALD[8] ではまったく同じ定義を与えているが、very
に修飾されている例が、若干とはいえ、見受けられるということは、un-
のつく形容詞のほうが段階性をもちやすいと言えるかもしれない。以上の
検索結果から、un- は反対関係、a- や non- は矛盾関係を表す傾向があると
考えることには一定の妥当性があると言える。ちなみに、dis- がつく形容
詞と、non- がつく形容詞や a- がつく形容詞とでは共通の語基をもつ具体
例が乏しいので比較対照は難しい。[10]

　また、in- がつく形容詞と、non- や a- がつく形容詞とでは、in- が主に
反対関係を表し、non- や a- が主に欠如を表すとされることから、前者の
ほうが段階的であるという予想が成り立つ。欠如は有無に関する二項対立
なのに対して、反対関係には程度が存在すると思われるからである。

　この予想は、少なくとも amoral / immoral の対については BNC の検索
から一定の裏づけが得られる。

(9)　amoral: 'having no moral standards at all' (LDOCE)

　　　BNC 検索： 60 件中、very がつく例 0 件、rather がつく例 1 件

　　(i)　For Tagalogs, it is a <u>rather</u> <u>amoral</u> possibility: violent indi-

---

[10]　non- と dis- の両方がつく語基の候補として、たとえば、obedient を考え
てみる。OALD[8] には non-obedient という語は挙げられていないが、BNC に
は、disobedient が 71 例、non-obedient が 2 例あり、かつ、前者に very を
つけた very disobedient が 2 例存在する。ただ、事例を観察しようにも
non-obedient の数が少なすぎ、有効な一般化はできない。また、そもそも non-
と dis- がよい対比を成すのはむしろ名詞においてであり、たとえば non-ap-
pearance と disappearance はかなり意味を異にし、前者は「現れないこと」
を表すのに対して、後者は「もともとあったものが消えること」を表す。ただ、
前者は名詞に non- がついたものであるのに対して、後者は dis- のついた動詞
から派生されたものと考えられ、名詞に dis- がついたわけではない。

viduals are respected, but there is a less than human quality about them and violent acts are often carried out under the cover of a real or assumed drunkenness. 　　(BNC: CJ1: 1003)

（タガログ人にとっては、それはやや道徳的規範から外れたことである。暴力的な個人が尊敬されるが、しかし彼らには人間性以下の性質があり、暴力行為はしばしば酩酊状態（本当に酔っていることもあれば酔っているふりをしていることもある）にあるという口実のもとに行われる）

(10)　immoral: 'morally wrong'（LDOCE）

　　　BNC 検索：313 件中、very がつく例 5 件、rather がつく例 1 件

(i)　In these days, looking at it through neutral eyes, what Jessica did was both very immoral and very dishonest.

(BNC: HUB: 981)

（中立的な見方をすると、この頃は、ジェシカがやったことは非常に不道徳的であり、かつ非常に不誠実なことであった）

(ii)　We hope the weight of pressure will make British Steel realise that they are being rather immoral in disposing of the surplus, which they inherited from the days of nationalisation.

(BNC: K4W: 6570)

（圧力を受けて、ブリティッシュ・スティール社が余剰資産──これは国営企業だった頃から引き継いだものだが──を処分するのは倫理に反することだったと理解するようになるとよいと考えている）

検索結果を見る限り、immoral のほうが段階的である。先ほど同様、段階性が反対関係と結びついているのならば、amoral は矛盾関係、immoral は反対関係を表すことになる。したがって、例外のない一般化は難しいが(cf. Lieber 2004)、一定の傾向は読み取れる。

　こうした関係のまとめ方の一つとして、Hamawand (2009)では、これらが共通して表す「区別(distinction)」という領域を設定し、その中でそれぞれの関係を記述している。そこでは否定接辞を伴う形容詞が修飾する名詞の性質に従って、下位分類がされている。

（11）Hamawand（2009: 104）

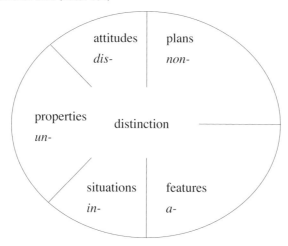

右側の"おおむね矛盾関係"を表す接辞と、左側の"おおむね反対関係"を表す接辞との関係が、1つの意味領域を分ける形で記述されている。(11)の右側から時計回りに Hamawand (2009) の解説を述べると、non- のついた形容詞は物の技術的(technical)でない性質を表すとされ（例: non-essential goods は〈必要のない物〉である）、計画(plans)という下位領域を成す。a- がつく形容詞は物の技術的な性質を表すとされ（例: aseptic technique のおおよその意味は〈滅菌処理したものを雑菌の汚染を防ぐ方法で取り扱うこと〉である）、素性(features)という下位領域を成す。in- がつく形容詞は状況の性質を表すとされ（例: inappropriate comments は〈状況にそぐわないコメント〉ということである）、状況(situations)という下位領域を成す。un- のついた形容詞は物の特性を表すとされ（例: unclean rooms は文字通り「清潔でない部屋」である）、特性(properties)という下位領域の中に入っている。dis- がつく形容詞は人の態度を表すとされ（例: dishonest traders「不誠実な商人」）、態度(attitudes)という下位領域の中にある。[11] ただし、こうした意味論的区別は傾向を表すもので、絶対的

---

[11]　一見すると体系的な記述になっているようにも思えるが、実際にはそうではない。たとえば non- のつく形容詞が「計画」を表すというのはどういうことなのか判然としない。それぞれの下位領域の意味も相互に関連しているよう

なものではないことに注意したい。

3.2.2 否定の接尾辞 -less の意味

　ここまでは接頭辞の話であったが、接尾辞 -less のつく形容詞について
は、Quirk et al. (1985) によると、反対関係も矛盾関係も表すとされる。こ
の接尾辞は「～がない (without)」の意味であるので、矛盾関係を表すこと
は当然である。つまり、あるものがあるのかないのかは二者択一であると
いう点で、矛盾関係であると言えるが、反対関係を表すというのはどうい
うことを言うのであろうか。

　まず、-less がもともと -ful の否定であった (Marchand 1961: 325) ことを手
掛かりにして、3.1 節で述べた反対関係と段階性の関係から、-ful のつく形
容詞が段階的ならば対応する -less のつく形容詞でも同様に段階的ではない
かと予想してみる。たとえば、careful / careless, harmful / harmless など
の -ful / -less の対を BNC で調べると、very careful (5042 件中 453 件) や very
harmful (813 件中 5 件) など、-ful で一定の段階性が認められる形容詞は、
-less がつく場合でも very careless (547 件中 8 件) や very harmless (635 件中
5 件) など段階性を表す副詞 (very, rather 等) と共起する例が散見される。以下
では careful / careless のペアの例を示す。

（12）a.　careful: 'trying very hard to avoid doing anything wrong or to
　　　　　　avoid damaging or losing something' (LDOCE)
　　　　　BNC 検索: 542 件中、very がつく例 453 件、rather がつく
　　　　　　　例 7 件
　　　　（i）　A.R.: The theatre is always larger than life, isn't it?
　　　　　　P.S.: Much. Which is why I think naturalistic plays with
　　　　　　　domestic situations need very <u>careful</u> handling.
　　　　　　　　　　　　　　　　　　　　　　　　　　（BNC: A06: 1872）

には思えない。これらの否定接辞の意味の違いをそれぞれの接辞のついた形容
詞と組み合わされる名詞に注目して記述しようとした姿勢は多としたいが、よ
り詳細な調査が求められる。

　　（A.R.: 舞台はいつも実際の人生よりも大きなものですよね。

　　P.S.: ずっと大きい。だからこそ私は家庭内の状況を扱う写実的な劇は十分注意して上演しなければならないと思うのだよ）

(ii) Inspector Spruce leaned forward over his notebook and fixed his eye on each member of the party in turn.

His <u>rather</u> <u>careful</u> tailoring suggested an accountant rather than a policeman.　　　　　　　　　（BNC: HA2: 1743）

（スプルース警部は自分の手帳の上から覗き込んでそのパーティのメンバーを代わる代わる見つめた。

彼のかなり注意の行き届いた着こなしは、警察官というより会計士のようだった）

b. careless: 'not paying enough attention to what you are doing, so that you make mistakes, damage things etc.' (LDOCE)

BNC 検索：547 件中、very がつく例 8 件、rather がつく例 1 件

(i) It was <u>very</u> <u>careless</u> of your brother-in-law to leave that brochure lying about.　　　　　　　　（BNC: H8J: 1118）

（あのパンフレットを置きっぱなしにしたとは、あなたの義弟さんはかなり軽率でしたな）

(ii) Often described simply as brown and used in a <u>rather</u> <u>careless</u> manner, burnt sienna should instead be regarded as a particularly transparent, slightly neutralised orange, and used accordingly.　　　　　　　　（BNC: G21: 1061）

（しばしば茶色と記載されややぞんざいな扱いを受けているが、赤土色はむしろ特に透明感のある、少し落ち着いたオレンジ色と認識され、そのような色として使われるべきである）

このように careful / careless のペアはどちらも段階的だと言える。harmful / harmless についても同じである。しかし、-ful のつく形容詞と対になる doubtless, fearless, fruitless, lawless, merciless, shameless は very と共起する例はない。この 6 つの -less のつく形容詞に対応する -ful のついた 6

つの形容詞(doubtful, fearful, fruitful, lawful, merciful, shameful)のうち、5つについては very と共起しないが、very doubtful は5件ある。したがって、単純に一般化することは難しい。

　ではどのようなときに段階的になり、反対関係になるのか。-less は「〜ない(without, devoid of)」という意味であるから、矛盾関係を表すのが基本であり、反対関係を表すのは、単に「ない」ではなく、それ自体が特定の性質を表すからだと思われる。たとえば(12bi)では、人やその行動について、「とても不注意だ」という性質が述べられている。つまり、注意が足りないことではなく、不注意な人物ということで、注意深い人との反対関係を成していると考えることができる。これは上に挙げた careless の語義からも明らかで、この語はまったく注意していないというより、注意が十分でないことを表している。

　この節では、本章の冒頭で示した(1)–(6)の否定接辞が「反対関係」と「矛盾関係」のどちらを表すのかについて、コーパスでの検索結果を交えながら検討した。Lieber (2004)が指摘するように、どの接辞もたしかにどちらの意味も表しうるのかもしれないが、(11)で示した Hamawand (2009)の考え方をおおむね是認し、a-, non- がつく形容詞はその語基となる形容詞に対して矛盾関係を表すことが多いと考えた。反対関係を表すとされる dis-, un-, in- については、dis- については十分な結論が得られなかったが、un- については、non- との比較を通して、同一語基の場合はやはり反対関係を表すことを示した。また、in- のつく形容詞についても、語基を共有する a- のつく形容詞と比較して、反対関係を表すことを示した。また、-less は、その段階性について、同じ要素が -ful につく場合と同じになる傾向がありそうだと推定した。

3.3　un- のついた形容詞[12]

　周知のように、英語の接頭辞 un- は形容詞について、un- 形容詞を作る

---

[12]　本節は五十嵐(2007, 2008)を例文を含めほぼそのまま転載していることをお断りしたい。

が、否定的な意味をもつ語基にはつかないとされる。この点について、Jespersen (1917)で述べられた(13)の一般化についてはよく知られている。

(13) Not all adjectives admit of having the negative prefix *un-* or *in-*, and it is not always easy to assign a reason why one adjective can take the prefix and another cannot. Still, the same general rule obtains in English as in other languages, that most adjectives with *un-* or *in-* have a depreciatory sense: we have *unworthy, undue, imperfect*, etc., but it is not possible to form similar adjectives from *wicked, foolish,* or *terrible*.　　　　　　　　　　　　　　(Jespersen 1917: 144)

英語でもその他の言語でも、un- や in- が付加された形容詞は、価値や評価の低下を表すような意味になるので、wicked, foolish, terrible のようなもともと低い評価を表す形容詞に un- や in- をつけることで高い評価を表す形容詞を作ることはできない、ということである。つまり、接頭辞 un- や in- や dis- が形容詞に付加される場合、同一語源の語基に付加される場合であっても、すべての語基に付加されるわけではない。また、(14)からも分かるように、un- は否定的な意味の形容詞を語基として取らない。[13]

(14) *unill　　　　*unmiserable

また、(13)から予測されるように、否定的な意味を表す語にはそもそも un-, in-, dis- がついている場合が多い。たとえば、(15a)の unpleasant「不快な」という語について調べると、類義語辞典である *Roget's International Thesaurus* の中で、(15b)のように、その類義語の多くが un- 形容詞となっていることが分かる。

(15) a.　That widow and her friends seem to be ganging up on him in a most <u>unpleasant</u> way.　　　(Muriel Spark, *The Bachelors*)
　　　　（その未亡人と彼女の友達は非常に不愉快なやり方で彼を苛めているようである）

---

[13]　-less については接尾辞であるため本節では扱っていない。

b. unpleasing, unenjoyable; displeasing, disagreeable; unlikable, dislikable; abrasive, wounding, hostile, unfriendly; undesirable, unattractive, unappealing, unengaging, uninviting, unalluring; tacky, low rent, low ride ⟨nf⟩; unwelcome, thankless; distasteful, untasteful, unpalatable, unsavory, unappetizing, undelicious, undelectable; ugly; sour, bitter

(*Roget's International Thesaurus*[6], 2001; ⟨nf⟩は non-formal の意)

(15b)では少なくとも abrasive, wounding, hostile, tacky, low rent, low ride, ugly, sour, bitter のみが un- がつかない形である。これらはすべて否定的な意味で、unhostile を除いて、un- のついた反意語もない。

　しかし、un- 形容詞が肯定的な意味を表す、つまり一般化に従わない例があることも、よく知られている。次節ではこういった肯定的な意味を表す un- 形容詞について考察する。[14]

3.3.1 　肯定的 un- 形容詞

　Jespersen 自ら挙げている(16)のほか、Zimmer (1964)の例(17)、Horn (2002b)の例(18)のようなものがある。Horn の例では、(18a)が中間的な意味を表すもの、(18b)が肯定的な意味を表すものである。

(16) Jespersen (1942)

unabsorbable, unadaptable, unanalyzable, unsusceptible, unabbreviated, unadapted, unadulterated, unavailing, unbefitting

(17) Zimmer (1964) (un- については -able/ible, -ed, -ing のものは除く)

in-: immaculate, impeccable, incorrupt, incorruptible, indefectible,

---

[14]　Huddleston and Pullum (2002: 1688)によると、形態的に無関係な反対語をもつ形容詞、とりわけ good/bad, big/small, strong/weak, deep/shallow はいかなる否定接辞もつけられない。なお、否定的な語基に un- がつけられない例として *unbad が挙げられることがあるが、これは bad が形態的に無関係な反対語 good をもつために un- がつけられないのであって、否定的な意味だからつけられないのではないと解すべきである。

indefective, irreproachable

un-: unbigoted, uncorrupt, undegenerate, unfaulty, unguilty, unin-
jurious, unmalicious, unobnoxious, unselfish, unsordid, un-
troublesome, unvicious, unvulgar, unbitter, unhostile, unpre-
sumptuous, unpretentious

（18）Horn（2002b）

  a. imperceptible, irreducible, undecidable, uneaten/inedible, unex-
pired, unprefixed/able, unxeroxed/able, uncrossexamined, un-
mouse-eaten

  b. unbeaten, unbigoted, unblemished, undaunted, undefeated, un-
deterred, unharmed, unscathed, unsullied, untarnished, unblam-
able, unconquerable, incorruptible, indomitable, unimpeachable,
unobjectionable, irreproachable, invulnerable

（16）–（18）の例では、否定的あるいは中間的な語基に否定接辞（un-, in-）がつ
いて肯定的（positive）もしくは中間的（neutral）な意味をもつ語になっている。
ここから、（13）が un- 形容詞についての適切な一般化であるのか疑問が出
てくる。また、一般化の基準としている物差しが否定的・肯定的という二
分法なので、中間的な意味のものが多くなると記述できない。そこで Zim-
mer（1964）は、（19）に見るように、より限定的な否定接辞付加の規則を提
案している。

（19）Zimmer による Jespersen の一般化（13）の修正版
否定接辞は、good / bad や desirable / undesirable のような評価的
尺度において「否定的価値」をもつ形容詞語基には使われない。

（Zimmer 1964: 15）

（19）では un- 形容詞の語基は否定的な値をもつものであってはならないと
している。さらに、（18a）で示した中間的な意味の un- 形容詞のうち生産
的な接尾辞がつくものは（20a）のように（19）の一般化から排除される。そ
れ以外の少数の肯定的・中間的意味を表す un- 形容詞は（20b）のように接

辞付加ではなく、1つの語として語彙項目に登録されていると考えるのである。

(20) a. -able, -ed, -ing のような生産的な接辞がついた語基に un- が付加される場合は、(19)の一般化の限りではない。

   b. 語基に否定的な意味の形容詞があって un- 形容詞が否定的な意味にならないものは、(規則によるもの[rule-governed]ではなく)語彙項目として語彙の中に取り込まれる。

(Zimmer 1964:85)[15]

しかし、Zimmer 本人も示唆しているように、(20b)については、un- 形容詞として記されているものが辞典によって異なり、どの un- 形容詞を語彙項目に入れるべきか分からない。たとえば『ジーニアス英和大辞典』では ungreedy という語が収録されているが、これは OED[2] にも記載がない。しかし、実例がなくはない。Google 検索でヒットした 84 件の中で、(21)は雑誌『タトラー』(*Tatler*)のお薦めレストランの文章からの例で、2つ目の文は「料金は高くないし、ワインの上乗せ額も気持ち良いぐらい良心的」という意味である。

(21) Nadra gives good fish soup, a lovely Thai-inspired swordfish and clam green curry and grilled lobster with noodles. Prices are fair and the wine mark-ups refreshingly <u>ungreedy</u>.　　(Google 検索による)[16]
   (ナドラのメニューは、美味しいお魚のスープ、タイ風のメカジキとハマグリのグリーンカレー、麺付きのロブスターグリル。料金は高くないし、ワインの上乗せ額も気持ち良いぐらい良心的)

『ジーニアス英和大辞典』では「貪欲さのない」という語義が与えられてい

---

[15] (20a)と同様の一般化を、Jespersen (1942) や Horn (2002b) も行っている。

[16] この例の URL は次の通り: www.tatler.co.uk/.../2007/Details.aspx?Category=Fish&ID=2867&PriceRange=0&PostCode=All　なお、BNC には un-greedy は 1 語も出てこなかった。

るが、(21)では紹介しているお店のワインが「あまり高価ではない」こと
を言っている。(20b)ではこうしたことは説明できない。[17]

　また、(20a)についても、なぜ -able/ible, -ed, -ing が付加された形容詞
は、意味の肯定・否定にかかわらず、un- を付加できるのか明らかではな
い。次節で見るように、un- 接辞についての言及がある文献を見ても、こ
れらの形容詞はやはり一般化の例外と考えるべきなのかもしれない。

3.3.2　Horn (2002b, 2005)

　本節では Horn (2002b, 2005)での un- 形容詞の扱いを説明する。ここでは
Horn (2002b)のほうに従って述べる。Horn (2002b)の un- 形容詞の説明で
は、Cruse (1980)の尺度の考え方を用いている。Cruse (1980)では段階的形
容詞を 2 種類に分類する。

(22)　a.　反意語(antonyms)：long / short
　　　b.　段階的相補語(gradable complementaries)：clean / dirty

(Cruse 1980)

(22a)と(22b)の特徴を、次のようにまとめることができる。まず、half
(semi-)や almost のような尺度を要求する副詞類をつけると、(23)や(24)
の反意語では不適格なのに対して、(25)や(26)の段階的相補語では肯定的
な意味をもつほうは適格である。

(23)　a.　?It's half-long.　　b.　?It's almost long.　　c.　It's long.
(24)　a.　?It's half-short.　　b.　?It's almost short.　　c.　It's short.
(25)　a.　It's half-clean.　　b.　It's almost clean.　　c.　It's clean.
(26)　a.　?It's half-dirty.　　b.　?It's nearly dirty.　　c.　It's dirty.

((23)–(26)：Cruse 1980: 18)

---

[17]　もっとも、飲食店の経営者が欲深い(greedy)のであれば、上乗せ分は高く
なるわけであるから、ここでの ungreedy の意味も文脈に依存した意味拡張の
例だと考えれば、(20b)で説明できる必要はないと考えることもできる。

では、un- 形容詞の一種である in- を含む形容詞について調べてみよう。Cruse (1980)では accurate / inaccurate のペアについて、(27)と(28)のように、上と同じテストを行っている。

(27) a. It's semi-accurate.　　b. It's almost accurate.　c. It's accurate.

(28) a. ?It's semi-inaccurate.　b. ?It's almost inaccurate.

　　c. It's inaccurate.　　　　　　　　　((27), (28): Cruse 1980: 18)

このように、accurate / inaccurate のペアは、clean / dirty のペアと同じような振る舞いをすることが分かる。したがって、accurate / inaccurate は段階的相補関係にあることになる。

　(25)と(26)および(27)と(28)から分かることは、almost など極限値を修飾する副詞がつく(25)の clean や(27)の accurate などは、尺度上での片方の極を表すということである。たとえば clean であれば、達成すべききれいさの程度があり、そこまで達していなければ、clean とは言えない (almost clean であったり、half-clean であったりする)。それに対して dirty は様々な程度で汚くなる可能性がある。同じことは accurate にも言え、データが正確であるとは誤りがないことであり、「大体正しい」という状態は accurate であるとは言えない。また、誤りがあれば、その多寡にかかわらず、inaccurate である。したがって、このような対では、一方の極では最大限の値まで成り立つことが必要だが(つまり、clean ではきれいさの最大値、accurate では正確さの最大値)、他方の極では最小限の値が満たされれば成り立つことになる(つまり、少しでも汚れがあれば dirty であり、少しでも不正確な部分があれば inaccurate である)。[18]

　段階的相補語と反意語を区別するもう一つの特徴として、段階的相補語では反意語と違い(29), (30)のような分布があることが挙げられる。それぞれの文で、主節の中に a complete absence という表現があることで、反

---

[18]　このような対で、clean や accurate のほうを完全述語(total predicate)、dirty や inaccurate のほうを部分述語(partial predicate)と言う。Kennedy and McNally (2005: 355)にまとめがあるので参照されたい。

対の特性が完全に欠けているかどうかを知ることができる。

(29) a. When something is clean, there is a complete absence of dirt.

    b. ?When something is dirty, there is a complete absence of clean-ness. （Cruse 1980: 19–20）

(30) a. When something is accurate, there is a complete absence of inaccuracy.

    b. ?When something is inaccurate, there is a complete absence of accuracy. （Cruse 1980: 19–20）

たとえば、long / short のような反意語の対では、一方が他方をまったく含まない。ところが、(29a)に見られるように clean であれば dirty なところをまったく含まないが、(29b)に見られるように、dirty であっても、まったく clean なところがないとまでは言えない。同様に、(30a)では accurate であれば inaccurate なところをまったく含まないのだが、(30b)では inaccurate であってもデータのすべてが誤りとは限らない。こうしたことから、Cruse (1980)では以下のような尺度を考えている(図を一部改変)。

(31) 反意語

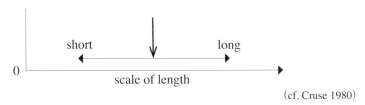

（cf. Cruse 1980）

(32) 段階的相補語

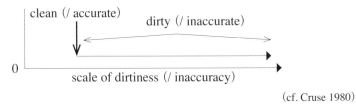

（cf. Cruse 1980）

(31)では長さの尺度が右へ伸びていて、その内部の尺度は絶対的な長さの

尺度ではなく、基準点(↓で表示)の左右にそれぞれ short/long の尺度が設定
される。次に、(32)では汚さの尺度があり、左に 0 と書かれている部分は
汚れがまったくない状態である。その内部の尺度では左側の極点に clean
が置かれ、そこが基準点(↓)になっている。基準点から外れることは汚さ
を含むことになり、その程度が右に向かって(より汚いほうへ)大きくなっ
ていく。

　Cruse (1980)は、こうした性質の尺度上の量(quantity of the scaled property)
を表す尺度を Q 尺度と言い、肯定的なもの(「汚さ」を多く含むもの、ここで
は dirty)は Q-positive であり、否定的なもの(「汚さ」を含まないもの、ここで
は clean)は Q-negative である。これに対して「きれいな」ことは良い(肯定
的な)ことであり、「汚い」ことは悪い(否定的な)ことであることについて
は、clean が評価的(evaluative)に肯定的(E-positive)であり、dirty が評価的に
否定的(E-negative)であると言う。long/short なら、long が E-positive で
short が E-negative である。ここまでを(33)の表にまとめる。

(33)

	肯定的評価(E-positive) あるいは中立的評価(E-neutral)	否定的評価(E-negative)
肯定的な量 (Q-positive)	*long* (反意語)	*dirty* (相補語) *inaccurate*
否定的な量 (Q-negative)	*clean* (相補語) *accurate*	*short* (反意語)

　以上を踏まえて、Horn (2002b)では(34)のような定式化を行っている。

(34) Horn による un- 形容詞の定式化
　　 negative affix ＋ E-positive の語基 → E-negative の派生語
　　 un 　　 ＋ 　　 happy 　　　 → unhappy

(Horn 2002b: 6)

ここから、E-positive な形容詞のみ語基になるが、E-negative な形容詞は
語基になれない、という一般化を導き出せる。しかし、肯定的な意味を表

す un- 形容詞について、Horn (2002b, 2005)は、Jespersen (1942)や Zimmer (1964)と同様、例外としてリスト化している。

3.3.3 〈語基は E-positive〉の検証

3.3.2 節から推測されるように、Q-positive あるいは Q-negative の値と un- がつくことができるかどうかは関係がないと思われる例は見つかる。(35)は Q-positive で E-positive な long に un- がついている例である。[19] また、clean は Q-negative で E-positive であり、(36)で unclean という形が確認できる。[20]

(35) These thumbnails cover my wardrobe evolution — from the first nervous steps out in crop top and jeans to unsubtle uniforms and unlong skirts. (Note that word unlong — you'll find yourself using it soon). (www.chimeric.demon.co.uk/diversity/image/overview.html)
(これらのサムネールは私のワードローブの進化をまとめたもので、最初に恐るおそる着たクロップトップやジーンズから、繊細じゃないユニフォームや長くないスカートまであります。(この「長くない」という言葉に注目です。ご自分でもすぐに使うようになりますよ))

(36) And there's still this myth that you're unclean if you have acne.
(BNC: C8B Best)
(そして、ニキビがあったら不潔にしているという神話がいまだに存在しています)

un-X-ed という形式も、(37a)で finished が Q-negative で E-positive であり、unfinished は E-negative な意味になる。[21] (37b)は母語話者によれば不

---

[19] しかし、unshort も見られ、Google では unshort: 38 件に対して unlong: 20 件と、unshort のほうが多く見られる。

[20] BNC で検索してみると、unclean は 145 件出てくるが、undirty は 0 件である。これは本文(19)の一般化に合致していると言える。

[21] ちなみに Clark (1974)によれば、go が一般に評価的に悪方向を表す表現を補部に取るとすれば、状態の継続を表す go と共起して go unfinished とはなるが、状態変化を表す come と *come unfinished のように共起することは難しい。

適切とのことであったが、(37c)の実例を見せると、(38b)の判断を変更した。(38)では business が後続している。

(37) a. I put down the <u>half-finished</u> tea and stood up.

(Dick Francis, Forfeit)

　　 b. [?]I put down the <u>unfinished</u> tea and stood up.

　　 c. His mug of <u>unfinished</u> tea sat idly by the glowing alarm clock.

(www.greatwriting.co.uk/content/view/9640/77/1/1/)

(38) 'We have <u>unfinished</u> business, <i>meu amorzinho</i>, as you well know.'

(Sarah Morgan, Million-Dollar Love-Child)

　　(ねえ、あなたも知っているように、私たちの間にはまだ決着がついてない
　　ことがあるでしょう)

Cruse (1986: 203–204) では、pure / impure, satisfactory / unsatisfactory, smooth / rough, honest / dishonest, well / unwell などが挙げられている。Q-positive で E-negative なほうに impure, unsatisfactory, dishonest, unwell など否定接辞がついているものが見られることも、整合的であると言える。
　そして、ここまでの議論から一歩進んで、(39)のような予測も可能である。(33)を参照しながら見て頂きたい。

(39) もし E-positive な un- のついた形容詞が Q-negative であるなら、
　　対応する E-negative(で Q-positive)な形容詞には un- がつかない。
　　あるいは、対応する E-negative な形容詞は通常想起されない。

つまり、Q-negative で E-positive な形容詞として un- 形容詞が存在する、という主張である。たとえば(18b)の unscathed や unharmed であるが、(40)では almost が unscathed につく。(32)の尺度を想定して、傷がついていない状態が「傷がつく」という尺度の中で左の極に当たるとすると、その右には様々な傷つき具合の状態が表示される。ところが、scathed という語は形容詞として用いられることはあまりないし、Google で検索する限り、almost と共起することも皆無である。unharmed についても同様である。

(40) a. Much of Kabul, which was <u>almost</u> <u>unscathed</u> when it was the seat of the communist government, is in ruins. (BNC: CRB: 791)

(カブールのかなりの部分は、共産主義政府の中枢であったころはほとんど無傷で残っていたものだが、いまや廃墟となっている)

(Google (ドメイン: uk) で almost {unscathed/scathed} は 667 例中 0)

b. Jacob stands — <u>perfectly</u> <u>unharmed</u> — in front of the television in the living room. (Jodi Picoult, *House Rules*)

(ジェイコブは、まったくの無傷の状態で、リビングのテレビの前に立っていた)

(Google (ドメイン: uk) で almost {unharmed/harmed} は 91 例中 5)

また、(17) で Zimmer (1964) が挙げた例として紹介した immaculate, impeccable も同様の解決が図れると思われる。これらの un-, in- のついた形容詞はこれまで検討した clean / dirty, accurate / inaccurate, finished / unfinished とは尺度の立て方が違っていることに注意しておきたい。

(41) 段階的相補語

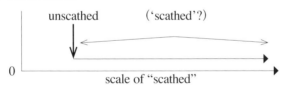

(41) の妥当性について、上記の議論では十分ではない。しかし、少なくとも unscathed, unharmed, immaculate, impeccable では、通時的にはともかく共時的には (41) のように初めから un-, in- がついた語のほうが E-positive と感じられ、その反対である E-negative の語は通常想定されないと考えることもできる。

(33) の図に沿ってこれらの例を考えると、つまり、これら 4 つの un- 形容詞は、傷や汚れがない状態を表すから Q-negative であり、同時に〈完全な状態〉を表すので肯定的な評価 (E-positive) である。また、否定接辞を除い

た語(scathed, harmed, maculate, peccable)は、傷や汚れがある(つまり Q-positive な)様々な状態を表すので、否定的な評価(E-negative)ということになる。

	E-positive	E-negative
Q-positive		(*scathed, harmed, maculate, peccable*)
Q-negative	*unscathed, unharmed, immaculate, impeccable*	

これらの un- 形容詞については、他のものとは異なり、un- が Q-positive な形容詞につくことによって Q-negative な un- 形容詞が出来ていることになり、Q-negative な状態(つまり傷や汚れがない〈完全な状態〉)のほうが肯定的評価を受けるので un- 形容詞でありながら E-positive となることになる。これは (34) の一般化では説明できない例だが、これら 4 つの un- 形容詞は、否定接辞と語基の形に分析されて何かの状態を表すというより、〈完全な状態〉という一つの状態を表していると考えるべきかもしれない。[22]

3.3.4　生産的な接辞と否定接辞の語基

　先述のように、生産的な接辞である -able/ible, -ed, -ing がついた語基に un- が付加されるときには、語基が否定的なものの場合もある。本節ではこの点について考えてみたい。(19)と(20a)で述べた Zimmer の主張を下で繰り返す。

　(19)　Zimmer による Jespersen の一般化(13)の修正版

---

[22]　なお、これら 4 つのうち 3 つが -ed / -able のついた形容詞であるから、これらについては以下の 3.3.4 節で(20a)として再掲している Zimmer(1964)の一般化の例外に当てはまる。とはいえ、peccable は動詞 pec(a) に -able がついたものではないし、また、(im-)maculate の -ate は生産的な接辞ではない。
　ちなみに、否定接辞が付加された上にさらに否定接辞を付加して、in-immaculate や in-impeccable などの語を作ることは、un-un-X や in-in-X が許されないので不可能である(もっとも、anti- は繰り返すことができ、anti-anti-smoking では「反・反・喫煙」という愛煙家の主張を表す)。

　　否定接辞は、good / bad や desirable / undesirable のような評価的
　　尺度において「否定的価値」をもつ形容詞語基には使われない。

(Zimmer 1964: 15)

(20a)　-able, -ed, -ing のような生産的な接辞がついた語基に un- が付加
　　される場合は、(19)の一般化の限りではない。　(Zimmer 1964: 85)

(20a)のような規則的な例外があることはどう説明できるだろうか。Allen
(1978: 44–50)（太田(1980: 673–674)も参照）の提案では、(42)のように、un- の
付加は、その直前に付加された形態素のみに関係する。

(42)　a.　*un-［dirty］　　　　　b.　un-［［injury］-ous］
　　　c.　un-［［finish］-ed］　　　d.　un-［［analyze］-able］
　　　e.　un-［［assume］-ing］　　f.　un-［［father］-ly］[23]

（Allen 1978: 44–50（例は変更している））

(42a)は dirty がそのまますぐに un- に付加されるため、dirty の否定的な意
味に un- を付加することは、(19)の一般化に抵触する。しかし、(42b)–
(42e)は他の接尾辞が語基についてから un- が付加される。たとえば injury
が否定的な意味をもっていても、un- は injury に付加されるわけではなく、
(injuri)ous に付加されるので、一般化に抵触しないことになる。

　　この分析によって、(43)で示した un-X-able/-ed では un- は -able/-ed を
否定しているとする Zimmer の主張を支持することができる。

(43)　a.　X-able:　　"prone to . . ."「. . . しがちである」
　　　　　　　　　　　"capable or deserving of being . . ."「. . . されるこ
　　　　　　　　　　　とができる／. . . されるに値する」

---

[23]　「父親らしくない」という意味の unfatherly は珍しい語だが、(i)の実例を
挙げておく。

　(i)　I'll break his neck, he said, with real and <u>unfatherly</u> viciousness.

(Dick Francis, Forfeit)

当然 unmotherly も存在する。また、unwifely は存在するが、*unhusbandly
は存在しない。

　　　　　　　　　例： pronounceable "capable of being pronounced"
　　　　　　　　　　「発音されることが可能な」

　　un-X-able: "not capable of being . . ."「. . . されることが可能
　　　　　　　　　ではない」

　　　　　　　　　例： unpronounceable "not capable of being pro-
　　　　　　　　　　nounced"「発音されることが可能ではない」

　　b.　X-ed:　　　 "in the state brought about by undergoing the action
　　　　　　　　　designated by the verb"「動詞で指定された行為に
　　　　　　　　　よって引き起こされた状態にある」

　　　　　　　　　例： corrected proof「修正された校正刷り」

　　un-X-ed:　　 "not in the state brought about by undergoing the
　　　　　　　　　action designated by the verb"「動詞によって指定
　　　　　　　　　された行為によって引き起こされた状態にはない」

　　　　　　　　　例： uncorrected proof「修正されていない校正刷り」

　　　　　　　　　　　　　　　　　　　　　　　(Zimmer 1964: 38)[24]

　つまり、un- は X-able の -able の部分を否定する。un-X-ed の場合は、-ed
が表す状態を否定する。(42c), (42d)はこうした Zimmer の直観を支持す
る分析である。un- が付加される段階では、un- にはそれぞれ -ed と -able
しか見えていない状態なので、生産的な語尾がついていれば、語基の語の
否定的な意味・肯定的な意味にかかわらず un- が付加できる。

　しかし、この分析に対する反例は容易に見つかる。すでに(17)で見たよ
うに、Zimmer の言う unguilty, unfaulty[25] も (42b)と同様に分析できる。そ
うであるならば undirty も同じように分析されると想定でき、容認可能に
なると予測される。ところが、(45)に見るように、容認不可能なのである。

---

[24]　(43)の記述は Zimmer の散文的説明から再構成したものである。(43a)の
un-X-able の意味の記述は Zimmer の例文から抽出し、(43b)の例は筆者が加
えたものである。

[25]　ただし、unfaulty は Google でも 31 例のみであり、また、『ジーニアス英
和大辞典』では unfussy, ungreedy, unflashy も肯定的な意味をもつ。

(44) a. un-[[guilt] y]　　b. *un-[[dirt] y]

　　a'. un-[guilty]　　　b'. *un-[dirty]

(44)に示された容認度の違いは、(42)では説明できない。(42)で示された分析は -ed, -able, -ing については有効であり、(16)–(18)で紹介した例外の多くがこれで解決できると思われるが、それでも、unguilty を認めるとすれば、それが可能な理由は説明してくれないことになる。

　また、-able/ible がついた un- 形容詞の中でも、(18a)の imperceptible(実例を (45)で挙げる)や (46) の inexpressible, (47) の unthinkable や (48) の unpronounceable は合成的でない意味を表すと考えられる。

(45) A slow, almost imperceptible evolution is already taking place in the high street. (BNC: A5L: 74)

(ゆっくりとした、ほとんど気がつかないほどの進化が、目抜き通りではすでに起こっている)

(46) The bellows nonchalantly swelled and thudded. Elizabeth gave the smallest sound of inexpressible relief. I lifted the Spirashell gently on to her chest, slipped the strap underneath her, and couldn't do up the buckle because my fingers were finally trembling too much to control. (Dick Francis, *Forfeit*)

(ふいごは何事もなかったかのように膨らんで鈍い音を立て始めた。エリザベスは何とも言えないかすかな安堵の声をあげた。私はスパイラシェルをゆっくりと彼女の胸の上に引き上げ、ストラップを彼女の体のうしろに回した。が、コントロールできないほど手が震えていてストラップのバックルを固定できなかった)

(47) I shrugged. 'Someone has been working a fiddle."

'Bert wouldn't.' His voice said it was unthinkable. (Dick Francis, *Forfeit*)

(私は肩をすくめた。「誰かがいかさまをやっていたのさ」
「バートはそんなことしない」彼の声からそんなことはありえないと思っているのが分かった)

(48) I idled through tiny villages, little more than hamlets, with ever more

unpronounceable names, like Llandyrnog and Llangynhafal and
Llan-beder-Dyffryn-Clwyd. (BNC: A89: 737)

（私は小さな村々を訪ねてみた。これらは集落と同じようなもので、Llan-
dyrnog やら Llangynhafal やら Llan-beder-Dyffryn-Clwyd やらと、その名
前もどんどん発音しづらいものになっていった）

(45) は本通りの繁華街には「感じることができない」発展ではなく、「微
小な、かすかな」発展がすでに起こっているのである。(46) でも病気で自
己呼吸ができないエリザベスが機械の助けで呼吸できることに「表現でき
ない」安心感を声にしたわけではない。「言葉にできない」ほど大きな安心
感が漏らした声にこもっていたのである。(47) で unthinkable は「考えら
れない」だけでなく、知りあいのバートが記者の特権を利用して詐欺をし
ていたなんて「ありえない」という気持ちを表している。(48) ではウェー
ルズをマウンテンバイクで旅行中の記者が遭遇した村や集落の名前が「発
音できない」のではなく、「発音が難しい」のである。この解釈になること
はその前の ever more という程度を表す表現からも分かる。(42d) と (43a)
の分析では (45)–(48) を説明できない。

3.3.5 意味論と語用論のあいだ

3.3 節では (19) の一般化に従わない un- のついた形容詞を取り上げ、そ
れを合理的に説明することを目標としていた。3.3 節では、[i] immaculate,
impeccable, unscathed, unharmed について、尺度での解決を示し、[ii] un-
X-able/ible/ed/ing については、Allen (1978) による構造的な分析を追認し
たうえで、それでも説明できない例を (45)–(48) で示した。ここで、[i],
[ii] の解決法を生かすためにも、un- 形容詞について、一般的に (49) が成り
立つという予測をしておきたい。

(49) 予測： un- は基本的に否定 (not) と同様矛盾関係を表す。反対関係
　　　を表すかどうかは語基の形容詞に依存する。

(20) で示した Zimmer の直観や (31), (32), (41) の尺度などを考えると、
un- 自体に意味をもたせるよりも、un- の意味は比較的単純な矛盾関係であ

ると考えるほうが、合理的である。その他の意味は語用論的に扱えると思われる(が、その詳細については筆者には今は提案はない)。

こうした考え方は、まず、un- を NOT という矛盾関係のオペレータとする影山(1999: 173)の分析にも見られる。また、Krifka (2007: 171ff.)においても、反対関係自体を、形容詞の曖昧性(vagueness)と Horn の R 推意と Blutner の二方向最適性理論 (Bidirectional Optimality Theory; Blutner, de Hoop, and Hendriks (2006))とから引き出そうとする分析があり、これとも整合的であると言える。

3.4 ま と め

本章では、英語の否定接辞について、形容詞につくものを中心に観察してきた。具体的には、non-, a-, in-, un-, dis-, -less について、Marchand (1961)や Hamawand (2009)を参考にしながら、実例に基づきながら観察してきた。後半は un-, in- のつく形容詞に的を絞り、一般的に、これらは肯定的な意味の形容詞につくことで un-, in- のつく形容詞全体が否定的な意味になるとされるのにもかかわらず、その一般化に合致しない un-, in- のつく形容詞をどのように説明すべきかを論じ、否定接辞の役割は結局、極性の反転であり、それ以外の意味的な事実については、語基の形容詞に依存するとした。

第 **4** 章

否定のサイクル[1]

4.1 「否定のサイクル」とは何か

　現代の英語では、I don't like coffee のように否定辞 not が助動詞 do と共に語彙的な動詞句(この例では like coffee)の前に置かれ、また、not が縮約形(n't)になって出現することができる。[2]

　Jespersen は "Negation in English and Other Languages" (1917) という論文の中で、古英語から 20 世紀初頭の英語に至るまでに、否定の形式には 5 段階の変化があったと考えている。以下、(1)–(5)は Jespersen (1917: 9–11) からの引用である(なお、これらは Jespersen の作例である)。

(1) ic ne secge.

(2) I ne seye not.

(3) I say not.

(4) I do not say.

(5) I don't say.　　　　　　　　　　　　　　　　　(Jespersen 1917: 9–11)

(1)では動詞に ne という単一の否定辞が前置されている。これが古英語で

---

[1]　本章は、否定のサイクルについての既存の文献を参考に、現代英語については考えや例文を追加しながらまとめたものであり、とくに古英語・中英語・近代英語および英語以外の言語についての記述および例文はこれらの文献に全面的に依存していることを付言しておく。

[2]　縮約形(n't)が出現したのは 17 世紀末であるとされる(Mazzon 2004: 105)。

は一般的な否定の形式であるという。ところが、これでは否定の意味が十分に伝わらないと感じられて、(2)のように動詞の前の ne のほかに、動詞の後に not を置くことで否定であることをより明確に示すようになったという。これは中英語で見られる形式である。そして、(3)では、動詞に前置された ne が消滅し、not だけが否定を示す標示物として残っている。先にも述べたように、(4)は近代英語の時代になっての形式で、(5)は現代の英語にも見られる形式になっている。[3]

　このような否定の形式の変化は、英語に限ったことではなく、フランス語でも顕著に表れているとされる。(6)–(8)は Jespersen (1917: 7)からであるが、(9)は Larrivée (2011: 2)より引用している。意味はすべて先ほどの英語の例と同じ、「私は言わない」である。ここで本来の否定辞は ne であり、(7)にあるように、もともと「一歩」を表していた pas と共に動詞を挟み込むようにして否定文を作る。

(6)　Jeo ne di.[4]

(7)　Je ne dis pas.

(8)　Je dis pas.

(9)　Mo pa di.

(6)は最初の段階のもので ne を動詞の前に置くことで否定文になっていたが、(7)では動詞を ne と pas で前後から挟むようになり、そのうち ne が消えて(8)のように本来は NPI 的な働きをしていた pas が単独で現れるようになり、方言である(9)においては pas の異形態である pa が動詞に前置され、もとの ne と同じ働きをするようになる。(9)の段階で(6)の段階に戻っているので、サイクルが完成したと言える。

---

[3]　周知のことだが、not は、中英語では nought と、古英語では nōwiht と綴られ、もともと ne (=not) + ōwiht (=aught)であり、nothing と同じ意味であった。したがって、(2)のように ne と not で動詞を挟むのは、否定辞を 2 つ置くことであった。(3)から nought が機能変化して名詞句でなくなり、not は現在では否定を表す副詞となっている。

[4]　Jespersen (1917)ではここは di となっているが、Larrivée (2011)では dis となっている。

　そうすると、次のような想定が可能である。否定辞は文の冒頭に近い位置に置かれる傾向があり、最初の段階では否定辞は動詞の前に置かれたが、否定をより強めるために2つ目の否定辞が動詞のあとに置かれ、やがて最初の否定辞が消滅し、2つ目の否定辞が唯一の否定辞となり、これも動詞に前置される。このような一連の変化を「否定のサイクル(Negative Cycle)」、別名、「イエスペルセンのサイクル(Jespersen Cycle)」と言う。これを Mazzon (2004)に従って整理すると次のような3つの形式が交代する変化である。

（10）Mazzon (2004: 5)

(a)　Neg+V	［NEG 1］
(b)　Neg+V+Neg	［NEG 2］
(c)　V+Neg	［NEG 3］

（11）Neg+V → Neg+V+Neg → V+Neg (→再び Neg+V へ)

　ここで疑問に思われるのは、Jespersen (1917)以来、英語やフランス語のようなよく研究されている言語ではこのようなサイクルを想定することが半ば当然視されているが、その他の言語でも同様であろうか、ということである。類型論的な観点から否定の文法化を「否定の進化」として論じている Croft (1991)では、存在否定(negative existential)の形式（「〜がない」を表す形式）がもともとの否定形式に取って代わるという現象について、次のようなサイクルを想定している。[5]

（12）Evolution of Negation (Croft 1991: 6, 13)

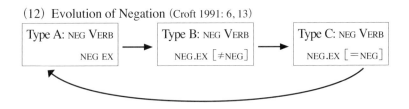

---

[5]　ここで、EX は存在表現で、NEG.EX は存在表現と否定が形態的に一体化した表現である。

(12)において、タイプ A では通常の動詞も存在表現も同じ否定形式(NEG)が用いられているが、タイプ B では通常の動詞で使われる否定形式(NEG)と存在表現と共に現れる否定形式(NEG.EX)が異なり、タイプ C では存在表現と否定とが一体化して一つの否定形式(NEG.EX＝NEG)となり、これが通常の動詞とも共起するようになる。

Croft (1991) が例示しているそれぞれのタイプを以下の(13)に示す。(a)が通常の動詞の否定、(b)が存在表現の否定である。

(13) Croft (1991: 6–12)[6]

Type A: Tzutujil 語 (どちらも否定形式 m(a) . . . ta で否定される)

    a. m   -ix   utz   ta

       NEG -2PL.ABS 'good' IRR   ('You all aren't good')

    b. ma ko ta jaay

       NEG EX IRR 'house'   ('There aren't any houses.')

Type B: Amharic 語 (一般動詞では a(l)- . . . -əm, 存在表現では yäll- . . . -m で否定)

    a. a   -yalf   -əm

       NEG -'pass'.3SG.MASC.IMPF -NEG   ('He doesn't/won't pass.')

    b. səkkʷar yälläm

       'sugar' NEG.EX.3SG   ('There is no sugar.')

Type C: Manam 語 (存在否定の tágo が一般動詞の否定も担う)

    a. tágo   u   -lóŋo

       NEG(EX) 1SG.RL -'hear'   ('I did not hear.')

    b. anúa-lo   tamóata tágo [*i-sóaʔi]

       'village'-'in' 'person' NEG.EX [3SG.RL-EX]   ('There is no one

       in the village.')

---

6 略語は PL は複数、ABS は絶対格、IRR は非現実性、EX は存在述語、SG は単数、MASC は男性、IMPF は未完了、RL は現実性を表す。なお、Tzutujil(ツトゥヒル)語は中米マヤ諸語の一つ(八杉 1990)、Amharic(アムハラ)語はエチオピアの言語、Manam(マナム)語はパプアニューギニアの言語である(菊澤 2017)。

とくに Type C を見るとよく分かるが、(a)では存在表現の否定である tágo がそのまま「聞く」という意味の述語につく否定辞として機能している。存在文では、存在表現の i-sóaʔi を tágo に加えてつけることはできないので、否定表現として定着しているとまでは言えないが、これが Type A へと変化すると考えるならば、Tzutujil 語のように、存在文でも他の動詞でも同じ表現が否定表現として現れるのかもしれない。[7]

　このように、複数の言語をまたいで観察すると、否定の「サイクル」とまで呼ぶのかは検討の余地があるにしても、何らかの否定的要素を含む表現が機能変化を経て文否定の形式として機能するようになることが分かる。

4.2　英語の否定のサイクル

　本節では、4.2.2 節で機能変化あるいは否定のサイクルとしての英語の否定について考えていくが、その前に 4.2.1 節で英語史の先行研究を参考に否定のサイクルについて瞥見しておきたい。

4.2.1　英語史の中の否定のサイクル

　古英語では、否定は ne をつける方法での表現が優勢である(van Kemenade 2011)。以下の例は ne が文頭に置かれることで動詞も前置されている。

(14) *ne   sende se deofol ða   fyr of   heofenum,þeah   þe his ufan*
　　come

　　Not sent   the devil   then fire from heaven,   though that it   from above
　　came

　　'the devil sent not fire from heaven, though it came from above'

　　　　　　　　　　　　　　(ÆCHom.i.6.13, cited in van Kemenade (2011: 82))

しかし、以下の例のように、定形動詞を ne と na (/ no)で挟むようなパタ

---

[7] 　生成文法の観点から多言語の否定のサイクルを論じている論文に van Gelderen (2008)がある。また、言語における変化をサイクルとして捉えている論文集として、van Gelderen (2009)がある。

ンが見られる。現代英語訳からも分かるように、これは2つで1つの否定
をなしている。これらは否定呼応(negative concord)あるいは多重否定(multi-
ple negation)と言う。

(15) *Ne bið se no gefylled ðæs Halgan Gæsðæs se   ðe   on ðære*
Not is he not filled   of-the Holy Ghost   who that in the
smyltnesse his   monðwærnesse forlæt   ðone wielm
tranquility of-his gentleness   gives-up the fervor
ryhtwislices andan
of-righteous zeal
'He is not inspired with the Holy Ghost, who in the tranquility of
his gentleness gives up the fervor of righteous zeal.'

(cocura, CP: 40.291.9.1911, cited in van Kemenade (2011: 94))

中英語では、古英語からの ne が新しい形式である not に取って代わられ
る。以下は中英語の詩をデータとした Iyeiri (2001)からのものだが、いず
れも単一の否定辞が含まれる例である。(16a)は中英語初期のもので、ま
だ ne が用いられているが、(16b)は中英語後期のものである。

(16) a. For   þu ne darst domes abide

(*The Owl and the Nightingale*, 1695)[8]

Because you not dare by law submit[9]

b. He forȝet not,   but ȝarkit   hym þerfore

(*The Destruction of Troy*, 882)

He forget not(hing), but prepare them therefore

---

[8] グロスは MED Online による。また、古英語では散文の例を見たので中英
語も散文を見るべきだが、筆者の知識や入手できる資料の関係で Iyeiri (2001)
から引用している(出典の末尾の数字は行数を表すと思われる)。
[9] (16a)はサウサンプトン大学の中英語のウェブサイト (http://www.
southampton.ac.uk/~wpwt/trans/owl/owltrans.htm)によると、"because you
daren't submit to judgement" と翻訳できる。なお、(16b)の翻訳は見つから
なかった。

(Iyeiri 2001: 23)

(16a)と(16b)を比較することから分かるように、中英語では ne は定形動詞の前に、not はうしろに現れて、否定を表した。この2つが合わさったne . . . not (以下では noght)という形式も存在した。

(17) And so forth after I beginne
 And loke if ther was elles oght
 To speke, and I <u>ne</u> spak it <u>noght</u>
 (そして自分が言うべきことを言わなかったのではないかと探し始め . . .)
 (*Confessio Amantis*, 241/568–70) (Iyeiri 2001: 23)[10]

中英語で ne が not に取って代わられるのと同じ時期に、多重否定の形式が生じていた(Jespersen (1917), Iyeiri (2001: 23))。そして、本章の冒頭で述べたように、15世紀ごろになって、現在の形式と同じようなdoやその他の(法)助動詞に not がつく形式が生じるが(これが4.1節で紹介した(4)に当たる)、その前に、(3)(これも4.1節)のように、定形動詞のあとに not が置かれる例があると Ukaji (1979)で指摘されている。(18)は、2組の双子の兄弟を中心とした喜劇『間違いの喜劇』の一場面である。商人の息子アンティフォラス兄がお金を騙し取ったとして逮捕され、それをアンティフォラス兄の妻であるエドリエーナに、アンティフォラス兄弟の召使のドローミオ弟が伝えたところである。[11] どうしたのかと尋ねるエドリエーナに、ドローミオ弟が「どういうことか分かりません」と答え、また、誰の告訴で逮捕されたのか問うエドリエーナに、ドローミオ弟は「誰の告訴で逮捕されたの

---

[10] (17)の訳文は、ジョン・ガワー『恋する男の告解』(篠崎書林、1980)の伊藤正義の訳に少し変更を加えたものである。
[11] (18), (19)の該当箇所を *The Riverside Shakespeare,* Second Edition (G. Blakemore Evans 他編、1997)および白水社の『シェイクスピア全集』(小田島雄志訳)の第5巻『間違いの喜劇』(1983)および第16巻の『ヘンリー四世第二部』(1973)で確認し、Ukaji (1979)よりも1行ほど多く引用している。登場人物名は小田島訳を採用した(なお、アンティフォラス兄弟については、シェイクスピアのテクストにはどちらが兄でどちらが弟かは明示されていない)。劇の場面説明はこれらを基に筆者が作成した。

かは知りません」と答えている。

(18) ADRIANA: Why, man, what is the matter?

　DROMIO OF SYRACUSE:

　　　　I do not know the matter, he is 'rested on the case.

　ADRIANA: What, is he arrested? Tell me at whose suit.

　DROMIO OF SYRACUSE:

　　　　I know not at whose suit he is arrested well;

　　　　But ['a's] in a suit of buff which 'rested him, that can

　　　　I tell.

　　　　(William Shakespeare, *Comedy of Errors*, IV, ii, 41–45.

　　　　　　　　　　　　　　　　　　Cited in: Ukaji (1979: 101))

ドローミオ弟の台詞では、定形動詞 know に not が後続している場合と、do に not がつく形が採用されている場合とが混在している。また、(19)のように、do がつかないまま not が動詞に前置されている例も存在する。こ
こは、英国王ヘンリー四世に対する反逆の狼煙を上げたヨーク大司教を国
王派の伯爵ウェスモランドが訪ねてくる場面である。大司教は、自らの同
胞であるイギリスの人々の辛い思いを自分のものとして反逆するのだと言
うが、それに対してウェスモランド伯は、そんな必要はない、仮にその必
要があったとしても、それはあなたがすべきことではない、と述べている。

(19) ARCHBISHOP OF YORK:

　　　　My brother general, the commonwealth,

　　　　I make my quarrel in particular.

　WESTMORELAND: There is no need of any such redress,

　　　　Or if there were, it not belongs to you.

　　(William Shakespeare, *The Second Part of King Henry the Fourth*,

　　　　　　　　　　　　IV, i, 93–96. Cited in: Ukaji (1979: 101))

このような例を Ukaji (1994) は、動詞に not が後置される場合(4.1 節の(3)
に当たる)と not が do を伴って動詞に前置される場合(4.1 節の(4)に当たる)と

の橋渡し的な現象と分析している。

　本節では Jespersen (1917) の提案する否定のサイクルが、英語史の否定研究においてはおおむね肯定されていることを見た。次に、現代英語においてここ数十年の間に起こった「否定のサイクル」と言えるかもしれない現象について見ていくことにする。

4.2.2　現代英語における「否定のサイクル」

4.2.2.1　「否定のサイクル」のメカニズム

　現代英語の「否定のサイクル」について、Ladusaw (1993) の考え方に沿って考えてみたい。彼は、時制をもつ定形動詞の前後に1つずつ否定の入る構造を仮定する統語的な分析を取り入れている。[12] また、このアプローチでは、先に紹介した Mazzon (2004) で、2つの否定辞があるとされる段階 (NEG 2) から動詞句に後続する否定辞のみで否定される段階 (NEG 3) に移る前に、動詞に後続する不定名詞句がそれ自体で否定として解釈される段階を想定していることで、変化をうまく説明できる。

　否定のサイクルについての Ladusaw の想定は (20) のようになる。

（20）a.　She didn't say one thing.

　　　　b.　She didn't say anything.

　　　　c.　She didn't say nothing.

　　　　d.　She said nothing.　　　　　　　　　　　　　　　（Ladusaw 1993: 438）

(20a) のように動詞の前に否定辞がある段階から変化して、(20b), (20c) のように動詞が前後から否定的な要素で挟まれる段階を経て、(20d) のように否定辞が動詞のあとに現れる（Jespersen の否定のサイクルでは、(20a)–(20d) は (1)–(3) に対応し、(20b), (20c) は (2) に対応する）。このように2つの否定の位置が統語的に存在すると考えると、(21) のような形になると考えられる。

---

[12]　2つの否定辞がある場合に、前置される否定辞は、構造上、時制や相よりも上の位置、後置される否定辞はそれよりも下の位置にあるとされる。この考え方は現代の統語的分析である van Gelderen (2008: 197) でも採られている。

(21)

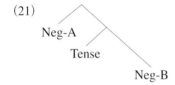

（Neg-A は主要な否定；Neg-B は補助的な否定）

Neg-B に当たる部分には、anything や nothing が目的語として現れること
になる。

　ここで、不定名詞が2つの解釈を許すことを確認する（Ladusaw 1993: 440）。
以下の例（22a）では、a student には、「ある一人の学生（と話をしなかった）」
に対応する指示的解釈と、「どの学生（とも話をしなかった）」に対応する非
指示的解釈とがあるとされる。

(22) a. She didn't talk to a student.　　　　　　　（Ladusaw 1993: 440）

　　 b. She didn't talk to a student of mine who lives next door.

（Ladusaw 1993: 442）

これらの解釈の可能性は統語的環境によって異なる。たとえば、より多く
のことが記述されている（22b）の例では、彼女が特定の学生と話をしなかっ
たということで、指示的解釈のみが存在し、非指示的解釈は存在しないが、
記述量が少ない（22a）のような不定名詞は（本来は二義的であるが）非指示
的に解釈される傾向があり、特定の語彙的意味をもっていた内容語が文法
的機能だけを担うようになり（すなわち文法化し）、その結果、少なくとも
一部の不定名詞句は（たとえば第2章2.2節の（61v）で示した a soul のような）NPI
として解釈されるようになる。つまり、NPI はすべて非指示的解釈をもつ
ことになる。また、これは第2章のはじめに c 統御の観点から説明したと
ころだが、NPI は英語においては否定などの要素によって認可される必要
があるため、たとえば（23）のように、否定辞が NPI の any の右側にある場
合は、any が認可されず非文になる。

(23) *Anybody didn't know where Kim was.

（Huddleston and Pullum 2002: 813）

逆に言えば、any が適切に使用されていれば否定の存在が前提となるので、any だけで否定の意味をもたせてもよいことになる。2.1 節の［D］でも説明したように、英語では any を伴う anything が自由選択（「どれでも」）の解釈ももつことから、(20b) から (20c) への変化に見られるように、anything が nothing へと変化し、目的語の不定代名詞を認可する否定がなくても否定が表現できるようになって、(20d) に至った、と考えるわけである。

　他の言語では、不定代名詞がそのままの形で否定の意味をもつようになることもある。Ladusaw (1993) によれば、たとえばイタリア語の nessuno 'nobody' は、一つの否定を表すときに、目的語位置で生じるときは否定辞 non を伴う必要はあるが、主語位置で生じるときは不要である。

(24) a. Nessuno ha visto Mario. 'Nobody has seen Mario.'

　　 b. Mario non ha visto nessuno. / *Mario ha visto nessuno.

　　　 'Mario has seen no one.'　　　　　　　　　(Ladusaw 1993: 444)

主語位置にある nessuno は文全体に作用し、単独で否定文を作ることができるが、目的語位置にある nessuno は non によって c 統御されることによって認可され、否定文を作ることになる。

　英語の場合、主語位置では、anything などの any- がつく不定代名詞は nothing などの no- のつく不定代名詞に変更する必要がある。そうすると、no- がついた不定名詞句とは交替できない any- がついた不定名詞句があり、それは否定以外の意味をもつことになる。たとえば、先に見たように (25a) のような主語位置では認可されない any であっても、(25b) のような強勢を置かれた any や、(25c) の just any のような場合は、「誰でもいいというわけではない」という部分否定の解釈が可能になるため容認度は上がる (Labov 1972)。標準的な英語では、(25b) や (25c) でも、意味を変えずに nobody や no one に変更することはできない。また、(25a) の主語を nobody に変更しても正文にはならない。

(25) a. *Anybody can't eat there.

　　 b. ˀÁnybody can't eat there.

    c. Just ánybody can't eat there.   (Labov 1972: 782)

もちろん、(25a)のように主語位置に anybody が動詞の否定と共に現れる
ことはできなくても、(26)の矢印の右側のように、文否定の役割をする
nobody が動詞の左側に生じることはできる。また、否定の前置を容認す
る数量詞(not everybody や not {all/many} people など)とは異なり、(27a), (27b)
で示されるように、主語位置では不定代名詞(ここでは anything/anybody)への
否定の編入は義務的であるとされる。[13]

(26) *Anybody doesn't go. → Nobody goes.   (Labov 1972: 775)
(27) a. *Not anybody left. → Nobody left.
    b. *Not anything happened. → Nothing happened.

                                (Tottie 1991a: 442)

このように、否定が編入されれば、不定代名詞は主語位置に現れることが
できる。つまり、英語では、形態的な否定によって文全体を否定すること
ができる。そして、もちろん、(28)にあるように、目的語位置でも否定的
な不定代名詞が生じる。[14]

---

[13]　ただし、以下の例では not が any に編入されずに正文となっている。Just
が not と any の間に挟み込まれ、かつ、not just が後続の any も統御している。
「何でもいいから〜というわけではない〜」というような意味合いで、「単なる
研究ではない研究」「単なる教育ではない教育」「単なる学習ではない学習」と
いうことである。
  (i) A university is a place where there is research, teaching and learning;
    but <u>not just any</u> research, <u>any</u> teaching and <u>any</u> learning.
                              (BNC: A69: 1104)
[14]　ただし、以下の例では nobody はジェシカが質問したことを否定していな
い。
  (i) Jessica asked <u>nobody</u> in particular, 'Is Sid here? Oh, yes.'
                        (Peter Lovesey, *Bloodhounds*)
この nobody は、in particular がつくことで、特定の誰かに質問することが前
提となり(一種の「指示的解釈」)、それが否定されているので、誰と相手を決
めることなしに尋ねたことを言っている(だから直接引用の中で質問がされて
いる)。したがって(i)の nobody は文全体の否定になっていない。

（28）Milo tells us he knows <u>nothing</u> about this, and I'm willing to believe him. He has <u>nothing</u> to fear from the police.

（Peter Lovesey, Bloodhounds）

（マイロは私たちにこのことについては何も知らないと言っているし、私は彼の言うことを信じてよいと思います。彼は警察から何も恐れるものがない）

これによって否定のサイクルの（20d）の段階に到達することになる。この英語の不定表現（some, any, no, ever）については、Haspelmath（1997）が以下のように図式化している。

（29）Haspelmath（1997: 68）：英語の不定表現

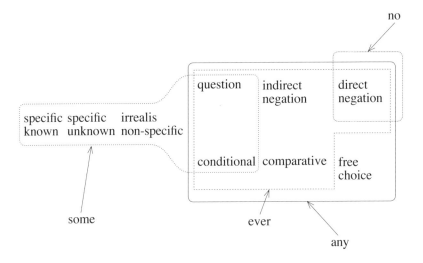

　この図は some, any, ever, no がどういう場合に出現するかを表したものである。たとえば、some であれば特定的（specific）で既知（known）であるものを指す名詞句の一部として用いられる場合もあれば、特定的でも未知（unknown）のものを指すのに用いられる場合、現実とは異なる状況を表す文脈（irrealis context）で非特定的（non-specific）に用いられる場合、そして疑問文や条件節の中でも用いられるとされる。ever は疑問文や条件節、間接否定（「否認する」「拒絶する」「〜なしに」など否定辞によらない否定）、比較表現、直

接否定(「〜ない」など否定辞での否定)で用いられ、any はこれらに加えて自由選択の解釈が可能な場合もあるということである。any- は直接否定(not . . . any)でも現れるが、これに特化した不定表現 no- があるため、上で示したように、no- で否定文を作るときは not の共起は不要であるということになる。

ただし、非標準的とされる表現だが、nobody が生じているのにそれに先行して not が共起している例が知られている(Labov 1972)。

(30) Simon wouldn't hurt nobody.　　　　　　　　(BNC: ACB: 2358)

Ladusaw (1993) は、このように動詞を否定辞 not と否定の不定代名詞 nobody が挟んでいる多重否定を、(20b) から (20d) へ移る (20c) の段階として設定している(フランス語の ne . . . pas や ne . . . rien の場合と類似した形式だと言える)。次節ではこの多重否定について取り上げる。

4.2.2.2　多重否定と否定のサイクル

標準的な英語では、2 つの否定辞が同一文中にある場合、お互いに打ち消し合い、「〜ないわけではない」という肯定的な意味になるとされる。以下の例 (31a) では、注射器を使いまわすと、感染症のリスクがあるが、洗浄すればリスクが下がるという文脈である。最後の文で、not no risk というのは、「リスクがないわけではない」ということである。

(31) a.　If you have to re-use your own works, or need to share with someone, cleaning will lower the risk of infection.
　　　　But remember it is lower risk — not no risk.
　　　　　　　　　　　　　　　　　　　　(BNC: 1991–1992: CJ9: 2605)

　　　b.　Conservation, however, does not mean no work for architects.
　　　　　　　　　　　　　　　　　　　　(BNC: 1991: AR9: 32)

(31b) も同様で、建築物の保存でも建築家にとって仕事になるということである。not と no とで打ち消し合い、肯定的な解釈になっている。

しかし、1.5.3 節や (30) でも述べたように、現代の英語では、複数の否

定辞が単一の否定を表すことがある(小西 1964; Labov 1972)。[15] たとえば、アフリカ系アメリカ人の非標準的な発話とされる(32a)は、(32b)のような解釈をもつという。[16]

(32) a. It ain't no cat can't get in no coop.
　　 b. There isn't any cat that can get into any [pigeon] coop.

(Labov 1972: 773)

したがって、(32a)の解釈は、(32b)にあるように、「鳩小屋に入れる猫はいない」という意味で、真正の否定辞は ain't の 1 つだけであり、続く no (cat), can't (get), no (coop)の否定辞はこの ain't の否定を繰り返していると考えられる。こうした否定辞の繰り返しはアフリカ系アメリカ人の非標準的な発話に限定されるわけではなく、アメリカの白人層でも、また地域的にはイギリスでも存在するとされる(Childs et al. 2015)。実際、本書で利用しているイギリス英語のコーパスである BNC でも[not * no]で検索すると、少数ではあるが、非標準的な方言において、以下のような用例を見出すことができる。(33a)の no more は any more と、(33b)の no wife は a wife とするのが標準的である。(33c)は主語と一致しない don't という形からも非標準的方言であることが分かるが、nothing も anything とするのが標準的である。

(33) a. I'm not tired no more so I just sit and watch her.

(BNC: A74: 241)

---

[15]　小西(1964)でも二重否定の一種としてこの現象が観察されている。(i)の文において、「否定概念の繰り返しによって希薄になった否定力に活を入れるか、または否定概念を強調しようとする自然発生的な心理から出た」ものとされている。

　　(i) I don't know nothing.　　　　　　　　　　　　(小西 1964: 169)

具体的には、nothing の no が「拡大延長」して、節を打ち消す don't も伴うようになったと考えられるという(小西 1964: 170)。興味深い考えだが、本節での Ladusaw のサイクルとの関連では、むしろ変化は逆方向ということになる。

[16]　一般に African American Vernacular English (AAVE) と呼ばれる(Howe 2005)。

（もう疲れているわけじゃないからここで座って彼女のことを見ておく
よ）

b. Mind, it don't make sense to me, an 'andsome feller like 'im <u>not</u>
'aving <u>no</u> wife. (BNC: CKE: 1122)[17]

（だけどね、彼みたいなハンサムな男に奥さんがいないなんてね、よく
分からないよ）

c. She do<u>n't</u> say <u>nothing</u> — she just shakes her head.

(BNC: A74: 156)

(34) I have<u>n't</u> got you <u>nothing</u> yet. (Tyneside, F/AS/149)

(Childs et al. 2015: 21)

(34)はイギリスの北東部のタイン川の周辺地域で採取された例であるが
(Childs et al. 2015)、「まだあなたには何も用意していない」という意味で、
標準的には I haven't got you anything yet. となるはずだが、ここでは
haven't に続いて nothing が否定を繰り返している。このように、否定の繰
り返しはアメリカ以外の地域でも用いられている。

　こうした複数の否定辞による単一の否定は、Ladusaw (1993)では、(20c)
の段階に該当する。(20b)（＝She didn't say anything.）から (20c)の段階に至
り、次に(20d)（＝She said nothing.）の段階に移行するはずであるが、この移
行の妥当性について述べるだけの材料が筆者にはない。

4.3　タブー語: 多重否定から単独の否定表現へ[18]

4.3.1　否定のサイクルとタブー語

さて、現代英語についても否定のサイクルの痕跡と解釈することもでき

---

[17]　大方の読者にとっては不要だろうが、蛇足ながら綴りについて付言すると、
an 'andsome feller like 'im not 'aving no wife は、もちろん、a handsome
fellow like him not having no wife ということである。(33b)では不定冠詞 a
は handsome の h- が脱落した影響で an となっている。

[18]　タブー語は多くが排泄に関係する意味の語句で、語義は尾籠になるので記
さないが、すべて俗語表現である。現代英語の否定の言語変化の一例として先

る現象がある。Horn (2001, 2009) や Hoeksema (2009) で紹介されているが、次のようなタブー語が、(35a) のように NPI (ここでは 'anything' と同じ意味) としても、(35b) のように否定辞としても (ここでは 'nothing' と同じ意味) 使われる例がある。どちらも単一の否定で「彼はその車については何も言ってくれなかった」ということであろう。(36) は Horn (2001) が収集した実例である。

(35) a. He didn't tell me fuck all about the car.
b. He told me fuck all about the car.　　　　　　(Hoeksema 2009: 20)

(36) a. He went to Stanford on the GI Bill. He then looked into a career as a newspaper reporter but discovered writing didn't pay squat.

("Tough Buy Jack Palance, and Artist at Heart,"

The Tennessean, 18 Oct. 1996. Cited in Horn 2001: 186)

(彼は GI 法を利用してスタンフォード大学へ進学した。そして新聞記者のキャリアを考えたのだが、書くだけではまるでお金にならないと分かった)

b. All the talk of a resurrected Yeomen football program the past two seasons will mean squat if the team fumbles its opportunity to make the playoffs.

("York［Yeomen］Out to Slay Warriors," *Toronto Sun*, 26 Oct. 1996.

Cited in Horn 2001: 186)

(これまでの2シーズンのヨーク大学フットボールチームが復活したという話は、もしこのチームが優勝決定戦に出場する機会を逃すようなことがあれば、何の意味もないものになる)

同様の使われ方をされるタブー語には、(jack) shit, (diddly) squat, dick, bugger all などがあるとされるが、否定辞を含む (35a) と否定辞を含まない (35b) の両方の用法がコーパス上で簡単に見つかるわけではない。たとえば、BNC を見る限り、bugger all は (35b) のように否定辞 not を伴わずに

　行研究でも触れられることが多く、また、タブー表現の意味・機能の変化は COHA のデータで比較的明確に示されるため取り上げていることを付言しておく。

使われる場合が多く、(35a)のパタンは 1 例しか見つからなかった。また、COCA では、jack shit は(35a)のように否定辞を伴って現れる例が 19 例、否定辞を伴わない(35b)のような例は 2 例しかなかった。[19]

(37) a. Oh I were just wondering.

Can't find clocks.

Can't find <u>bugger all</u>. (BNC: KCX: 6333)

b. "She's basking in all the glory," said one man, "but it had <u>bugger all</u> to do with her. Only married him just before he died, that I do mind. She's a foreigner and all. Nowt to do with Oswaldston in her life before he brought her here." (BNC: H9D: 964)

(38) a. "Wait. Ask those people. The couple." "Where?" "In the ballroom." "I can't ask them <u>jack shit</u>." "Why not?" "Off-limits. It's the law. On your feet."

(COCA: 2015: FIC: Fantasy & Science Fiction)

(「待ってくれ。その人たちに聞いてみてくれ。そのカップルだよ」「どこの？」「舞踏室の」「彼らには一切何も訊けませんよ」「どうして？」「禁止事項。法律で決まっているんです。さあ立ってください」)

b. What should he do here? He knew <u>jack shit</u> about kids. // He needed to get help. (COCA: 2008: FIC: One wrong step)

(彼はここで何をすべきなんだい？ 子供について彼は何も知らなかった。// 助けが必要だったのだ)

(37a)では、直前の発言でも分かるように、見つからないものを話題にしているが、何も見つけられないと述べている。(37b)では、発言者の男は、彼女がいま得ている名声は本来彼女とは関係ないことによるものだったと言っているが、ここで bugger all は 'nothing' の意味である。これは、この男の発言の最後に出てくる Nowt to do with Oswaldston in her life から

---

[19] jack shit が COCA に現れた 22 例のうち、罵り語が叙述的に(Kamon, you're jack shit . . .)使われている 1 例は除いている。これは「くだらないやつ」というような比喩的な意味であり、否定の意味ではない。

も分かる(ここの nowt は naught の方言形であり、「無(nothing)」の意味である。また、in her life も nowt の作用域にある NPI と考えることができる)。(38)の2文も同様である。

　また、こうしたタブー語に sweet や next to などを前置させることができることもすでに観察されている(Hoeksema 2009: 21)。以下の例は Hoeksema がネット検索で得た例である。

(39) a.　I know <u>sweet bugger all</u> about politics.
　　　b.　Admittedly, I know <u>next to jack shit</u> about electronica music.

(Hoeksema 2009: 21)

(37a)や(38a)のような bugger all や jack shit は否定辞を伴って現れる例では anything と同じ働きをしているが、Hoeksema (2009)が見つけた例では、(39a)の bugger all にしても、(39b)の jack shit にしても、否定辞が伴わない形で生じている。

　類例として、以下のようなものもある。ダイアモンド警部が部下の女性刑事のジュリー・ハーグリーヴズをある男の事情聴取に向かわせた場面である。

(40)　'Some people might. It's the name of Shirley-Ann Miller's partner.' He looked up at the canteen clock. 'Julie was going in to interview that bastard over two hours ago. I've heard <u>sweet Fanny Adams</u> since.'

(Peter Lovesey, Bloodhounds)

　　　（[男性名の「ギルバート」を「バート」と略すかどうかを同僚のウィグフル警部と議論していて]「中には略す人もいるだろう。バートはシャーリー=アン・ミラーの同棲相手の名前だ」ダイアモンドは食堂の時計を見上げた。「ジュリーがあの男の事情聴取に行ってから2時間以上経つが、あれから何も連絡がないな」)

ダイアモンド警部の台詞に、sweet Fanny Adams という表現が出てくるが、これはイギリスのやや古風な口語表現で 'nothing' の意味である。[20]　この表

---

[20]　<i>Cambridge Advanced Learner's Dictionary</i> (2003: 1294)で示される例

現は BNC でも COCA/COHA でも否定と共起する例を発見することはできなかった。

まとめると、述語否定と共に用いられるタブー語の中には、単独で用いられても否定の意味に解釈されるものもある、ということである。ここで、次のような展開を仮定してみよう。

(41)

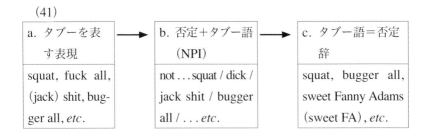

a. タブーを表す表現	→	b. 否定＋タブー語 (NPI)	→	c. タブー語＝否定辞
squat, fuck all, (jack) shit, bugger all, *etc.*		not ... squat / dick / jack shit / bugger all / ... *etc.*		squat, bugger all, sweet Fanny Adams (sweet FA), *etc.*

(41a)から(41b)への変化について、すべてのタブー語が否定と共起するかどうかは分からない。しかし、たとえば、タブー語の crap と否定との共起関係を COCA で検索してみると、n't との共起が 293 例あるが、この中には(42)のように NPI に近い働き方をしているものもある。

(42) Rhonda's two biggest faults were she could<u>n't</u> cook worth <u>crap</u> and she married a cop. (COCA: 2014: FIC: Wink of an eye)
(ロンダの大きな2つの欠点は、料理がド下手なのと、警官と結婚したことだ)

最小の価値を表す表現が NPI として後続する例は見たが(2.2.5.2 節で紹介し

でも、この表現は明示的な否定辞(not など)とは共起していないが、先行文が修辞疑問文と解される文脈となっている。
- sweet fanny adams (ABBREVIATION sweet FA) *OLD-FASHIONED SLANG* nothing: *And what does she know about it? Sweet Fanny Adams!* (そして彼女が何を知っているというんだよ。何も知らないじゃないか！)
BNC では、「何もない」の意味で使われている例は(固有名詞としての用法を除くと)2 例しかないが、いずれも否定辞とは共起していない。なお、Fanny Adams は、『リーダーズ英和辞典』では、「[1867 年に殺されてバラバラにされた少女の名から；fuck-all の婉曲表現]」とされる。

た not . . . put a plug nickel など)、このような crap も同じように NPI として機
能する。crap の NPI としての例を明示的に取り上げた文献は寡聞にして知
らないが、他にも同様の例があると考えられる。

　ただし、(41)のような仮定をしてしまうと、困ったことが出てくる。(i)
否定＋タブー語の形式では出現するのに、タブー語単独で否定を表す例が
極端に少ないもの(たとえば(38)の jack shit)、逆に、(ii) タブー語そのもので
否定を表しても、否定と共起する形では現れないもの(たとえば(40)で観察し
た sweet Fanny Adams)は説明できないことになる。(i)のほうは、変化の方向
性が(41)で記述した通りであれば、タブー語の機能的変化の度合いがそれ
ぞれの語・表現によって異なるということで説明することができる。たと
えば jack shit はまだ否定辞への機能変化の途上であると言える。しかし、
(ii)の場合は、過去に否定と共起していたことを前提としているので、タ
ブー語が否定辞と共に用いられず、それ自体が否定辞として機能している
となると、本当に(41)のような変化があったのかどうか、疑問が残ること
になる。

4.3.2　COHA を用いた通時的検証

　前節で述べた(41)の妥当性を検証するため、アメリカ英語の通時的コー
パスの一つである COHA (Corpus of Historical American English)を用いて、ア
メリカ英語のタブー表現 squat に関して調査した結果が以下である。この
表現を取り上げたのは、Postal (2004), Horn (2001, 2009), Hoeksema (2009)
でも論じられているタブー語起源の NPI としてはよく知られたものだから
である。調査方法は、COHA で検索して得た 1751 例の squat について、
すべて筆者が目を通し、その機能を確認して、NPI ないしは否定辞として
使われている表現をすべて数える、というものである。まず、年代別の出
現数であるが、COHA では 1810 年代から 2000 年代まで 10 年単位で出現
数が算出される。このうち、否定と関係するタブー語と判断できる squat
の数は以下の表 1 の通りである。[21]

---

　[21]　なお、COHA では diddly-squat という表現が 1 例あり、jack squat とい

　もともと squat は動詞で「しゃがむ」、副詞で「しゃがんで」、形容詞で「しゃがんでいる、ずんぐりした」などの意味を表す。これらの姿勢や形状を表す用法は 1820 年代から 2000 年代まですべての年代に見られる。[22] 否定と関係するタブー語としての squat は 1980 年代から出現するので、ここでは 1950 年代からの数値を示している。

表1　COHA による年代別 squat の数

年代	1950s	1960s	1970s	1980s	1990s	2000s
squat の数	109	149	125	156	222	298
否定と関係する squat の数	0	0	0	6	19	34
（内訳）NPI	0	0	0	6	15	29
（内訳）否定の不定代名詞	0	0	0	0	4	3
（内訳）独立用法	0	0	0	0	0	2

（注）　なお、「排泄物」の意味をもつ squat は 1980 年代に 4 例、2000 年代に 1 例ある。

　表1の2行目「否定と関係する squat の数」の値に見られるように、否定辞などと共に用いられて指示的な意味をもたない用法は 1980 年代に初めて用例が出現する。この 1980 年代で否定に関係する squat の用法はすべて否定辞などに後続する NPI のような用法（(41b) に当たる）である。1990年代になると、squat には、NPI の用法に加えて、否定辞などに後続せずに 'nothing' の意味を表す例（(41c) に当たる）が出現する。2000 年代ではこ

――――――――――――――――

　　う表現も 1 例ある。これらは 2000 年代の数値に加えている。また、squat が特定の量を表す表現として肯定的文脈で指示的に使われた例（half a squat）は除いた。

[22]　「しゃがむ」から排泄行為を表すタブー語になる過程に関しては、メトニミーが関わっていると考えられるかもしれない。いわゆる排泄物を表すとCOHA のコンコーダンスラインから読み取れるものは、1990 年代には 4 例、2000 年代には 1 例である。

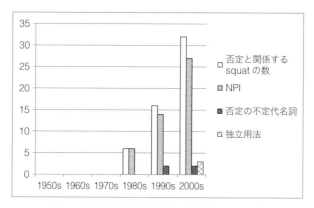

図1　COHA による年代別の否定的 squat の数

れらに加えて、さらに、相手に対する応答として独立して使われる例が出現する（実例は後述の(46)）。図1では表1を、squat の総数を除いて、グラフ化している。

次に実例を検討してみる。筆者の読書から得られた手持ちの例では(43)の1例だけである。飲み屋の経営者ロージーが客として来ていた探偵スルーに10年前に行方不明になった自分の娘の捜索を依頼するが、「警察には届けたのか」と問う探偵への答えである。この diddly-squat は that で導かれる節の中で生じており、NPI との同一節の外側に否定があるタイプであり、NPI として機能している例である。

(43)　"... Of course I told the police. Half a dozen times." Then in a softer voice, she added, "Not that they did diddly-squat about it. I even went over there my own damned self. ..."

(James Crumley, *The Last Good Kiss*)

（「... もちろん警察には言ったわ。5, 6回は」そして、彼女は少し声を和らげて、次のように続けた。「それについて警察が何かしてくれたわけじゃない。自分自身で足を運んだんだけど」）

COHA のデータには現れていないが、実はこの小説は1978年に出版されているので、1970年代からこの表現が NPI として機能していたことを示

す例になっている。もっとも、D'Arcy (2017)によると、特定の表現の新しい用法がコーパスに現れてくるまでにその用法はそれ以前からかなり社会の中で浸透しているものなので、1970年代の例があるのも頷ける。

COHA の検索例に移ると、only の制限部(restrictor)内や without や nobody に後続する例もある。2.1 節で説明したように、これらは NPI を許容する典型的な文脈である。(44a)は、編集者以外に語り手に少しでも話しかけてきた人についての記述である。ここでは only がつく名詞句の制限部に squat が生じて anything と同じ働きをしている。(44b)では、否定的な意味の前置詞 without に後続する位置に squat が生じて、「何もせずに」という意味になっている。(44c)では「誰も何も(重要な事実を)暴き出さなかった」ということだが、否定的な主語名詞句 nobody が squat を認可する。

(44) a. In nearly eight hours, the <u>only</u> people who've said <u>squat</u> to me besides editors are the sisters at the switchboard.

   （COHA: 1993: Jill Nelson, "Volunteer Slavery: My Authentic Negro Experience"）

   (ほぼ8時間ほど経過したところで、編集者以外で私に何か言ってきた人は、電話交換手の女性たちだけだった)

   b. . . . honoring those who've done so much <u>without</u> doing <u>squat</u>.

   （COHA: 2000: Jack Hitt, "The Diddly Awards"）

   (何もやらずにそこまで多くのことをやり遂げた人たちを讃えて . . .)

   c. But <u>nobody</u> turned up <u>squat</u>. None of the tips panned out, and nobody got the reward.

   （COHA: 2007: P. E. Cunningham, "Car 17"）

   (だけど、誰も何も暴き出せなかった。寄せられた情報はどれもハズレで、誰もご褒美は得られなかった)

以下の(45)は squat が他に否定辞を伴わずに 'nothing' の意味を表す例である。デート中ではあるが、恋人同士ではない男女。女性には名門イエール大学で博士号を取得する予定の本命の恋人がいて、語り手の男性にも結婚を約束している別の女性がいる。それなのに男性は女性に言い寄ってい

る。が、立派な恋人がいる彼女は応じない。

(45) Meanwhile in her eyes the fact that I'm pulling down decent money
means squat because I went to Brooklyn Law School, which is where
you go if you don't even know where Yale is.

(COHA: 1999: Jennifer Moses, "I'm getting married tomorrow: A story")

彼女にとっては、自分の恋人がすばらしいのだから、男性が立派な収入を
得ていようと、「何の意味もない」のである。

　また、squatだけで独立して現れる用法もある。地元の航空機会社が5万
人解雇したことで、その地域ではまったく仕事がない。ここではsquatも
zilchoも何もないということである。

(46) "You'd think so, huh? But since there were some fifty thousand other
people let go by the local airplane company, there's nada job-wise.
Squat. Zilcho. Not even a McDonald's fry-jockey job."

(COHA: 2005: Katie MacAlister, "Hard day's knight")

　このように、squatは明示的な否定であるnotのみならず、onlyやwith-
outのようなNPIの生起を許す環境にも出現するようになり、その後
'nothing'を表す表現となり、否定辞に相当する働きができるようになった
と考えられる。先にLadusaw (1993)の考え方を参考にHorn (2001, 2009)や
Hoeksema (2009)の観察から予測した変化が、COHAのデータからも裏づ
けられたことになる。さらに文を飛び出して談話の中で独立して使われる
ようになっていることも(46)から示された。

　このsquatと共起する述語について3例以上の頻度のものを調べてみる
と、動詞の目的語としてはknowが14例、meanが9例、doが4例、say
が3例である。そして形容詞worthに後続する例も3例あった。否定に関
わる統語変化は構文・語彙ごとに変化の速度が異なると言われており(Tot-
tie 1991a: 447, 452–458)、複合的な(より古い)否定形式であるneg＋V＋no
Nの例(Ladusawの(20c)に相当)を観察すると、存在文や状態を表すhaveに
は古い形式が残りやすく、コピュラのbeや語彙的な動詞(lexical verbs)のほ

うが新しい形式を採用しやすいという。同じように考えるならば、squat が語彙的な動詞や形容詞と共起し、とくに not などの否定辞を伴わない 'nothing' の意味の squat が have . . . to do with, be, mean, know に後続して現れていることは、否定辞に相当する機能が最近出現したことと整合する。(47) は前者 2 つの表現と共起している例である。

(47) a. All of which had <u>squat to do with</u> today's situation.

> (COHA: 1998: *Ms: Summer* 1998:. Vol. 16, Iss. 2; pg. 20, 3 pgs)[23]

> (そのすべてが今日の状況とは何の関係もない)

b. "It's <u>SQUAT!</u> Not even a goddamned life insurance policy! SQUAT!"

> (COHA: 2000: *Cruddy: an illustrated novel*, by Lynda Barry)

> (「何もないんだよ！ 忌々しい生命保険すらないんだよ！ ないの！」)

そして、squat のように、ある表現が一度このような変化を経過すると、他の同じようなタブー語も類似した使われ方をすると考えることができる。もちろんすべてのタブー語が squat と同じ変化をたどるとは限らないが、タブー表現としての squat が NPI としての機能や否定辞としての機能をもつようになったことから、他のタブー表現についても同様の機能をもつようになるのではないかと予測することができる。これをタブー表現のサイクルとして図式化すると以下のようになる。

(48) タブー表現と生起可能な環境(V は動詞)

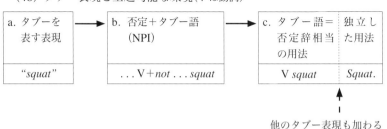

他のタブー表現も加わる

---

23 ちなみに、COCA でも 2009 年の例として同じ例が出てくる。

ちなみに、特殊な例として、前節で挙げた sweet Fanny Adams について述べると、これはイギリス英語の表現であり、BNC での検索結果は固有名を除くと 1985 年の 2 例でいずれも 'nothing' の意味の用法である。COHA を検索しても 1 例しか出てこないが、2013 年のみで、かつ、独立用法の例である。データが少なすぎるので断定できないが、(48c)の用法のみ存在が確認できるということから、ここでは、最初から否定辞相当の意味をもつタブー語として出現したと想定しておく。

4.3.3　「否定のサイクル」と言っていいのか

　ここまで考察したタブー語の変化は、厳密な意味で 4.1 節で述べた Jespersen の「否定のサイクル」、あるいは 4.2 節で述べた Ladusaw の「否定のサイクル」と同一視できるのであろうか。(41)や(48)で示したような変化が Jespersen (1917) の言う意味での「サイクル」であるなら、'nothing' の意味のタブー語も(not と同じように)動詞に前置されるか、あるいは文頭で使われて否定倒置を引き起こすなど、動詞よりも前の位置に出現することになるはずである。英語史の文献によれば、not は動詞に前置されるようになったが、もともと中英語の初期まで not は 'nothing, not at all' (Iyeiri 2001) や 'no creature' (van Kemenade 2011) の意味を表すものであり、否定の不定名詞句あるいは数量詞であったが、これが副詞になったとされる。[24] しかし、現代英語のタブー語にも、また、現代英語の nothing にも、否定の副詞として主語と動詞の間に置かれ、助動詞と共に否定の演算子として機能するものはない。

　Ladusaw (1993)の考え方に沿ってタブー語の言語変化について考えてきたが、タブー語の変化はそもそも Jespersen が言う意味での「否定のサイ

---

[24]　ここで述べているのは、not がかつて数量詞(Mazzon 2004: 47)であったか、あるいは、nothing は現代英語に当てはめれば否定の不定代名詞に当たる (Haspelmath 1997)ことから、中英語でも not は否定の不定代名詞であったかのどちらかであろうということで、英語史的にどちらであったと主張するものではない。なお、中英語では nat, nought, noght, nowiht, nocht, noht, noȝt, nouȝt, nouthe, nawht, naht, nether, nayther, neather のような異綴りがあったとされる(Iyeiri 2001: 21)。

クル」ではない。否定の不定代名詞 nothing も共時的に something, anything
と意味論的な関係にあるのであって、これらが「サイクル」をなしている
わけではない。Larrivée (2011) も、動詞と否定辞との関係で「否定のサイ
クル」があるわけではなく、むしろ語彙的な変化であり、それぞれの語の
機能が変化していくと考えている。Haspelmath (1997) ((29)の図)を参考に、
Larrivée (2011: 12)はフランス語の pas の発達について次のような見取り図
を示している。ここで > は意味論的変化、その下の矢印の部分はそれぞれ
の段階に対応する統語範疇・出現環境・解釈を表している。統語的には pas
は特定的な名詞だったものが、今では否定の意味で文の構成素へと変化し
たことになる。

（49）pas の意味論的・統語論的発達

Specific known	>	Specific unknown	>	Non-specific indefinite	>	Negative
名詞 ↓ "pas"		*minimizer* ↓ *reading*		Questions ↓ ...		Sentential ↓ Constituent ↓

(Larrivée 2011: 12)

もともと「一歩」('step')の意味だった pas は、NPI のように、最小量の意
味(minimizer reading)をもつようになり、疑問文にも使われるようになった。
その後、否定辞 ne を補う否定辞になるという発達は、少なくとも一部は
先のタブー語の変化と重なっている。したがって、現代英語のタブー語の
機能の変化についても、こうした語彙的な変化が実態であると結論できる。

　しかし、Jespersen の言う否定のサイクルは、ここでの pas が動詞の前に
置かれて単独の否定辞として機能することで完結すると考えると、それは
統語変化である。前節の議論で、タブー語(や他の否定的表現)は、それぞ
れが異なった発達をしていて、必ずしもこれらの変化をすべて経る必要は
ないと述べた。Larrivée (2011) においても、goutte ('drop')が、Je ne vois
goutte. ('I can't see anything.')のような最小量を表す用法はあるが、否定辞に
はならなかったことが指摘されている。このように、否定辞相当の機能を
有するようになるかどうかは個々の語で異なる。

　これを前提として、動詞より前に否定辞(に相当する語)を置く統語的変化が生じることができれば、それは Jespersen の言う意味での否定のサイクルということになる。先述したように、英語の not は 'nothing' の意味だった(本章注3も参照)が、not が近代英語以降の do の発達に伴って動詞の前に置かれるようになった。しかしタブー語の場合は、動詞の前に置かれる例はない。そもそも、not 以外に否定的な意味をもっている表現は、nothing であれ none であれ、否定辞として動詞に前置されることはなく、したがって、否定のサイクルとは、英語では not の統語的出現位置の問題であり、他の否定的表現では、語彙レベルでの機能的な変化であったと結論するのが妥当である。

第 **5** 章

否定と否認

5.1　否定(negation)と否認(denial)

5.1.1　否定の 3 つの機能

　否定と否認の区別については第 1 章 1.1.2 節で簡単に説明したが、本章ではこれについて掘り下げる。まず、本書では、ある文を否定するとは、その真理値を反転することだとしてきた(第 1 章 1.1.1 節)。また、否定文を発することで、拒絶したり、存在しないということを述べたりすることもできる。

　Roitman (2017: 1)では、否定の意味として、非存在(non-existence)、拒絶(rejection)、否認(denial)[1] の 3 つがあるとしている。以下、同じ小説からの例で説明してみよう。

(1)　She shook her head. 'There was nothing you could dislike about Sid.'

(Peter Lovesey, Bloodhounds)

(2)　'You can't turn your back. You might as well go to the police and tell them what happened — before they come to you.' (中略)

　　　'I don't want to do that,' said Shirley-Ann. 'I don't want to shop Milo. I don't even know for sure if he went to the police after the

---

　[1]　日本語の「否認」は、話し手が自分の行為を否定するときによく使われるが、もともと「ある事柄が事実であると認めないこと」(『明鏡』)であり、以下の例にあるように他人の発言内容も否認の対象になる。

meeting ended. He said he was going, but you never know.'　(ibid.)

（「いまさら背を向けることはできないだろう。警察へ行って起こったことを話すほうがいい。警察のほうからこちらに来られる前にね」（中略）
　「そんなことしたくない」シャーリー＝アンは言った。「マイロを売るようなことをしたくないの。あのミーティングのあとにマイロが警察に行ったかどうかすら私にははっきりとは分からない。彼は警察に行くって言ってたけど、でも確かなことは分からない」）

(3) 'We chip in enough to cover the hire of the room,' said Milo. 'We used to meet in pubs at the beginning, but some of the ladies decided a meeting room would be more civilised.'

　　'That isn't true,' Miss Chilmark called across from the chair. 'We were asked to meet somewhere else after Rupert misbehaved himself in the Roman Bar at the Francis.'　(ibid.)

（「私たちはお金を出し合ってこの部屋の賃料を払っています」とマイロが言った。「最初の頃は私たちもパブで集まっていたのですが、女性陣の一部が会議室のほうがより落ち着くとのことで」
　「それは違うわ」とミス・チルマークが椅子の向こう側から声をあげた。「フランシス通りのローマン・バーというお店でルパートが騒ぎを起こしてから、どこか他所で集まるようにと言われたんです」）

(1)では、殺された男シド(Sid)について「嫌われるようなところは何もなかった」と、人柄の難点の「非存在」を表し、(2)では容疑者とされるマイロについて、シャーリー＝アンが同棲相手の男に警察に話しに行くように勧められたことに対して、「そんなことはしたくない、警察に密告などしたくない」と拒絶している。少し場面が戻って、(3)では、探偵小説好きの集まりの会場が変更になった経緯について、ミス・チルマークが、マイロの婉曲的な説明を否定して（これが否認になっている）、実はルパートが以前の会場で騒ぎを起こしたことが原因だったと暴露している。

　このように、否定辞(not)を含む否定文は、3つの用法あるいは機能があることが分かる。そして、よく言われるように(e.g. Givón 1979)、それぞれの例について、何らかの肯定的な命題が談話の中で前提とされている。

　しかし、非存在の主張、拒絶、否認は言語を用いた行為であるが、それに対して、否定は、本書の第1章でも説明したように、肯定文を否定文に

して、反対の意味にする意味論的操作である（van der Sandt 1991, 2003）。たとえば、(4a)の否定は(4b)であるが、(4a)は(4b)の否認になりうるし、逆に、(4b)は(4a)の否認になりうるものである。

(4) a. Herb is tolerant.

　　b. Herb is not tolerant.　　　　　　　　　　（van der Sandt 2003: 61）

では、否定という意味論的操作と、非存在・拒絶・否認という行為は、どのような関係になっているのだろうか。本章では、まず、拒絶と否認を整理し、次に、否定を含む発話を否認として発するとき、発話内のどのような情報が否定されているのかを考察し、否定と否認の関係を整理したい。

5.1.2　拒絶と否認

　非存在・拒絶・否認を考える前に、まずこの3つの行為について整理したい。ここで、Tottie (1982, 1991b)の考察が参考になる。Tottie (1982)では、拒絶と否認は区別されているが、非存在は、あるものが存在していることを否認していると考えて、否認の一種と見なしている。先にも述べたように、拒絶とは相手の提案や依頼を断ることであり、否認とは相手の主張を受け入れないということであるが、Tottie の理解も基本的にこれと同じと言える。

　拒絶と否認は一見似ているが、異なるものである。極端なたとえだが、猫が与えられた食べ物を受け付けない（つまり、拒絶する）ことを考えると（Tottie 1982: 96）、そもそも拒絶するには自然言語が必要ですらない。ところが、否認は、先行する内容について否認するので、言語に依存することになる。拒絶と否認について、Tottie は次のような分類を提案している。日本語訳を(5')として示す。

(5) (i)　REJECTIONS（including REFUSALS）

　　(ii)　DENIALS　　(a)　EXPLICIT

　　　　　　　　　　(b)　IMPLICIT　　　（Tottie 1982: 96; Tottie 1991b: 22）

(5') (i)　拒絶（拒否を含む）

　(ii)　否認　(a)　明示的

　　　　　　(b)　非明示的

対応する例として挙げられているのは、それぞれ次のようなものである。

　(6) X: Would you care for some scotch?

　　　Y: No thanks, I don't drink.

　(7) X: Come and play ball with me.

　　　Y: No, I don't want to.

　(8) X: John is married.

　　　Y: John isn't (married).

　(9) X: John's wife is a teacher.

　　　Y: John isn't even married.

　　　　　　　((6)–(9): Tottie (1982: 92–95); Tottie (1991b: 19–20))

(6)は拒絶の例であり、「ぼくはお酒は飲まない」と言うことで、ウィスキーを拒絶している。(7)も拒絶の例であるが、野球をするという行為を断っているので、拒否(refusal)ということになる。(8)は否認の例で、先行発話に対する明示的な否認であるのに対し、(9)は先行発話の「ジョンの妻は教師である」の前提となっている〈ジョンは結婚している〉という内容についての非明示的な否認である。つまり、(8)では、ジョンが結婚しているという先行発話Xに対して、その主張を否認している(Y)。(9)では、「ジョンの妻(John's wife)」という確定記述を用いることでXの話し手はジョンには妻がいるということを前提としているが、Yの話し手はその前提を否認している。

　ここで言う明示的な否認と非明示的な否認は、言語形式としては、Horn (1985, 1989)の記述否定とメタ言語否定に対応し(第1章参照)、それらを否認という言語行為の中で位置づけたGeurts (1998)の否認の分類に対応する。Geurts (1998)は、基本的にnotが含まれる文を発話する場合について、発話の中で否定される情報を文の命題、前提、推意、形式の4つに分類している。以下に第1章で見た分類と対応する例の大部分を再掲する。

（10） a. Proposition Denial（命題の否認）

b. Presupposition Denial（前提の否認）

c. Implicature Denial（推意の否認）

d. Form Denial（形式の否認）　　　　　　　（Geurts 1998: 275ff.）

（11） a. A: The cook is guilty.　B: The cook is not guilty.

b. The king of France is not bald —（because）there is no king of France.

c. Around here, we don't like coffee, we love it.

d. I'm not a Trotskyite, I'm a Trotskyist.　　　（Geurts 1998: 275ff.）

（11a）は（8）に対応し、「その料理人は有罪だ」という主張を B は「その料理人は有罪ではない」と明示的に否認している。（11b）は（9）に対応し、フランス王は禿げだという先行発話の前提について、フランスには王様はいないから「フランス王が禿げだというのではない」と非明示的に否認している。（11c）や（11d）もやはり非明示的否認という点では（9）と同様で、（11c）ならコーヒーが大好きなのだから「（単に）好きだというのではない」ということになるし、（11d）なら話し手はトロツキストであって「トロツカイトではない」ということになる。

5.1.3　不規則否定文（irregular negation）による否認

　前節のような解釈が可能になるのは、ひとえに後続節によって先行節のどの情報が否認の対象になっているのかが明示されているからである。ところが、たとえば（11c）の推意の否認であっても、否認できない種類の推意も存在する。本節では発話内の情報のうち、何が否認できるのかを Davis（2011, 2016）に沿って説明すると同時に、否認できない推意とは何かを考察する。

　Davis（2016）の用語についてまず説明する。Davis（2016: 1–3）では、"negation"（ここでは「否定文」と呼ぶ）をある命題と矛盾関係にある命題を表す not などの否定辞を含む文と定義し、反対関係を表す（否定辞を含むこともある）"negative"（ここでは「否定文類」と呼ぶ）と区別する。[2] 前者の否定文は

「否認(denial)」と等価であると考える。否定を表す形態素を取り去ったあとに残るものは "root"(本書では「ルート」と表記)と呼ばれる。

否定文の中で論理的に規則的な否定文は(12)のように規定されている。[3] つまり、Not-p という否定辞やその他の否定表現を含む文が真であるのは、p が偽であるときであり、また Not-p が偽であるのは、p が真であるときである、というもので、これは第 1 章 1.1.1 節で述べた論理的操作としての否定と同じで、極性を反転させるというものである。[4]

(12) Logically Regular Negations:
 'Not-p' is true (false) iff 'p' is false (true).　　　(Davis 2016: 2)

このような「論理的に規則的な」否定文(Logically Regular Negation)に対して、Not-P が「論理的に不規則な」否定文(Logically Irregular Negation)である場合、それは P の推意(implicature)を否認することに用いられる、とされている。[5] これはメタ言語否定(第 1 章 1.4.1 節)にほぼ相当する(もともと Davis (2011, 2016)は Horn (1989)を参考にしている)ものだが、具体的には表 1(次頁)のようなものがある。IN は Irregular Negation の略である。

IN1 はいわゆる尺度推意の否認で、たとえば、「いくつかの」から「すべてではない」への推論を、数値を限定する「限定的推意」と考え、それを否認するものである。IN2 は、「せいぜい(暖かい)程度」から「(暖かい)以下であるかどうか知らない」への推論(「知らないことの推意」)を否認するものである。IN3 では、「男性」から「家族・親戚以外の男性」への推論を

[2] 定訳はないと思われるので、ここでは negation と negatives を「否定文」と「否定文類」と訳すことにする。なお、Davis (2016)では、negation は否定を含む命題ではなく、否定辞などを含む文のことを指すことに注意。

[3] この中で iff は if and only if の略で「同値」を表す。

[4] Davis (2016)によると、「論理的に規則的な否定文」は、上記の極性反転のほか、二重否定、換質法、ド・モルガンの法則、選言的三段論法、矛盾対当、無矛盾律、排中律のような論理関係についても成立する。詳細については、Davis (2016: 2)を参照。

[5] ここでの推意は否定を適用する前の文 P(ルートのこと)から導かれる推意であることに注意。

表1　Davis (2016: 5)の不規則否定の例とタイプ

	Negation (否定文)	Irregular Interpretation(不規則な解釈)	Type
IN1	The sun is not larger than *some* planets.	The sun is not larger than just some planets.	*Limiting-Implicature Denial*
IN2	The water is not *at most* warm.	The water is known (not) to be less than warm.	*Ignorance-Implicature Denial*
IN3	Mary did not meet a *man* at the bar.	Mary did not meet an unrelated man at the bar.	*Strengthening-Implicature Denial*
IN4	That's not a *tomäto*.	That's not properly called a tomato.	*Metalinguistic-Implicature Denial*
IN5	Midori's performance was not *somewhat flawed*.	It is not bad that Midori's performance was somewhat flawed.	*Evaluative-Implicature Denial*
IN6	Vulcan is *not* hot.	Vulcan is hot is not true.	*Presupposition-Cancelling Denial*

「強化的推意」と呼び、これを否認している。[6] IN4 は、ある表現の形式(ここでは発音)について、それが正しいものであるとする推論(「メタ言語的推意」)を否認するものである。IN5 は、何かの欠点を述べたときにそれを悪いことと捉える(つまり批判する)「評価的推意」を否認している。つまり、「欠点があるからダメなのではない(、欠点があるけれどもすばらしいのだ)」ということである。IN6 は前提の否定による否認であり、not を除いたルートにおいて、文内の名詞句の指示対象(ここでは Vulcan という星)が存在するという前提が成立していないので、これを真ではないとすることで、否認となる。

　たとえば、(11c)の尺度推意の例について、具体的に解釈を導いてみよう。Davis (2016)によれば、この推意を否定することで、ルートを否認し、

---

[6]　この例は Horn (1984)の枠組みでは R 推意とされる。Grice (1975)の量の格率の 2 項目と様態の格率によって導かれる推意である。

より強い表現を含んだ文を肯定することに使われるという慣習が存在するという。これを「限定的推意の否認についての慣習(The Limiting-Implicature Denial Convention)」と言い、(13)のように規定される。

(13) The Limiting-Implicature Denial Convention:

A sentence of the form 'Not-Σ (T_+)' is used to mean "$\neg \Sigma$ (just$_+$ T)" and/or "$\neg \Sigma$ (U_+/T_+)." 　　　　　(Davis 2016: 95)

表現Tが「単なるT(just T)」という推意をもつ場合をT$_+$と表記すると、T$_+$を含む文がΣ (T_+)であり、Σ (U_+/T_+)は表現Tを表現Uで入れ替えた文という意味である。このうち、Σ $(just_+T)$が限定的推意に当たるものであり、Tという表現について「Tのみ」のように限定的な解釈を与えるものである。つまり、(13)が言っているのは、Σ (T_+)が否定されると、その発話は$\neg \Sigma$ $(just_+T)$のように(あるいは$\neg \Sigma$ (U_+/T_+)のように)限定的推意を否認するために使われる慣習があるということである。さらに平たく言えば、「...Tなのではない」という文が発話されるときに「...単にTなのではない」という意味で使われる(あるいは「Uではない」という意味で使われる)、ということである。これを(11c)に当てはめて述べれば、we don't like coffee を、we don't just like coffee(あるいは we (like but) don't love coffee)の意味で使う慣習があるということであるが("$\neg \Sigma$ (U_+/T_+)" の詳細については Davis (2016) を参照のこと)、この文においては we don't just like coffee の意味で通例解釈されている。

尺度推意の例としてより馴染みのある some / all を含む以下の例でも説明しよう。(14)が限定的推意の否認の慣習で、some が含まれる否定文は不規則否定文として just some が含まれる否定文を意味するように使われるということである。

(14) 'Not-Σ $(some_+)$' is used as an irregular negation to mean "$\neg \Sigma$ (just some)." 　　　　　(Davis 2016: 90)

(14)の規定を、some を含む次の例について当てはめてみる。

（15）a. The sun is not larger than *some* planets: it is larger than all plan-
ets. （Davis 2016: 5）

(15a)は「太陽は数個の惑星より大きいのではない」ということだが、こ
れは「太陽はすべての惑星よりも大きい」という後続節によって、最初の
節のルート The sun is larger than some planets. から導かれる限定的推意
（ここでは some が '{just/only} some' と解釈される）を否認するものとして
の解釈が指定される。つまり、(15a)の最初の節が、(14)の ¬Σ (just some)
として以下のように解釈されるということである。

（15）b. The sun is not larger than just some planets. （Davis 2016: 5）

しかし、限定的推意の否認以外の解釈が可能である例もある。たとえば、
(16)のように埋め込み文において some が現れたとしても、限定的推意の
否認のみが可能な解釈ではない。Davis (2016)は、(16)を例にとり、この
文が 5 種類の否認の解釈が可能であることを、(16)に対する 5 通りの続け
方によって示している。

（16）John's wife does <u>not</u> believe that <u>some</u> planets have elliptical orbits:
（17）(a) She believes that all planets have elliptical orbits.

(16)は限定的推意の否認(Limiting-Implicature Denial)になる

(b) She knows that some planets have elliptical orbits.

(16)は強化的推意の否認(Strengthening-Implicature Denial)になる

(c) John's girlfriend believes that some planets have elliptical orbits.

(16)はメタ言語的推意の否認(Metalinguistic-Implicature Denial)に
なる

(d) John does not have a wife.

(16)は前提取り消しの否認(Presupposition-Cancelling Denial)にな
る

(e) She believes that no planets have elliptical orbits.

(16)とは不規則的反対関係(Irregular Contrary)になる

（Davis 2016: 86）[7]

つまり、(16)に(17a)のような節を続ければ、限定的推意の否認となり、「いくつかの惑星だけについて楕円軌道を描くと思っているわけではない(すべての惑星が楕円軌道を描くと思っている)」という意味になる。(17b)のような節を続ければ、強化的推意の否認となり、「そうだと思っているだけではない(むしろ知っている)」という解釈になる。(17c)のように続ければ、語句の用法についての否認であるメタ言語的推意の否認となり、「ジョンの〈妻〉がそう信じているのではない(ジョンの〈恋人〉がそう信じている)」という解釈になる。(17d)では、(16)の否定文は「ジョンの妻」の存在前提の否認になる。(17e)では、(16)の「いくつかの惑星」(some planets)から「一つもない」ことが否定されているが、その否定自体を否定することで、反対関係にある no(「一つもない」)が肯定され、「いくつかの惑星は楕円軌道を描くと思っていない(それどころか、どの惑星も楕円軌道を描かないと思っている)」というより限定的な否認になる。反対関係にあるものを肯定することでより強い主張となるものを不規則的反対関係と言う。

しかも、こうした推意のすべてが否認可能なのではない(Davis 2016: 100ff.)。たとえば(17b)と同じような強化的推意の否認の例として、and が関わるものを取り上げてみよう。(18a)の前半の文でまず、(18b)のように「服を脱いでしかる後に寝床に入った」の意味に強化され、不規則否定文によってこの順序が否認されている。この否認の解釈は(18a)の後半の文から特定される。

(18) a. Mary didn't take her clothes off and go to bed; she went to bed and took off her clothes.　　　　　　　　　（Davis 2016: 100）

　　 b. took her clothes off and went to bed → took her clothes off and then went to bed

このように、(18a)は否認として使うことができる。ところが、次の(19b)の強化的推意は、不規則否定文を使って否認することができないので、(19a)は適格な解釈をもつことができない(Davis 2016: 100)。

7　日本語の部分を加筆した。

（19）a. Steve didn't turn the key and start the car: the two actions were

independent. (Davis 2016: 100)

b. turned the key and started the car → turned the key and <u>as a</u>
<u>result</u> started the car

自動車のキーを回すことと自動車が発車することとを因果関係で捉えて、
「自動車のキーを回して、その結果、発車する」という意味に強化されてい
るが、その因果関係を否認するために、不規則否定文を使うことはできな
い。つまり、強化的推意には、否認できるものと否認できないものがあり、
（18b）のような推意は否認できるが、（19b）のような推意は否認できないと
いうことになる。このことは実例（20a）によっても確かめられる。同居し
ている恋人スーザンのためにマティーニを作るスペンサーが、仲間のホー
クに「彼女、マティーニは冷たくないのが好みか」と訊かれ、「いや、氷が
溶けてマティーニの味が薄くならないようにしたいのだ」と答えている。

（20）a. I got up and mixed the martini in the shaker and put the olives
in her glass. I didn't add ice to the shaker.

"She like it warm?" Hawk said.

"No, but I do<u>n't</u> want the ice to melt <u>and</u> ruin the martini."

(Robert B. Parker, *Rough Weather*)

（私は起き上がってマティーニをシェイカーを振って作り、彼女のグラ
スにはオリーブを入れた。シェイカーには氷は入れない。
「彼女は常温で飲むのが好きなのかい？」
「そうじゃない。氷が溶けてマティーニが台無しになるのが嫌なん
だ」）

b. ice (to) melt and ruin the martini → ice (to) melt and <u>as a result</u>
ruin the martini

（20a）の下線部について、否定を除いた文（I want the ice to melt and ruin the
martini）を想定すると、氷が溶ければマティーニが薄まって味が変わるの
で、この2つの出来事の間には因果関係があると考えられ、たとえば（20b）
のような強化的推意の存在を想定することができる。その否定文（20a）で

は、「氷が溶けてマティーニの味が薄まる」という一連の出来事を論理的に
規則的な否定文により否認することになり、(20b)の因果関係だけを不規
則的否定文によって否認する解釈(つまり、「氷が溶けることとマティーニ
の味とは関係ない(味は変わらない)」という解釈)を得ることはできな
い。

　また、some についても、(16)で some から導かれる推意が否認されて
いる例は(17a)と(17e)が後続した場合のみであるし、形式的に some が文
中にあったとしても、それが不規則否定の対象の一部になっているとは限
らない。たとえば、(21)では、MDC というイギリスの開発公社について、
公社のいくつかの問題については、1981 年〜1988 年までは事業規模が小
さかったことと市場主導の方針に必要とされる民間投資の獲得が恒常的に
困難であったということから、責任を問えないと述べている。

> (21) The MDC can <u>not</u> be held responsible for <u>some</u> problems. Its lim-
>   ited size from 1981 to 1988 has already been mentioned. There is
>   also the constant difficulty that market-led strategies need private-sec-
>   tor investment. 　　　　　　　　　　　　　　　　(BNC: B1U: 1441)

この例は some から導かれる推意を否定する限定的推意の否認や不規則的
反対関係に当たるものではなく、むしろ存在量化詞として否定の影響を受
けず、「いくつかの問題については MDC に責任があるわけではない」とい
う解釈になる。否定に後続する形で some が生起していても、直ちに不規
則的否定による否認の解釈になるとは限らない。

　それでも、先に挙げた Davis (2016)の(16)の文は、(17a)–(17e)の後続
節を前提とすると、多くの場合、否認や反対関係の解釈が導かれるわけで
あるから、否定に後続する形で生起する some は、慣習として否認・反対
関係の解釈をもっているとする説明には説得力がある。たとえば、(15a)
の最初の節 The sun is not larger than some planets を概略的に〈S {is/does}
not V some O〉と表すと、話し手は、慣習として、'S {is/does} not V <u>just
some O</u>' という意味でこの文を発話していることになる(つまり(15b)のよ
うになる)。これは慣習であるから、S や V や O にどのような語句が現れ

ても 'S {is/does} not V just some O' という意味として解釈される。Davis
(2016: 220)から例を引く。

(22) a. The twenty-sixth president of the United States was not smarter
　　　　than some congressmen.

　　 b. some congressmen → just some congressmen （Davis 2016: 220）

(23) a. Some crew members on the space shuttle Columbia did not
　　　　perish.[8]

　　 b. some crew members → just some crew members

(Davis 2016: 220)

(22a)の文は、アメリカの第26代大統領(セオドア・ルーズベルト)について、
「単に数人の米議会議員より賢いのではない({多くの／ほとんどの／すべて
の}議員より賢い)」と限定的推意(22b)を否認するために使われる。また、
(23a)の文では some が主語位置にあるが、それでも、(23b)の限定的推意
を否認して、「スペースシャトル・コロンビアの乗組員のうち単に数人が亡
くなったのではない(全員が亡くなったのである)」という解釈になる。

5.1.4　否定・否認の分類

　ここまで述べてきたように、それぞれの研究者が研究している対象は同
じだが、否定の対象となる情報についてより詳細な分類がされるようになっ
てきている。表2(次頁)は Roitman (2017), Tottie (1982, 1991b), Horn (1985,
1989), van der Sandt (1991, 2003), Geurts (1998), Davis (2016)を概略的にま
とめたものである。

8　この文は 2003 年に起こったスペースシャトル・コロンビアが地球大気圏へ
の再突入時に空中分解した事故で、乗組員全員が亡くなったという痛ましい事
実を踏まえている(複数の関連ウェブサイトを参照)。

表2 否定・否認の分類

Roitman (2017)	Tottie (1982, 1991b)	Horn (1985, 1989)	van der Sandt (1991, 2003)	Geurts (1998)[9]	Davis (2016)	
拒絶	拒絶					
非存在・否認	明示的否定	記述否定	否認(否定辞なしも含む)	命題の否認	規則的否定文	
	非明示的否定	メタ言語否定	否認	前提の否認	不規則的否定文	前提取り消しの否認
				推意の否認		限定的推意の否認 強化的推意の否認 評価的推意の否認
				形式の否認		メタ言語的推意の否認
(否定辞繰り上げなど)						不規則的反対関係

　このように見てくると、提案や依頼に対する拒絶という範疇は、それが存在するとは認識されているが、考察が十分されているようには思われない。それに対して、Horn (1985)以来、否認についての研究は大きな進歩を遂げたと言える。

　以上がこれまでの意味論・語用論的な否定・否認研究のまとめである。5.2節からは必ずしも否定辞を伴わないが否定を含意する言語現象を検討する。

5.2 否定表現によらない否定

　第1章 1.1.2節でも述べたが、拒絶や否認は否定文を発することでのみ可能になるわけではない。以下では否定辞などの否定形式を含まない発話によって拒絶や否認が行われる例を考察する。それによって、拒絶や否認といった行為と、否定という言語表現との違いを具体的に見ることができるだろう。

9　Geurts (1998)については、1.4.3節の48–49頁で既述。

5.2.1　否定文によらない拒絶：推論によるもの

まずは拒絶の例を挙げてみよう。(24)では、殺人事件の参考人となった発達障害をもつ息子ジェイコブを警察署に連れて行ったときのことを、母親のエマが語っている。

(24) Flushed with anger, I start to follow them through the doorway but am stopped by the detective. "Actually, Emma," he says, "you'll have to wait here."

　　 "I have to go with him. He won't understand what you're asking him."　　　　　　　　　　　　　　　　(Jodi Picoult, *House Rules*)

(怒りで真っ赤になって、彼らのあとに続いて戸口を潜ろうとしたら、警部に止められた。「エマさん、実はね、ここで待っていてもらわないといけないのです」
　「彼と一緒に行く必要があるのです。あなたの質問の意味が彼には分からないでしょうから」)

刑事に付き添いはここまでだからここで待つようにと言われたエマは、「一緒に行かなきゃならないのです」と、肯定文を発することで、待つようにという依頼(もしくは命令)を拒絶している。「待つことはできない(I can't wait here)」と実際に口にするのであればより直接的な拒絶であるが、ここでは含意によって拒絶している。

　また、次の例は、助産師のレイシーが出産に立ち会っている最中にポケベルでの呼び出しを受け、「いまちょっと忙しいのだけど」と、事実上、対応を断っている。

(25) "What's going on?" Lacy asked when her secretary picked up.
　　 "One of your patients, insisting to see you."
　　 "I'm a little *busy*," Lacy said pointedly.
　　 "She said she'll wait. For however long it takes."

　　　　　　　　　　　　　　　　　(Jodi Picoult, *Nineteen Minutes*)

(「どうしたの?」とレイシーは秘書が電話を取ると尋ねた。
「患者さんがどうしてもあなたにお目にかかりたいと」
「私いまちょっと忙しいんだけど」とレイシーはぴしゃりと言った。

「患者さんは待つと言っています。どれだけかかっても構わないと」)

下線部に先行する発話では、患者の一人がどうしてもレイシーに会いたいと言っていると伝えられるが、これに対してレイシーは I'm a little *busy* (busy に強勢がある)と発言している。ここで「ちょっと忙しい(a little busy)」というのは緩徐表現で、〈たいへん忙しい〉のが実態なのだが、あえて緩徐的に述べることでかえって強い意味になっている。

(24)や(25)の例は Grice (1975)で言うところの特定化された会話の推意 (particularized conversational implicature: PCI)によって先行発話に含まれる依頼や命令を拒絶していると考えられる。よく知られているように、会話の推意は語彙に依存するか文脈に依存するかによって2種類に分けられる。一般化された会話の推意(generalized conversational implicature: GCI)が、たとえば「いくつかの(some)」と言えば〈全部ではない('not all')〉が含意されるといったような言語表現に依存したものであるのに対して、PCI は、「クルマがガス欠なんです」「そこを曲がったところにガソリンスタンドがあるよ」のようなやり取りで、後者が〈そこに行けばガソリンが買える〉を含意するような、特定の状況に依存したものである。(24)や(25)の下線部の表現が(言語形式はまったく異なるのに)いずれも拒絶の解釈になるのは、先行発話の指示や依頼に対して、それらと両立しないことをあえて発話しているからである。ここから PCI による指示・依頼の拒絶が導かれる。

次に、相手の断りを受け入れることを拒否する場合もある。これも否定文である必要はない。(26)の例は、モロッコの都市タンジェのホテルで、旅行代理店を営むウィルコックスが彼の客であるアシュコム＝ダンバースのためにウィスキーをルームサービスでとろうとしている場面である。

(26) Wilcox took up the telephone. "A whisky?" He lifted the receiver.
　　　"Oh, I think not, thank you."
　　　"Of course you will," said Wilcox. "Give me the bar."

　　　　　　　　　　　　　　　　　　　　(Paul Bowles, *Let It Come Down*)

(ウィルコックスは電話を手にした。「ウィスキーですか?」と受話器をあげた。

「いやいや、結構です。ありがとうございます」
「もちろんお飲みになりますよね」とウィルコックスは言った。「バーにつないでくれ」）

「ウィスキーをいかがですか?」というウィルコックスの誘いをアシュコム゠ダンバースは「結構です」と断る（これがすでに拒絶になっている）。しかし、ウィルコックスは強引に「もちろんお飲みになりますよね」とウィスキーをルームサービスで注文するためにバーに電話をつなぐように言っている。下線部の発話は Of course you will have a whisky の省略と思われるが、このように(否定を含まない)発話をすることで、その前の拒絶をさらに拒絶している。

5.2.2　否定文によらない拒絶: out of the question の場合

また、拒絶の専用形式とでも言える表現もある。以下の場面では、ウィルコックスとダイアーはスペイン貴族の妻デイジーの招きでモロッコにある屋敷で過ごしているが、深夜、強風で木がなぎ倒されて道をふさぎ、道路が不通となった。以下はそのときに屋敷での宿泊を提案したデイジーに対して、その提案を拒否するものである。

(27) She laughed merrily. "You and Mr. Dyer," she said, with very clear enunciation, "will spend the night, and in the morning you'll call for a taxi. It's that simple."

　　"Out of the question," said Wilcox irritably.

（Paul Bowles, *Let It Come Down*）

ここで out of the question とあるが、1 泊して翌日にタクシーで帰ることは問題にさえならないということである。旅行会社を経営しているウィルコックスにとっては、翌日の仕事に差し支えるということなのだろう。out of the question は単独で用いられると、もっぱら拒絶を表す。[10]

---

[10]　It is out of the question のような形式で、修飾句が付属した場合などは、明確な拒絶なのかどうか判断がしにくいため、除外している。

　BNC を "out_of the question" の文字列で検索すると 278 例が確認でき
る。このうち主語＋述語の補部になっているものを除くと、16 例、そのう
ち、疑問符がついたものや副詞節がついたもの、or not が後続しているも
の 3 例を除くと、13 例が先行発話に対して単独で「それは問題外だ」と拒
絶を表すものであった。具体例を 2 つ挙げる。

（28）a. "Shall I wait down here?"

　　　　　　"Cold and lonely? My dear Dowdy, <u>out of the question</u>. We'll
　　　　　　ascend together, bearing gifts."　　　　　　（BNC: CRE: 2710）

　　　b. "We need someone to do some —" he flapped his hand inartic-
　　　　　ulately "— translating, or whatever you call it."

　　　　　"When?"

　　　　　"Right away. I've got a Land Rover outside."

　　　　　"<u>Out of the question</u>. I've got to get Mrs Balanchine to the
　　　　　hospital so she can see her husband."　　　　　（BNC: G03: 347）

（28a）では階下で待っていようかと最初の話し手が述べたのに対して、二
番目の話し手が、「寒いところでひとりぼっちで(待っているって)？　ダウ
ディ、それはダメだよ。一緒に上がって行こう、贈り物を持って」と述べ
ている。（28b）では、今すぐ通訳をやってくれないかという彼の依頼に対
して、語り手は「問題外だよ。これからバランシーンさんの奥さんを旦那
さんがいる病院まで送り届けてあげないと」と断っている。

5.2.3　否定文によらない否認: 推論によるもの

　先行発話に含まれる命題内容と矛盾することを述べることで、その命題
が正しいことを否認することは、よく見られる。たとえば、以下の例では、
殺人事件の捜査で、容疑者の一人であるマイロにダイアモンド警部が質問
している場面である。所属している探偵小説クラブのブラッドハウンドの
会員全員について、創設メンバーであるあなたはよく知っているでしょう、
と言うダイアモンド警部に対して、マイロは週 1 回会うだけだからよくは
知らないと言うが、同じ創設メンバーの一人ウィチャリー夫人のことは創

設時からよく知っているでしょう、と聞かれ、たしかにそうだと認めざるをえなくなる。

(29) 'No, it's the Bloodhounds, sir. You were one of the founders, you told me. You should know everyone quite well.'

Guardedly, came the answer: 'That doesn't necessarily follow. I see most of them once a week, on Mondays. That hardly entitles me to speak of them with any authority.'

'But you've known Mrs Wycherley since the beginning.'

'True.'　　　　　　　　　　　　　　　(Peter Lovesey, *Bloodhounds*)

メンバー全員についてよく知らないなら、当然、どのメンバーについてもよく知らないはずであるが、実際にはそうではなかった、ということで、先行発話の意味論的含意と矛盾する内容を含んでいる。したがって、マイロの発話に対する一種の否認を構成すると考えられる。

　つぎに、先行発話の話し手と自分との認識の違いを指摘することで、相手の主張を否認する例を見てみよう。知人ウィルコックスの経営するモロッコの旅行代理店に就職したダイアーは、いずれこちらから連絡するから、しばらく代理店には来ないで仕事用の資料の読み込みをしておいてくれと言われる。かなり日数が経つのに音沙汰がなく、所持金も少なくなってきたため、代理店にやってきて、就職したのだから給与が発生しているはずだとの前提のもと、お金が必要だと言ったあとの会話である。

(30) "Unless you're a bigger goddam fool than I think you are you've still got a few express cheques left that'll last you at least till next week."

"That's got nothing to do with it. I'm trying to save those for an emergency."

"Well, this is your emergency."

"That's what you think." Dyer turned toward the door, opened it and stepped out into the corridor.　　(Paul Bowles, *Let It Come Down*)

ウィルコックスはダイアーに、トラベラーズチェックを換金すれば来週までは所持金はもつはずだと言うが、ダイアーは、それは非常用のお金だから関係ないと言い返す。ウィルコックスは「今が君にとっての非常事態だよ」と畳み掛けるが、ダイアーは「それは君の考えだよ」と言い、ウィルコックスはそう思っているかもしれないが、少なくとも自分にとってはそうではないということを伝え、〈今が自分にとっての非常事態である〉ことを否認する。

　もちろん、That's what you think が文字通り「それがあなたの考えていることですね」という意味になる場合もあろうが、(30)のように、先行発話の内容を否認する発話と解釈される場合もある。これは、相手の考えが自分の考えとは違うことを述べているのであるが、それを「それはあなたの考えです」とだけ言って伝えるのは、Grice (1975)の言う質の格率が関わっている。質の格率とは、会話の中での話し手の発話についての原則で、「偽だと思うことを言ってはいけない」「十分な証拠がないことは言ってはいけない」というものである。これを支える例として、Wilson (1995)にある次のような例を考えてみよう。ピーターはメアリにパンと牛乳を買ってくることを依頼したが、メアリは「パンを買ってきた」と伝える。

(31) a. Peter: Did you buy the bread and milk?
     b. Mary: I bought the bread.
(32) a. Mary bought the bread.
     b. Mary didn't buy the milk.　　　((31), (32): Wilson 1995: 200)

Wilson (1995)によれば、Grice (1975)の考え方に従うと、(31b)のような発話は、メアリが質の格率に従っているとすれば、(32a)と(32b)で示された内容も正しいと考えていることになるという。(32a)は(31b)の意味論的含意で、これが成り立つことはほぼ自明であるが、(32b)はどのように導かれるのであろうか。パンと牛乳を買ってくることを頼まれたのであるから、(31b)のように「パンを買ってきました」と発話すれば、牛乳とパンの両方を買ってきたというには十分な証拠がないことを含意するので、「牛乳を買ってこなかった」((32b))ことを含意することになる(質の格率の遵守に

よる含意）。[11]

　これと同じ考え方で That's what you think を考えると、ここでの会話は
I と you との 2 人だけが主体になるので、話し手は That's what you think
と言うことで、That's not what I think と考えていることになる。なぜな
ら、話し手と聞き手が同意見ならば、そもそも「それはあなたの考えだ」
と指摘する必要がないからである。前段の説明で言えば、〈それは私の考え
でもある〉と述べるような十分な理由がないからそのような指摘がされるの
であるから、質の格率から、〈それは私の考えでもある〉ことは否認される。
さらに BNC からの類例を挙げておく。

(33) a. "You promised you'd stay away from him," she scolded.

　　　　 "For goodness' sake, Iris, stop banging on about Fernand. We
　　　　 had a very interesting chat and he was as normal as could be.
　　　　 There's no harm in him at all."

　　　　　 "That's what you think. Never know what goes on in a nutter's
　　　　 mind. Don't say I didn't warn you!"　　　　 (BNC: GVP: 791)

　　 b. "There isn't any problem."

　　　　 "That's what you think," Constance said, starting to walk up the
　　　　 street.　　　　 (BNC: CEY: 1384)

　　 c. "Rosie's left?"

　　　　 "Yes, she's left, Great-gran."

　　　　 "And without giving notice?"

　　　　 "She was paid weekly; she owed me nothing."

　　　　 "That's what you think. She owed us courtesy: she was a servant,
　　　　 she should have given in her notice."　　　　 (BNC: HWE: 949)

---

[11]　会話の格率を遵守することで導かれる含意と、明示的に違反することによっ
て導かれる含意とがあることは、Huang (2014) でも述べられている。また、
この例は Wilson (1995) では質の格率による含意とされるが、Huang (2014:
33) の例に合わせて説明すれば量の格率による含意になる。どちらの立場でも
That's what you think が会話の含意によって否認になるということはできる。

(33a)では、ファーナンドを危険視するアイリスに、話し手は「彼はまったく危険ではない」と主張する。アイリスはそれを「そう思っておけばいいわ」と言って、まったく受け入れない。つまり、〈彼は危険ではない〉という話し手の主張を否認している。(33b)では、問題ないという先行発話に対して話し手が異議を唱えているのだが、やはりこの表現が使われている。(33c)では、高齢女性とひ孫の会話であるが、使用人のロージーが事前に退職の申し出を行わずに辞めたことに、ひ孫が「給金は週単位で支払い済みだし、私に何の義理も感じる必要もない」と述べる。しかし女性は「それは違う ("That's what you think.")、あれは使用人なのだから、私たちにも礼儀を尽くすべきよ。事前に申し出るべきだったのよ」と異議を唱えている。

　このように、否認は決して否定文だけで行われるものではない。発話と文脈から導出される推論によって、話し手が相手の主張を受け入れていないことを示唆することができる。常に否認の解釈が生じるとは限らないけれど、こうした表現は否認の形式としてよく使われ、決まり文句に近いと思われる。

5.2.4　否定文によらない否認：タブー語

　次に否定文を用いない、タブー語による否認の例を見てみよう。兄弟姉妹 4 人の実家のホテルでの出来事であるが、次女リリーが非常に小柄であることを、宿泊客のフィンランド人の医師が「小人症 (dwarfism)」であると述べたことに祖父のアイオワ・ボブ (Iowa Bob) が腹を立てる場面である。

(34)　'Are you saying she's a dwarf?' Father asked the doctor.
　　　'Ho, yes! A dwarf,' the doctor said.
　　　'Bullshit,' said Iowa Bob. 'That's no dwarf — that's a little girl!
　　　That's a child, you moron!'　　　(John Irving, *The Hotel New Hampshire*)

アイオワ・ボブが、「牛のフン (bullshit)」を表すタブー語で、医師の "A dwarf" という発言に反発している。「何を言う。小人なものか。あの子は小さいだけだ、子供なのだよ、バカ」というわけである。[12] No way などの

間投詞もそうだが、これらの慣用表現が否認を表していることは明らかであろう。以下ではこれをさらに広げて、タブー語を含むイディオムで否認を表す場合を観察してみよう。

5.3 イディオムによる否認

5.3.1 タブー語を含むイディオム: XP, my eye!

　次の例は、食通であり、かつ、大変な巨体の持ち主である名探偵ウルフとその助手(であり語り手)であるアーチーとが、欧米の有名シェフを集めたグルメ対決の会に、列車で出発するところである。狭いコンパートメントで煙草を吸われると困るとウルフが言うので車外に出たアーチーを、不安になったウルフが車窓から呼び戻す場面である。

（35）"Archie! Confound you! Get in here! They're going to start the train! You have the tickets!"

　　　I yelled back at him, "You said it was too close to smoke in there! It's only 9:32! I've decided not to go! Pleasant dreams!"

　　　I sauntered on. Tickets my eye. It wasn't tickets that bothered him; he was frantic with fear because he was alone on the train and it might begin to move.　　　　　　　　　　　（Rex Stout, *Too Many Cooks*）

最後の地の文は語り手の内的独白が自由間接話法で語られており、Tickets my eye というのは、「なにが"チケット"だよ」ということで、後続文から明らかなように、外にいるアーチーがチケットを持っていることが理由で呼びかけたのではなく、いま列車が動き出したら一人車内に残されるのが不安で呼びかけたくせに、というわけである。つまり、チケットをアーチーが持っていることが呼びかけの原因であることを否認している。このよう

---

[12]　Bullshit の婉曲表現として Bananas がある。この小説の次の段落で出てきている。なお、これらの罵り語が否認の表現として使われることについては、Spenader and Maier（2009）を参照されたい。

に使われる場合の my eye という表現は、否認の専用表現であるが、否定辞は含まれていない。

(36) "Not for long, boy, not for long. I can smell this one about to bust
　　open like an abscessed tooth."
　　"It's a weirdo."
　　"Weirdo my ass. Wait until you see who wants to meet you."
　　"Oh?"
　　"We have a new assistant district attorney who wants to speak to
　　you. . . ."
　　　　　　　　　　　　　　　　　(Mickey Spillane, *The Killing Man*)

私立探偵マイク・ハマーの事務所で男が殺された事件について、チェンバーズ警部はこれから大きく展開すると言う。ハマーが「これは（単に）変質者の犯行だよ」と言うと、「そんなわけない」と警部は否定する。ハマーの先行発話の一部である「変質者(weirdo)」を取り上げ、それに my ass をつけることで強い否定になっている。先行発話に続けて my ＋名詞を後続させて強い否認を表すものではこの表現がよく見られ、この小説から収集した例は 2 つとも my ass であった。この my に続く名詞には他に foot や hat なども見られる。とくに my foot は辞典にも記載がある。

　この表現は、統語的には次のような特徴を備えている。(37A) の主張に対して、my foot を含む 3 つの否認の形式を考えると、先行する busy を受けて (37B₁) のように言うことや、(37B₂) のように my foot 単独で間投詞として用いることも可能だが、(37B₃) の my foot が先行するものは非文法的とされる。

(37) A:　She says she's too busy to see you.
　　 B₁:　Busy, my foot! She simply doesn't want to.
　　 B₂:　My foot! She simply doesn't want to.
　　 B₃:　*My foot, busy! She simply doesn't want to.

　　　　　　　　　　　　　　　　　　　　(五十嵐 2015: 114–115)[13]

---

[13]　(37A), (37B₁) のやり取りは『ジーニアス大英和辞典』の foot の項から引

つまり、この my foot という表現では、先行発話の中で否定したい部分を繰り返し、それに my foot を後続させて否認を表すか、あるいは、単独で間投詞として用いて何らかの点での不同意を表すことができるのである。

5.3.2 タブー語を含むイディオム：Like hell

前節で扱った my N と同様の働きをするものとして、Like hell などがあることはすでに指摘されている。[14]

(38) 強調的否認(emphatic denial)

    a. The {hell/fuck} I will.

    b. The devil he is.

    c. Like hell (she does).　　　　(Napoli and Hoeksema 2009: 630–631)

(38a)は「僕がするわけない」、(38b)は「彼がそんなはずはない」、(38c)は「彼女はそんなこと絶対しない」ということである。このイディオムに関して、以下の実例を観察してみよう。たとえば(38a)に対応する(39)である。ここでは、The hell ... に後続する節に否定が含まれる。ウィルコックスとダイアーはスペイン貴族の妻デイジーの家を訪問するが、そこでダイアーはデイジーの飼い猫タンバンの世話を一緒にしてほしいと頼まれる。ウィルコックスはあの猫を世話するのは大変だと匂わせて脅かすが、デイジーがそれに反論する。それに対してウィルコックスがさらに反論する場面である。

(39) "You don't know what you're letting yourself in for," said Wilcox, laughing unpleasantly.

    "Nonsense!" Daisy exclaimed. "He'll wear enormous thick gloves. Even Tambang can't claw through those."

    "The hell he *can't*! And he's got teeth too, hasn't he?"

いたものであり、改作して旧知の James Brown 先生に例文の判断を仰いだものである。詳細は五十嵐(2009a, 2009b, 2015)にゆずる。

[14] Horn (1989)では、こうした表現がメタ言語否定に使えるとしている。

(Paul Bowles, Let It Come Down)

ダイアーに大変なことになると脅かすウィルコックスに、デイジーは「とんでもない。彼には厚手の大型手袋をはめてもらうわ。あれならタンバンも爪を突き通せないわ」と反論する。それに対してウィルコックスが The hell he *can't*!「爪を突き通せないわけないでしょう」と言う。その猫には歯もあることを指摘して、その猫に引っ掻かれるか噛まれるかするだろうと言外に示唆している。猫が引っ掻くことができないというのではなく、できないわけがない、つまりできると言っているので、The hell は he can't の極性を反転させていると考えることができる。

また、(38c)の Like hell ... についても実例を示す。フランクは君を傷つけるようなことはしないと言う相手に対して、「彼がしないはずない」と言い返す。

(40) "He wouldn't help them! Frank wouldn't do anything to hurt you."
　　 "Like hell he wouldn't — all he's ever wanted is to get you back!"
　　 "You say things like that and you expect me to bloody well sleep
　　 with you." 　　　　　　　　　　　　　　　　　　(BNC: CDY: 2417)
　　（「彼が彼らに手を貸すはずがないよ！　フランクはあなたを傷つけるようなことは何もしないよ」
　　「しないはずはない。彼はあなたを取り戻したかっただけだ」
　　「あなたはそんなことを言いながら、私があなたと寝ると思っている」）

もちろん、Like hell に後続する部分には、肯定の節も否定の節も生じうる。極性はそれぞれに反転する。また、(37B₂)で指摘した my foot の場合と同様、Like hell が単独で使われる場合もある。[15]

なお、これまでの例では記述否定として使われているものばかりであったが、Like hell がメタ言語否定として使われることは(41a)で示されるようにNPIを含むと非文法的になることから指摘されている。ここではくま

---

[15]　この点についての例や説明については、五十嵐(2015)で詳しく述べたので、参照していただければと思う。

だ愛している〉どころではない、ずっと愛しているのだということになろう。また、(41b)の Like fudge も同様である。fudge はもともと「たわごと」という意味であり、間投詞として「ばかな！」というような相手に異議を唱える表現としても用いられる。

> (41) a. Like hell, I {still love you/*love you anymore}
>   b. Like fudge, he's {already washed up/*washed up yet}
>
> (Horn 1989: 402)

したがって、Like hell は否定辞 not と同じ様々な否認の機能を果たすことができることになる。

　他にも次のような例がある。ここでは in a pig's ass というタブー表現が先行発話の一部を取り出して否定している。

> (42) Then, suddenly, Rudy Skubal wasn't there any more. Somebody
>   else occupied his office and the carefully couched words were that
>   he had decided to retire. In a pig's ass he had *decided* to retire. He
>   had rubbed some politico's feathers the wrong way and the power
>   of the party had gone to work and squeezed out a real top gun and
>   threw in some insipid party hack instead.
>
> (Mickey Spillane, *The Killing Man*)

(42)では、第二次世界大戦の英雄で CIA でテロ対策などを手掛けたスクーバル将軍が急に重要な地位から退き、他の人物が彼のオフィスに収まった。スクーバル将軍が引退することに決めたという噂について、語り手の探偵ハマーは「引退することに"決めた"わけがない」と否認している。これが否認であることは後続文の内容(政治家を怒らせて、党内の力関係により彼のような本物のトップ軍人を外して、党の言いなりになる人を代わりに入れたこと)からも明らかである。

　こうした表現は英語のみに見られるものではなく、他の言語でも同じような否認の表現があることが指摘されている。リオ・デ・ラ・プラタ副王領のスペイン語(Rio de la Plata Spanish)の口語表現を扱った García Negroni

(2017)の研究では、否定辞ではない表現である ma que, minga que, otra que, cómo que, pero si がいわゆる否認の形式として使われることが報告されている。[16]

(43) Juan se dio por vencido. ('Juan's given up.')

    a. ¡<u>Ma que</u> se va a haber dado por vencido! ('Like hell he's given up!')

    b. ¡<u>Minga que</u> se dio por vencido! ('Not bloody likely has he given up!')

    c. ¡<u>Otra que</u> darse por vencido! ('He's given up? Come on!')

    d. ¿<u>Cómo que</u> se dio por vencido? ('What do you mean he's given up?')

    e. ¡<u>Pero si</u> acabo de verlo pasar en la maratón! ('But I've just seen him run past in the marathon!')   (García Negroni 2017: 24)

このうち、ma que, cómo que, pero si は前提否認のメタ言語否定としても使われるという。

(44) A: Pablo dejó de fumar. ('Pablo has given up smoking.')

    B: ¡<u>Ma que</u> va a haber dejado de fumar! ¡Él nunca fumó! ('Like hell he's given up smoking! He's never smoked!')

    B: ¿<u>Cómo que</u> dejó de fumar? ¡Él nunca fumó! ('What do you mean he's given up smoking? He's never smoked!')

    B: ¡<u>Pero si</u> nunca fumó en su vida! ('But he's never smoked in his life!')

            (García Negroni 2017: 28)

(44A)では〈パブロは煙草を吸っていた〉ことが前提になっている。そうでなければ吸うのを諦める (dejar de fumar) ことはできないからである。(44B)の各例はその前提を否定することで相手の主張に対する否認となっているが、否定辞ではなく、ma que, cómo que, pero si といったイディオム(あるいは談話辞)によってそれが可能になっている。

---

[16] García Negroni (2017)からの例文は、配列や文字のフォントなどを一部変更している。

5.3.3 ま と め

このように、否定辞を含まない形式の発話が拒絶や否認を表すことができるので、否定表現に拒絶と否認の用法があるというよりも、これらの行為を行う際に典型的に使われるのが否定であるとするのが妥当と思われる。つまり、notなどの否定辞をあくまで真理値を転換する演算子を表す言語形式として捉え、否定文が発話されることで果たされる役割は、否定そのものとは別に考えるべきではないかということになる。[17]（次の5.4節では、逆に、否定辞があっても肯定するために用いられる表現を観察する。）

なお、拒絶を、提案・依頼に対する否認と考える立場もありうる。しかし、拒絶は、先にもTottie (1982)の例で示したように、たとえば、提供された物であっても拒絶することができるが、否認はやはり何らかの主張が言語的に行われることを前提とする。前提、形式、含意の否認もやはり発話に付随するものである。たとえばプレゼントされた指輪を拒絶することはできるが、否認することはできない。逆に、指輪をプレゼントされたことは否認できるが、拒絶することはできない。したがって、拒絶と否認は異なる行為であろう。

5.4 二重否定、比較の否定、if条件文: 否定辞があっても肯定になるもの

前節で紹介した例とは逆に、否定文であっても全体として肯定を表現する場合もある。こう言ってすぐに思い浮かぶのは、第1章でも取り上げた二重否定の場合であろう。(45)は殺人事件の捜査で、ダイアモンド警部が、殺害された男シド・タワーズの人となりを述べているところである。

(45) Diamond gave his snap assessment of Towers. 'Unassuming, easily disregarded, yet <u>not</u> <u>unintelligent</u>. A reader of John Dickson Carr. . . .'

（Peter Lovesey, *Bloodhounds*）

---

[17] アイロニーでも否定と同じ役割を果たすことができる。Giora (1995)などを参照。

ダイアモンド警部はタワーズ氏について「出しゃばらないから容易に無視されがちな人物だが、決して頭が悪いわけではない。ジョン・ディクスン・カーをよく読んでいる」と即席の人物評を述べている。この中で not unintelligent というところが、否定の意味をもつ 2 つの形態素がお互いに打ち消し合っている例である。

さらに、比較級の否定が肯定の意味になることもある。これは、よく知られている I couldn't care less.（「まったくどうでもいい」）のような例もあるが、たとえば次のようなものもある。世界的に "強い" リーダーが目立ってきていることを論じた記事で、サウジアラビアの皇太子の政治改革に言及している箇所である。

(46) The man leading those is Crown Prince Mohammed bin Salman, who is replacing elite consensus with a new level of control. That was never more obvious than when he ordered the detention last year of at least 17 Saudi princes and some of the kingdom's wealthiest and well-connected men.

(*TIME*, May 14, 2018, "The Strongman Era," by Ian Bremmer, p. 30)

（これらの改革を率いているのはモハメド・ビン・サルマン皇太子で、彼はこれまでのエリートたちによる合議を排して新しいレベルの統制へと移行しようとしている。それが非常にはっきりしたのは、昨年、サルマン皇太子が少なくとも 17 人のサウジアラビア王子たちや最も裕福で毛並みの良い男性たちの拘束を命じたときであった）

ここで never more obvious than . . . は「これ以上明らかになったことはない」ということから「非常にはっきりしている」ということで、[never more Adj (than . . .)] という形式である。BNC で調査すると、たとえば (47) のような例がある。詩人のエズラ・パウンドについてのものと、シェイクスピア劇『オセロー』についてのものである。後者では先行文の中の larger-than-life を受けた so が Adj の位置に現れている。

(47) a. Pound was a serious man, and never more serious than when he was writing poetry; and his poetry drives towards just those

unpalatable conclusions that Olson forces us to look in the face.

(BNC: A1B: 931)

（パウンドはまじめな男であったが、彼が詩を書いているときが一番ま
じめであった。そして、彼の詩は、オルソンが私たちに直面させるこう
した不愉快な結論へと向かっていく）

b. Othello is larger-than-life and <u>never more so than</u> when determined
to die, as White demonstrates in a nobly paced resumption of
dignity in the difficult final scene. (BNC: A1D: 97)

（オセローは人間離れした人物であるが、自分が死のうと決意したとき
が最も人間離れした場面である。これをホワイトは難しい最後の場面で
尊厳を堂々と取り戻すことで実証している）

さらに、次のような例はどうであろうか。これも何度も引いている小説か
らのもので、障がいを抱えた主人公ジェイコブを助ける弁護士の思考を述
べている箇所である。ジェイコブは、落ち着きがなく、相手と目も合わせ
ない。そのような行動はいかにも犯罪者のものに見える。そのことを強調
するために否定辞を含む条件文が使われ、かえって肯定的な意味を表して
いる。

(48) Jacob moves to the edge of his chair and starts rocking. He won't
look me in the eye, no matter how loud my voice gets. I wish I'd
had the foresight to videotape this conversation instead of audiotap-
ing it. <u>If this kid's demeanor isn't a Hallmark card for guilt, frankly,</u>
<u>I don't know what is.</u> "Nothing made me choke Jess," Jacob says.

(Jodi Picoult, House Rules)

（ジェイコブは椅子の端まで移動して体を揺らし始めた。彼は僕がどんなに
大きな声で話しかけても僕と目を合わせない。この会話を録音するより録
画しておく思慮深さがあったらよかったのに。実際、この子の振る舞いが
犯罪の証明になっていないなら、どんな振る舞いなら証明になるのか分か
らないくらいだ。「どんなことがあっても僕はジェスの首を絞めるようなこ
とはしないよ」とジェイコブは言った）

下線部は、ジェイコブが犯罪者のように振る舞っているという、非常に強

い肯定の意味を表している。

　この言い回しについての簡易的な調査として、"know what is"という文字列を BNC で検索してみると、238 例あるが、これらを一つ一つ観察した結果、このうち 16 例が if 条件節を伴っており、そのすべてが強い肯定を表していることが分かった。以下にいくつかを示す。(49a) では、気遣い無用という親に対して罪悪感を覚えると述べている。(49b) では、内務省がチャンネル 4 の役員選出に口をはさむことに社長が反対し、放送局に対する直接的な政治的関与だと主張している。(48c) では、爆弾テロで息子を亡くした父親が爆弾テロを一種の戦争であると強く主張している。

(49) a. What about the parent who says to their son or daughter "You go and have a good time. Don't worry about me; I'll be all right."? If that isn't guilt-inducing, I don't know what is.

(BNC: AYK: 715)

(自分の息子や娘に「楽しんでおいで。私のことは心配しないでね。大丈夫よ」と言う親御さんはどうだろうか。これはまさに罪悪感を植え付ける発言である)

b. Mr Michael Grade, the channel's chief executive, yesterday called on the Government to explain why it could not trust ITC appointments. "If this is not direct political control of a broadcasting network I do not know what is." 　　　　(BNC: A9F: 597)

(マイケル・グレイド氏はこの放送局の役員だが、彼は政府に対してなぜ ITC が任命した者が信用できないのか説明するように要求した。「これがまさに放送局に対する直接的な政治の介入だよ」)

c. He was killed doing his job, killed by a massive bomb. If that is not a war out there, then I do not know what is.

(BNC: K97: 11837)

(彼は仕事中に殺された。巨大な爆弾によって殺されたのだ。これはまさに戦争である)

　以上、こうした簡易的な調査の結果から、より一般的に、[If ..., (then) I don't know what is.]の形式は、強い肯定を表すことが示唆される。この形

式では、否定辞を含む if 節で表されている内容が措定されたあとに、話し手はそれを否認するので、一種の二重否定と言える。主節の否定節を通して if 節の否定を含む内容を否認することでその内容を肯定するので、全体は肯定の主張である。したがって、否定文が必ずしも否認や拒絶を表すわけではないことを示している。

5.5　否認と「否定の有標性」

否認は先行発話の内容を(何らかの点で)正しくないと主張するのであるから、逆に言えば、先行発話のない否認は存在しえないことになる。この点について、Givón (1979) は、否定文を発することで話し手は否定の発話行為(negative speech act)を行い、また、その否定的な発話内容に対応する肯定的内容を談話上の前提(discourse presupposition)として想定しているという。否定的な発話(本書で言えば否認)では、肯定的な内容に対する話し手の態度を表現するので、否定は肯定に比べてより有標であるという。

たとえば、肯定的発話(50a)では、不定名詞句の指示対象は特定的(specific)な解釈も非特定的(nonspecific)な解釈も可能であるが、否定的発話(50b)は、肯定的な内容を前提としているので、可能な解釈では、不定名詞句の指示対象は特定的なものだけになるという(ここで We は聞き手を含まないものとする)。

(50) a.　We saw a movie yesterday.
　　 b.　We didn't see a movie yesterday.　　　　　(Givón 1979: 104)

なぜそうなるかと言えば、否定的発話(50b)は、肯定的内容(50a)を前提とするため、ここで言及されている a movie がどの映画のことを言っているのかは聞き手にも前提の一部として分かっているはずだからである。しかし、(50b)の聞き手がどの映画のことなのか心当たりがなければ、(51)のように聞き返されるだろうという。

(51) Oh, were you {supposed to / going to / planning to} see one?

(Givón 1979: 104)

このような意味論的関係が見られることからも否定的発話は肯定的内容を前提としていることが示唆される。

　最も否定の形式から離れた否認として、アイロニーなどのふり(pretense)を含む発話が挙げられる。たとえば、「and による嘲り(*And* mockery)」という表現形式は、Iwata (2015)によると、相手の発話をまったく信じていないことを示すものである。この場面では、アメリカの大統領専用機(エアフォースワン)がテロリストに乗っ取られ、マーシャル大統領は電話で電話交換手に話しかけている。

(52)　［In the movie *Air Force One*, the AFO is under the control of terrorists. President Marshall, on board the AFO, is talking to the switchboard operator over the phone.］

　　　A: I'm the President.

　　　B: Really? The President wouldn't call at this number.

　　　A: This is an emergency. I am the President!

　　　B: Sure, and I'm the First Lady.　　　　　　(Iwata 2015: 30)

(52)の例では、A の「私は大統領だ！」という発話に対して、B は「そうですか、それなら私はファーストレディーということで」と明らかに正しくないと分かる発話で応じている。つまり、相手が大統領のふりをしていると決めつけて、自分もファーストレディーのふりをしてみせるというわけである。

　また、否定辞 not はもちろん、これまで述べてきたような推論やイディオムや接続詞などの言語形式がまったくなくても、単に先行発話の一部を繰り返すだけでも否認することは可能である。たとえば、以下では、モロッコのタンジェでパーティに参加しているダイアーが、ホランド(Mr. Holland)というアメリカ人旅行者の「タンジェはニューヨークと似ている」という主張とその理由を聞いたところである。

(53)　" . . . . It's not really such a far-fetched comparison, is it?"

"I don't know," said Dyer. At first he had thought he agreed, but then the substance of Holland's argument had seemed to slip away from him. He took a long swallow of whisky. The phonograph was playing *Mamá Inez*. "I guess there are plenty of untrustworthy people here, all right," he said.

"Untrustworthy!" cried Mr. Holland. "The place is a model of corruption!" (Paul Bowles, *Let It Come Down*)

（「 . . . そこまで牽強付会な比較ではないですよね？」
　「どうでしょうね」とダイアーは言った。彼も最初はそうだと思ったのだが、ホランド氏の主張の中身の記憶がどこかへ行ってしまったようだった。彼はウィスキーをゆっくりと口に含んだ。蓄音機から「ママ・イネズ」が聞こえてくる。彼は、「まあたしかに、ここには信用できない人が多くいるようですね」と言った。
　「信用できないって、きみ」とホランド氏は大きな声をあげた。「ここはまさに汚職の巣窟ですよ！」）

先行発話のうちの一部である untrustworthy（「信用できない」）という語を大げさに言ってみることで、その表現に対して異議申し立てをしている。ホランドはそれに対して、「『信用できない』って！（それどころじゃない）タンジェはまさに汚職の巣窟ですよ」というわけである。この例においても、先行発話を前提として、それに対する異議申し立てとして語が否認されている。このように、Givón (1979) で言う「否定の有標性」というのは、否定そのものについて言っているというよりも、否認の中で否定が使われた場合のことを言っているのではないかと思えてくるのである。

　否定と否認（そして拒絶）の関係について、否定辞を含む場合は 5.1 節で瞥見した通り複数の提案があるが、5.2 節の否定辞を含まないものや、5.3 節のイディオムによる否認なども含めての提案は、いくつかの例外はあるものの、いまだ概略的なものに留まるため、詳細にわたる研究はこれからの課題だと思われる。

初 出 一 覧

第 1 章　1.4.1 節，1.4.2 節，1.4.3 節の記述は以下の文献の一部を基に作成した。
　五十嵐海理(2017)「第 6 章　否認における言語表現の選択と解釈」中島信夫(編)
　『発話の解釈はなぜ多様なのか——コミュニケーション能力の働きを考える』
　108–128，朝倉書店，東京.
　五十嵐海理(2015)「否認とメタ表示」東森勲(編)『メタ表示と語用論』93–148,
　開拓社，東京.
　五十嵐海理(2016)「『否認』の語法研究」『英語教育』65(9)，23–25.
第 1 章　1.5.2 節の内容は以下の文献で論じた。
　Igarashi, Kairi (2000)“Interpreting Double Negatives,” *Queries* 37, 1–14.

第 2 章　2.6 節の(142)と(145)については、以下の文献の 125 頁で触れた。
　五十嵐海理(2017)「第 6 章　否認における言語表現の選択と解釈」中島信夫(編)
　『発話の解釈はなぜ多様なのか——コミュニケーション能力の働きを考える』
　108–128，朝倉書店，東京.

第 3 章　3.3 節は以下の文献を再録したものである。
　五十嵐海理(2007)「un- のついた形容詞について」『六甲英語学研究』10, 8–27.
　五十嵐海理(2008)「形容詞についた un- をめぐる考察」『龍谷紀要』29, 67–79.
　(五十嵐(2007)を発展させたもの)

第 5 章　5.3.1 節と 5.3.2 節の内容は以下の文献で論じた。
　五十嵐海理(2009a)「My N による拒絶」『六甲英語学研究』11, 1–15.
　五十嵐海理(2009b)「Father my eye!: 否定を表す構文」『日本語用論学会第 11 回
　大会発表論文集』，245–248.
　Igarashi, Kairi (2010)“*Like hell* and Polarity Reversal,” *JCLA* (『日本認知言語学会
　論文集』) 10, 44–54.
　五十嵐海理(2015)「否認とメタ表示」東森勲(編)『メタ表示と語用論』93–148,
　開拓社，東京.
第 5 章　5.5 節の内容は以下の文献でも触れた。
　五十嵐海理(2016)「『否認』の語法研究」『英語教育』65(9)，23–25.

参 考 文 献

Allen, M. R. (1978) *Morphological Investigations*, UConn PhD Dissertation.

Anderwald, Lieselotte (2002) *Negation in Non-Standard British English*, Routledge, London.

荒木一雄・安井稔(編)(1992)『現代英文法辞典』三省堂，東京.

Blutner, Reinhard, Helen de Hoop, and Petra Hendriks (2006) *Optimal Communication*, CSLI, Stanford.

Büring, Daniel (2005) "Negative Inversion," *NELS* 35, 1–19.

Cattell, Ray (1973) "Negative Transportation and Tag Questions," *Language* 49, 612–639.

Childs, Claire, Christopher Harvey, Karen Corrigan, and Sali Tagliamonte (2015) "Comparative Sociolinguistic Insights in the Evolution of Negation," *University Pennsylvania Working Papers in Linguistics* 21(2), 21–30.

Clark, Eve V. (1974) "Normal States and Evaluative Viewpoints," *Language* 50(2), 316–332.

Collins, Chris, and Paul Postal (2014) *Classical NEG Raising: An Essay on the Syntax of Negation*, MIT Press, Cambridge, Mass.

Croft, William (1991) "The Evolution of Negation," *Journal of Linguistics* 27, 1–27.

Cruse, D. A. (1980) "Antonyms and Gradable Complementaries," *Perspektiven der Lexikalischen Semantik*, ed. by Dieter Kastovsky, 14–25, Bouvier Verlag, Bonn.

Cruse, D. A. (1986) *Lexical Semantics*, Cambridge University Press, Cambridge.

Csipak, Eva, Regine Eckardt, Mingya Liu, and Manfred Sailer (eds.) (2013) *Beyond 'Any' and 'Ever': New Explorations in Negative Polarity Sensitivity*, Walter de Gruyter, Berlin.

Dahl, Östen (1979) "Typology of Sentence Negation," *Linguistics* 17, 79–106.

D'Arcy, Alexandra (2017) *Discourse-Pragmatic Variation in Context: Eight Hundred Years of LIKE*, John Benjamins, Amsterdam.

Davis, Wayne (2011) "'Metalinguistic' Negations, Denial, and Idioms," *Journal of Pragmatics* 43, 2548–2577.

Davis, Wayne (2016) *Irregular Negatives, Implicatures, and Idioms*, Springer, Dordrecht.

DeVidi, David (2006) "Negation: Philosophical Aspects," *Encyclopedia of Language and Linguistics*, 2nd edition, ed. by K. Brown, 567–570, Elsevier, Amsterdam.

Duffley, Patrick, and Pierre Larrivée (1998) "*Need, Dare*, and Negative Polarity," *Linguistic Analysis* 28, 89–107.

Duffley, Patrick, and Pierre Larrivée (2010) "Anyone for Non-Scalarity?" *English Language and Linguistics* 14, 1–17.

Fauconnier, Gilles (1975) "Pragmatic Scales and Logical Structure," *Linguistic Inquiry* 6, 353–375.

Fortuin, Egbert (2014) "Deconstructing a Verbal Illusion: The 'No X is too Y to Z' Construction and the Rhetoric of Negation," *Cognitive Linguistics* 25, 249–292.

von Fintel, Kai (1999) "NPI Licensing, Strawson Entailment, and Context Dependency," *Journal of Semantics* 16, 97–148.

Gajewski, Jon Robert (2007) "Neg-Raising and Polarity," *Linguistics and Philosophy* 30, 289–328.

García Negroni, María Marta (2017) "Metalinguistic Negation and Rejection Discourse Markers in Spanish," *The Pragmatics of Negation*, ed. by Malin Roitman, 17–43, John Benjamins, Amsterdam.

van Gelderen, Elly (2008) "Negative Cycles," *Linguistic Typology* 12, 195–243.

van Gelderen, Elly (ed.) (2009) *Cyclical Change*, John Benjamins, Amsterdam.

Geurts, Bart (1998) "The Mechanisms of Denial," *Language* 74, 274–307.

Giannakidou, Anastasia (1999) "Affective Dependencies," *Linguistics and Philosophy* 22, 367–421.

Giannakidou, Anastasia (2011) "Negative and Positive Polarity Items," *Semantics: An International Handbook of Natural Language Meaning, Volume 2* (HSK 33.2), ed. by Klaus von Heusinger, Claudia Maienborn, and Paul Portner, 1660–1712, de Gruyter Mouton, Berlin.

Giora, Rachel (1995) "On Irony and Negation," *Discourse Processes* 19, 239–264.

Givón, Talmy (1978) "Negation in Language: Pragmatics, Function, Ontology," *Syntax and Semantics 9: Pragmatics*, ed. by Peter Cole, 69–112, Academic Press, New York. [Later published as Givón (1979)]

Givón, Talmy (1979) "Logic Versus Language: Negation in Language: Pragmatics, Function, Ontology," *On Understanding Grammar*, 91–142, Academic Press, New York.

Grice, Paul (1975) "Logic and Conversation," *Syntax and Semantics 3: Speech Acts*, ed. by Peter Cole and Jerry L. Morgan, 41–58, Academic Press, New York.

Haegeman, Liliane (2000) "Negative Preposing, Negative Inversion, and the Split CP," Horn and Kato (2000), 21–61.

Hamawand, Zeki (2009) *The Semantics of English Negative Prefixes*, Equinox, London.

原口庄輔・中村捷・金子義明(編) (2016)『増補版チョムスキー理論辞典』研究社, 東京.

Haspelmath, Martin (1997 [2004]) *Indefinite Pronouns*, Oxford University Press, Oxford. (Reprinted in 2004)

Heim, Irene (1984) "A Note on Negative Polarity and Downward Entailingness," *NELS* 14, 98–107.

Herburger, Elena, and Simon Mauck (2013) "The Chance of Being an NPI," Csipak, Eckardt, Liu, and Sailer (2013), 213–239.

Hoeksema, Jack (2000) "Negative Polarity Items: Triggering, Scope, and C-Command," Horn and Kato (2000), 115–146.

Hoeksema, Jack (2009) "Jespersen Recycled," van Gelderen (2009), 15–34.

Hoeksema, Jack (2013) "Polarity Items in Strawsonian Contexts—A Comparison," Csipak, Eckardt, Liu, and Sailer (2013), 47–77.

Horn, Laurence (1972) *On the Semantic Properties of Logical Operators in English*, PhD dissertation, University of California, Los Angeles.

Horn, Laurence (1984) "Toward a New Taxonomy for Pragmatic Inference: Q-Based and R-Based Implicature," *Meaning, Form, and Use in Context: Linguistic Applications (GURT '84)*, ed. by Deborah Schiffrin, 11–42, Georgetown University Press, Washington.

Horn, Laurence (1985) "Metalinguistic Negation and Pragmatic Ambiguity," *Language* 61, 121–174.

Horn, Laurence (1989) *A Natural History of Negation*, The University of Chicago Press, Chicago.

Horn, Laurence (1991) "*Duplex Negatio Affirmat. . .* : The Economy of Double Negation," *CLS* 27 *Parasession on Negation*, 78–106.

Horn, Laurence (1996) "Exclusive Company: *Only* and the Dynamics of Vertical Inference," *Journal of Semantics* 13, 1–40.

Horn, Laurence (1997) "Negative Polarity and the Dynamics of Vertical Inference," *Negation and Polarity: Syntax and Semantics*, ed. by Danielle Forget, Paul Hirschbühler, France Martineau, and María-Luisa Rivero, 157–182, John Benjamins, Amsterdam.

Horn, Laurence (2001) "Flaubert Triggers, Squatitive Negation, and Other Quirks of Grammar," *Perspectives on Negation and Polarity Items*, ed. by Jack Hoeksema, Hotze Rullmann, Víctor Sánchez-Valencia, and Ton van der Wouden, 173–200, John Benjamins, Amsterdam.

Horn, Laurence (2002a) "Assertoric Inertia and NPI Licensing," *CLS* 38: *The Panels*, 55–82.

Horn, Laurence (2002b) "Uncovering the *Un*-word: A study in Lexical Pragmatics," *Sophia Linguistica*, 49: 1–64.

Horn, Laurence (2005) "An *Un*-paper for the Unsyntactician," *Polymorphous Linguistics: Jim McCawley's Legacy*, ed. by S. S. Mufwene, E. J. Francis, and R. S. Wheeler, 329–365, The MIT Press, Cambridge, Mass.

Horn, Laurence (2009) "Hypernegation, Hyponegation, and Parole Violations," *BLS* 35, 403–423.

Horn, Laurence, and Young-Suk Lee (1995) "Progovac on Polarity," *Journal of Linguistics* 31, 401–424.

Horn, Laurence, and Yasuhiko Kato (eds.) (2000) *Negation and Polarity: Syntactic and Semantic Perspectives*, Oxford University Press, Oxford.

Horn, Laurence, and Heinrich Wansing (2015) "Negation," *Stanford Encyclopedia of Philosophy*, ed. by Edward N. Zalta, Available at: http://plato.stanford.edu/entries/negation.

Howe, Darin (2005) "Negation in African American Vernacular English," *Aspects of*

English Negation, ed. by Yoko Iyeiri, 173–203, John Benjamins, Amsterdam.

Huang, Yan（2014）*Pragmatics,* 2nd edition, Oxford University Press, Oxford.

Huddleston, Rodney, and Geoffrey Pullum（2002）*The Cambridge Grammar of the English Language,* Cambridge University Press, Cambridge.

Igarashi, Kairi（2000）"Interpreting Double Negatives," *Queries* 37（大阪市立大学大学院英文学研究会）, 1–14.

五十嵐海理（2007）「un- のついた形容詞について」『六甲英語学研究』10, 8–27.

五十嵐海理（2008）「形容詞についた un- をめぐる考察」『龍谷紀要』29, 67–79.

五十嵐海理（2009a）「My N による拒絶」『六甲英語学研究』11, 1–15.

五十嵐海理（2009b）「Father my eye!: 否定を表す構文」『日本語用論学会第 11 回大会発表論文集』, 245–248.

Igarashi, Kairi（2010）"*Like hell* and Polarity Reversal," *JCLA*（『日本認知言語学会論文集』）10, 44–54.

五十嵐海理（2015）「否認とメタ表示」東森勲（編）『メタ表示と語用論』93–148, 開拓社, 東京.

五十嵐海理（2016）「『否認』の語法研究」『英語教育』65(9), 23–25.

五十嵐海理（2017）「第 6 章　否認における言語表現の選択と解釈」中島信夫（編）『発話の解釈はなぜ多様なのか――コミュニケーション能力の働きを考える』108–128, 朝倉書店, 東京.

Israel, Michael（2011）*The Grammar of Polarity: Pragmatics, Sensitivity, and the Logic of Scales,* Cambridge University Press, Cambridge.

Iwata, Seizi（2015）"*And* Mockery: A Two-Layered Account," *Language Sciences* 50, 30–48.

Iyeiri, Yoko（2001）*Negative Constructions in Middle English,* Kyushu University Press, Fukuoka.

Jackendoff, Ray（1972）*Semantic Interpretation in Generative Grammar,* MIT Press, Cambridge, Mass.

Jackson, Eric（1995）"Weak and Strong Negative Polarity Items: Licensing and Intervention," *Linguistic Analysis* 25, 181–208.

Jespersen, Otto（1917）"Negation in English and Other Languages," Reprinted in *Selected Writings of Otto Jespersen*（1959）, 3–152, Senjo, Tokyo. Also in: *Selected Writings of Otto Jespersen*（1960/2010）, 3–151, Routledge, Abingdon, Oxon.

Jespersen, Otto（1942）*A Modern English Grammar on Historical Principles, Part VI, Morphology,* Munksgaard, Copenhagen.

Kadmon, Nirit, and Fred Landman（1993）"Any," *Linguistics and Philosophy* 16, 353–422.

加賀信弘（1997）「数量詞と部分否定」廣瀬幸生・加賀信弘『指示と照応と否定』91–178, 研究社, 東京.

影山太郎（1999）『形態論と意味』くろしお出版, 東京.

van Kemenade, Ans（2011）"Secondary Negation and Information Structure Organization in the History of English," Larrivée and Ingham（2011）, 77–113.

Kennedy, Christopher, and Louise McNally (2005) "Scale Structure, Degree Modification, and the Semantics of Gradable Predicates," *Language* 81, 345–381.

菊澤律子(2017)「オーストロネシア諸言語における系統・変異・多様性と数理分析の可能性」(以下の URL より入手可能: https://www.ism.ac.jp/~daichi/workshop/2017-ninjal/kikusawa-ninjal-20171205.pdf)

Klima, Edward (1964) "Negation in English," *The Structure of Language: Readings in the Philosophy of Language*, ed. by Jerry Fodor and Jerrold Katz, 246–323.

小西友七(1964)『現代英語の文法と背景』研究社, 東京.

Krifka, Manfred (1995) "The Semantics and Pragmatics of Polarity Items," *Linguistic Analysis* 25, 209–257.

Krifka, Manfred (2007) "Negated Antonyms: Creating and Filling the Gap," *Presupposition and Implicature in Compositional Semantics*, ed. by Uli Sauerland and Penka Stateva, 163–177, Palgrave Macmillan, Houndmills, Basingstoke.

Labov, William (1972) "Negative Attraction and Negative Concord in English Grammar," *Language* 48(4), 773–818.

Ladusaw, William (1979) *Polarity Sensitivity as Inherent Scope Relations*, PhD dissertation, University of Texas at Austin. Reproduced by the Indiana University Linguistics Club (1980).

Ladusaw, William (1992) "Expressing Negation," *SALT II*, 237–259.

Ladusaw, William (1993) "Negation, Indefinites, and the Jespersen Cycle," *BLS* 19, 434–446.

Ladusaw, William (1996) "Negative Concord and 'Mode of Judgement'," *Negation: A Notion in Focus (Perspectives in Analytical Philosophy)*, ed. by Heinrich Wansing, 127–143, de Gruyter, Berlin.

Lahiri, Utpal (1998) "Focus and Negative Polarity in Hindi," *Natural Language Semantics* 6, 57–123.

Langendoen, D. T., and Th. G. Bever (1973) "Can a Not Unhappy Person be Called a Not Sad One?" *A Festschrift for Morris Halle*, ed. by Stephen R. Anderson and Paul Kiparsky, 392–409, Holt Rinehart and Winston, New York.

Larrivée, Pierre (2011) "Is There a Jespersen Cycle?" Larrivée and Ingham (2011), 1–22.

Larrivée, Pierre, and Richard Ingham (eds.) (2011) *The Evolution of Negation: Beyond the Jespersen Cycle*, de Gruyter Mouton, Berlin.

Lieber, Rochelle (2005) "English Word-Formation Processes," *Handbook of Word-Formation*, ed. by Pavol Štekauer and Rochelle Lieber, 375–427, Springer, Dordrecht.

Lieber, Rochelle (2004) *Morphology and Lexical Semantics*, Cambridge University Press, Cambridge.

Linebarger, Marcia (1980) *The Grammar of Negative Polarity*, PhD dissertation, MIT. Reproduced by the Indiana University Linguistics Club (1981).

Linebarger, Marcia (1987) "Negative Polarity and Grammatical Representation," *Linguistics and Philosophy* 10, 325–387.

Linebarger, Marcia (1991) "Negative Polarity as Linguistic Evidence," *CLS* 27: *The Parasession on Negation*, 165–188.

Ljung, Magnus (1974) "Some Remarks on Antonymy," *Language* 50, 74–88.

Marchand, Hans (1961) *The Categories and Types of Present-Day English Word-Formation: A Synchronic-Diachronic Approach*, C. H. Beck'sche Verlagsbuchhandlung, München.

Mazzon, Gabriella (2004) *A History of English Negation*, Pearson Longman, Harlow.

McCawley, James D. (1998) *The Syntactic Phenomena of English*, 2nd edition, The University of Chicago Press, Chicago.

Napoli, Donna Jo, and Jack Hoeksema (2009) "The Grammatical Versatility of Taboo Terms," *Studies in Language* 33, 612–643.

西川盛夫(2006)『英語接辞研究』開拓社, 東京.

奥野忠徳(2002)「第I部 極性」, 奥野忠徳・小川芳樹『極性と作用域』1–107, 研究社, 東京.

太田朗(1980)『否定の意味』大修館書店, 東京.

Payne, John (1985) "Negation," *Language Typology and Syntactic Description I: Clause Structure*, ed. by Timothy Shopen, 197–242, Cambridge University Press, Cambridge.

Pesetsky, David (1985) "Morphology and Logical Form," *Linguistic Inquiry* 16(2), 193–246.

Pitts, Alyson (2011) "Exploring a 'Pragmatic Ambiguity' of Negation," *Language* 87, 346–368.

Plag, Ingo (2003) *Word-Formation in English*, Cambridge University Press, Cambridge.

Postal, Paul (2004) "The Structure of One Type of American English Vulgar Minimizer," *Skeptical Linguistic Essays*, ed. by Paul Postal, 159–172, Oxford University Press, Oxford.

Progovac, Ljiljana (1994) *Negative and Positive Polarity: A Binding Approach*, Cambridge University Press, Cambridge.

Quirk, Randolph, Sidney Greenbaum, Geoffrey Leech, and Jan Svartvik (1985) *A Comprehensive Grammar of the English Language*, Longman, London.

Roitman, Malin (2017) "Introduction," *The Pragmatics of Negation*, ed. by Malin Roitman, 1–14, John Benjamins, Amsterdam.

Russell, Bertrand (1993[1919]) "Descriptions," *Meaning and Reference (Oxford Readings in Philosophy)*, ed. by A. W. Moore, 46–55, Oxford University Press, Oxford [Originally published as part of Russell's *Introduction to Mathematical Philosophy* (1919).]

佐藤信夫・佐々木健一・松尾大(2006)『レトリック事典』大修館書店, 東京.

関茂樹(2013)「否定辞を含む省略節の語順と機能」『英語語法文法研究』20, 135–149.

Spenader, Jennifer, and Emar Maier (2009) "Contrast as Denial in Multi-Dimentional Semantics," *Journal of Pragmatics* 41, 1707–1726.

Stockwell, Robert, Paul Schachter, and Barbara Hall Partee (1973) *The Major Syntactic

Structures of English, Holt, Reinhart and Winston, Inc., New York.

Swan, Michael（2005）*Practical English Usage,* 3rd edition, Oxford University Press, Oxford.

Swan, Michael（2016）*Practical English Usage,* 4th edition, Oxford University Press, Oxford.

Tottie, Gunnel（1982）"Where Do Negative Sentences Come From?" *Studia Linguistica* 36(1), 88–105.

Tottie, Gunnel（1991a）"Lexical Diffusion in Syntactic Change: Frequency as a Determinant of Linguistic Conservatism in the Development of Negation in English," *Historical English Syntax,* ed. by Dieter Kastovsky, 438–467, Mouton de Gruyter, Berlin.

Tottie, Gunnel（1991b）*Negation in English Speech and Writing: A Study in Variation,* Academic Press, San Diego.

Tottie, Gunnel, and Anja Neukom-Hermann（2010）"Quantifier-Negation Interaction in English: A Corpus Linguistic Study of *All . . . Not* Constructions," *The Expression of Negation,* ed. by Laurence Horn, 149–185, De Gruyter Mouton, Berlin.

Ukaji, Masatomo（1979）"Multiple Negation in Shakespeare," *Studies in English Linguistics* 7, 100–117.

Ukaji, Masatomo（1994）"'I not say': Bridge Phenomenon in Syntactic Change," *History of Englishes: New Methods and Interpretations in Historical Linguistics,* ed. by Matti Rissanen, Ossi Ihalainen, Terttu Nevalainen, and Irma Taavitsainen, 153–162, Mouton de Gruyter, Berlin.

van der Sandt, Rob（1991）"Denial," *CLS 27: Parasession on Negation,* 331–344.

van der Sandt, Rob（2003）"Denial and Presupposition," *Perspectives on Dialogue in the New Millenium,* ed. by Peter Kühlein, Rieser Hannes, and Henk Zeevat, 59–77, John Benjamins, Amsterdam.

van der Wouden, Ton, and Frans Zwarts（1993）"A Semantic Analysis of Negative Concord," *SALT III,* ed. by Utpal Lahiri and Adam Wyner, 202–219.

Wilson, Deirdre（1995）"Is There a Maxim of Truthfulness?" *UCL Working Papers in Linguistics* 7, 197–212.

八杉佳穂(1990)「中米諸語の数体系」『国立民族学博物館研究報告』14(3), 519–670.

吉村あき子(1999)『否定極性現象』英宝社，東京.

Yoshimura, Akiko（2013）"Descriptive / Metalinguistic Dichotomy?: Toward a New Taxonomy of Negation," *Journal of Pragmatics* 57, 39–56.

Zimmer, Karl（1964）*Affixal Negation in English and Other Languages,* Supplement to *WORD* 20.

Zwarts, Frans（1998）"Three Types of Polarity," *Plurality and Quantification,* ed. by Fritz Hamm and Erhard Hinrichs, 177–238, Kluwer Academic Publishers, Dordrecht.

辞　典

Cambridge Advanced Learner's Dictionary, 2nd edition（2003）Cambridge University

Press, Cambridge.

Longman Dictionary of Contemporary English, 3rd edition（LDOCE³）（1995）Longman, London.

Longman Dictionary of Contemporary English（LDOCE）*Online*. https://www.ldoceonline.com/jp/

Roget's International Thesaurus, 6th edition（2001）（Barbara Ann Kipfer（ed.））Harper-Collins, New York.

Oxford Advanced Learner's Dictionary, 8th edition（2013）, on CD-ROM.（OALD⁸）Oxford University Press, Oxford.

小西友七編（2001）『ジーニアス英和大辞典』大修館書店，東京．

コーパス

BNC＝British National Corpus
　　https://scnweb.japanknowledge.com/BNC2/（小学館コーパスネットワーク提供）
COCA＝Corpus of Contemporary American English（Created by Mark Davies）
　　https://www.english-corpora.org/coca/
COHA＝Corpus of Historical American English
　　https://www.english-corpora.org/coha/

引用した小説・ドラマ等（出版年は初版；出版社所在地の隣の括弧内の年は筆者所有の版の出版年（初版の出版年と異なる場合））

Archer, Jeffrey（2012）*The Sins of the Father*, Pan Books, London.

Ballard, J. G.（1982）"Memories of the Space Age," *The Penguin Book of Modern British Short Stories*, ed. by Malcolm Bradbury, Penguin Books, London（1987, Reissued 2011）. Originally published in *Firebird 3*.

Bowles, Paul（1952）*Let It Come Down*, Penguin Books, London（2000）.

Brown, Dan（2003）*The Da Vinci Code*, Doubleday, New York.

Carnival Film & Television Limited（2010）*Downton Abbey: The Complete Collection*, Series 1–4, Distributed by Universal Pictures（UK）Ltd.

Collins, Jackie（1994）*Hollywood Kids*, Pocket Books, New York（1995）.

Crumley, James（1978）*The Last Good Kiss*, Vintage Books, New York（1988）.

Erdrich, Louise（2015）"The Flower," *The Best American Short Stories 2016*, ed. by Junot Díaz（with Heidi Pitlor）, Mariner Books / Houghton Mifflin Harcourt, Boston（2016）.［Originally published in *The New Yorker*, June 29, 2015.］

Fowles, John（1974）"The Enigma," *The Penguin Book of Modern British Short Stories*, ed. by Malcolm Bradbury, Penguin Books, London（1987, Reissued 2011）. Originally published as part of John Fowles' *The Ebony Tower*（1974）.

Francis, Dick（1968）*Forfeit*, Pan Books, London（1970）.

Grisham, John（1991）*The Firm*, Bantam Dell, New York（Dell reissue edition, 2003）.

Highsmith, Patricia（1980）"A Girl like Phyl," *Nothing that Meets the Eye: The Uncollected Stories of Patricia Highsmith*, W. W. Norton, New York（2002）. Originally published in German translation in 1980.

Irving, John (1981) *The Hotel New Hampshire*, Black Swan, London (1995).

Lee, Harper (1960) *To Kill a Mockingbird*, Warner Books, New York (1982).

Leonard, Elmore (1969) *The Big Bounce*, Harper Torch, New York (2003).

Lovesey, Peter (1996) *Bloodhounds (A Peter Diamond Mystery)*, Warner Books, London.

Mansfield, Katherine (1922) "At the Bay," *Katherine Mansfield: Selected Stories (The World's Classics)*, ed. by D. M. Davin, Oxford University Press, London (1953).

Morgan, Sarah (2006) *Million-Dollar Love-Child*, Harlequin, Toronto, Canada.

Munro, Alice (2009) "Fiction," *Too Much Happiness*, Vintage Books, London.

Munro, Alice (2012) "Corrie," "Dolly," "To Reach Japan," *Dear Life*, Vintage International, New York.

Ondaatje, Michael (1992) *The English Patient*, Vintage International, New York.

Parker, Robert B. (1993) *Paper Doll*, Penguin Books, London (1994).

Parker, Robert B. (2008) *Rough Weather*, Berkley Books, New York (2009).

Perry, John (2012) *The Art of Procrastination: A Guide to Effective Dawdling, Lollygagging and Postponing*, Workman Publishing, New York.

Picoult, Jodi (2007) *Nineteen Minutes*, Pocket Books, New York (2013).

Picoult, Jodi (2010) *House Rules: A Novel*, Atria International, New York (Simon and Schuster, Inc).

Spark, Muriel (1960) *The Bachelors*, Penguin Books, London (1963).

Spillane, Mickey (1989) *The Killing Man*, Signet, New York (1990).

Sting (2003) *Broken Music: A Memoir*, Simon & Schuster UK Ltd, London (Pocket Books, 2004).

Stout, Rex (1938) *Too Many Cooks*, Bantam Books, New York (1983/1989).

Tarantino, Quentin (1994) *Reservoir Dogs*, Faber and Faber, London (1996).

Tyler, Anne (2006) *Digging to America: A Novel*, Ballantine Books, New York (Mass Market edition, 2007).

Warren, Robert Penn (1977) *A Place to Come to*, Dell, New York (1978).

Williamson, Timothy (2015) *Tetralogue*, Oxford University Press, Oxford.

索　　引

【あ行】

アイロニー　229n., 234
アフリカ系アメリカ人の非標準的な英
　　語(AAVE)　186
アムハラ語(Amharic)　175
イタリア語　182
イディオム　223–228
因果関係　211, 212
演算子(Operator/operator)　5, 111–
　　113, 229

【か行】

外部否定　39
会話の推意(conversational implicature)
　　40
　　一般化された～(generalized conver-
　　　　sational implicature, GCI)　216
　　特定化された会話の推意(particular-
　　　　ized conversational implicature,
　　　　PCI)　216
加賀信広　51–56
拡張(widening)　123–134
影山太郎　171
下方含意(Downward Entailing)　35–
　　36, 38n., 123, 133
緩徐法・緩徐表現　15, 16, 216
感嘆文　89–90
記述否定(descriptive negation)　40,
　　47, 204
　　～に対応する but　45
基数的スケール　54–56
寄生的 NPI トリガー(parasitic NPI
　　triggering)　113n.
強化(strengthening)　123–134

強化的推意　211
　　～の否認　→　否認
強調的(emphatic)解釈　137–140
強調的否認　→　否認
極性　2, 4
　　肯定～　→　肯定極性
　　否定～　→　否定極性
　　～(真理値)の反転　2, 47, 201, 206
極性項目(polarity items, polarity sen-
　　sitive items)　64
　　肯定～　→　PPI
　　否定～　→　NPI
拒絶(rejection)　201–202, 203–204
　　否定文によらない～　215–218
　　～と否認　229
近似的否定辞(approximate negator)
　　19, 21–23
形式の否認　→　否認
言語規約的推意 →　推意
減衰的な(attenuating)意味・解釈　94,
　　95, 137–140
限定的推意の否認　→　否認
構成素否定　10–12, 17, 23n., 33
肯定極性　4
肯定極性項目　→　PPI
肯定の un- 形容詞　156–159　→　un-
　　も参照。
古英語　172, 176–177
語基(base)　23n., 142
　　～が E-positive な形容詞　163–166
小西友七　62n.
語用論的尺度　118–119

【さ行】

最上級形容詞　69–71

作用域(scope)　8, 10–12, 13

c 統御 (c-command)　66, 115, 181, 182

シェイクスピア、ウィリアム
　　『ヘンリー四世・第二部』　179
　　『間違いの喜劇』　178–179

質の格率　220, 221

尺度推意　41, 49, 53, 207–210
　　〜の否認　→　否認

集合的解釈　116

照応形(anaphora)　110

上方含意(Upward Entailing)　35–36

叙実動詞(factive verb)　49

知らないことの推意の否認　→　否認

推意(implicature)　206
　　言語規約的〜(conventional)　40, 41
　　尺度〜　→　尺度推意
　　否認できる〜／否認できない〜　210–212
　　〜の否認　→　否認

スペイン語　47, 227

接辞(affix)　142
　　生産的な〜　157–158, 166–170

絶対的否定辞 (absolute negation)　19–21

接頭辞(prefix)　3, 142

接尾辞(suffix)　3

先行発話に対する異議申し立て　40, 235

先行発話の(一部)繰り返し　234–235

前提(取り消し)の否認　→　否認

全部否定　96, 116
　　〜と部分否定　51–56　→　「部分否定」も参照。

総称的な名詞句　83–84

束縛条件(binding conditions)　110

存在否定(negative existential)　174

【た行】

対照否定(contrastive negation)　46

代名詞類(pronominal)　110

多重否定(multiple negation)　177, 178, 185–187

タブー語　187–200, 222–227

段階性　144–146

段階的相補語(gradable complementaries)　159–162, 165

談話上の前提 (discourse presupposition)　233–234

中英語　173, 177–178, 198

重複否定(negative doubling)　61

ツトゥヒル語(Tzutujil)　175, 176

程度副詞　24

ドイツ語　47

動詞句否定(VP negation)　10

統率範疇(governing category)　110

倒置　31, 90, 115–116
　　否定〜　→　否定倒置

【な行】

内在的否定数量詞(inherently negative quantifiers)　8

内部否定　39

二次的なトリガー(secondary triggering)　113n.

二重否定　16, 17, 56–60, 229–233

【は行】

排中律 (excluded middle)　117n., 140–141

配分的解釈(distributive reading)　38

反意語(antonym(s))　3, 159–162

反対関係と矛盾関係　23, 58, 144–146, 151, 170–171, 205

反転(inverted)尺度　139

非存在(non-existence)　201–202

否定基準(neg-criterion)　37

否定極性　4

否定極性項目　→　NPI

否定呼応（negative concord）　60–62, 177

否定された数量詞・副詞（negated quantifiers/advervials）　7–8, 9

否定辞繰上げ　38n., 88–89, 141n.

否定数量詞　81–82

否定接辞（affixal negation）　19, 23–24, 142–171

否定タグ（negation tags）　6

否定同格タグ（negative appositive tag）　15

否定倒置（negative inversion）　8, 9, 11, 17, 31–38

　従属節内の〜　38n.

　〜とNPI　35

　〜の有無と解釈の違い　33–34

　〜の構造　36–38

否定の強化　92

否定のサイクル　172–200

　英語史の中の〜　172–173, 176–180

否定の進化　174

否定の展開（negative spread）　61

否定の副詞　9

否定の有標性　233–235

否定・否認の分類　214

否定文（negation）と否定文類（negative）205

否認（denial）　41, 201–203

　強化的推意の〜（Strengthening-Implicature Denial）　207, 209, 210

　強調的〜（emphatic）　225

　形式の〜（Form Denial）　48, 49–51, 205

　限定的推意の〜（Limiting-Implicature Denial）　206, 207–210, 213

　尺度推意の〜　206

　知らないことの推意の〜（Ignorance-Implicature Denial）　206, 207

　推意の〜（Implicature Denial）　43, 48, 49, 50, 205

　前提（取り消し）の〜（Presupposition Denial）　42, 48, 49, 205, 207, 209, 210, 228

　否定文によらない〜　218–223

　評価的推意の〜（Evaluative-Implicature Denial）　207

　明示的〜／非明示的〜　204

　命題の〜（Proposition Denial）　48, 49, 205

　メタ言語的推意の〜（Metalinguistic-Implicature Denial）　207, 209, 210

　〜と拒絶　229

　〜と否定　4–5

非標準的な英語　60, 186

評価的推意の否認　→　否認

標準（canonical）尺度　139

標準的否定（standard negation）　6, 47, 49

比率的スケール　54–56

頻度（の）副詞　8, 55–56

付加疑問（tag question）　6–8

不規則な反対関係（Irregular Contrary）209, 210

複合名詞句制約（Complex NP Constraint）　89

付言タイプ　62n.

不定表現（の分布）　184–185

部分否定　13, 16, 94, 95, 96, 116

フランス語　5, 60, 61, 173, 185, 199

ふり（pretense）　234

フロベール・トリガー（Flaubert trigger）　87n.

文否定（sentential negation）　5–10

【ま行】

マナム語（Manam）　175
矛盾関係　→　反対関係
矛盾性（contradictoriness）　145n.
命題の否認　→　否認
メタ言語的推意の否認　→　否認
メタ言語否定（metalinguistic negation）
　40–42, 44, 49–51, 204, 206, 226, 228
　〜に対応する but　45–47

【や・ら行】

吉村あき子　115, 116
量の格率　221n.
累積的解釈（cumulative reading）　38
ルート（root）　206
例外の排除　92, 117, 118–121, 140
論理的に規則的な／不規則な否定文
　（Logically Regular/Irregular Nega-
　tion）　206

〔A〜Z〕

a-　143–146, 151
　〜と in-(im-)　149–150
　〜と un-　146–148
aber（ドイツ語）　47
-able　158, 166, 167–168, 169
absence　86
absurd　25, 27
accurate/inaccurate　160–161
against　29–30, 80
alcoholic/non-alcoholic　144
alive　108–109
all　49, 52–55, 82
all that　94–95
Allen, M.R.　167
almost　72, 73, 159, 160, 164–165
already　96, 110, 112–113
always　8
amaze　27

amoral/immoral　149–150
and による嘲り（And mockery）　234
any　64, 117, 122–124, 184
　強勢が置かれない〜　128–130
　強勢が置かれる〜　126, 128, 130–
　132
　自由選択の解釈をもつ〜　73, 106n.,
　119, 122, 185
any 類　92–94
atypical/untypical　147–148
avoid　24–25

ban　25
barely　22, 23n., 72
bear　101, 102
before　29–30, 67–68, 80–81
blink an eye　118
bother　99–100
budge an inch　100
bugger all　188–190
bullshit　222
Büring, Daniel　34n., 37–38
but　45–47
by no means　20

careful/careless　152–153
clean/dirty　159–162
COHA（Corpus of Historical American
　English）　192–198
Collins, Chris and Paul Postal　38n.,
　66, 88–89, 94, 117n., 140
crap　191–192
Croft, William　174–176
Cruse, D. A.　159–162, 164

Dahl, Östen　5
dare（法助動詞）　98–99
Davis, Wayne　205–213, 214
denial　85

deny　25–26, 30–31, 65, 113
DeVidi, David　2
diddly-squat　194
difficult　65, 78–79
dis-　143–146, 151
disobedient/non-obedient　149n.
disregard　85–86
doubt　26, 77, 112, 113
(drink) a drop　118, 132–133

-ed　158, 166–168
endure　101–102
E-positive, E-negative　162–166
ever　69–71, 124–126, 184
every　82
exactly　75n.–76n.

the faintest…　105
Fauconnier, Gilles　105, 118–121, 139
few　21, 65, 81–82
the first N　84–85
the foggiest　106
for all the tea in China　107–108, 138–139
for peanuts　138–139
forget　65
fuck all　188
-ful　144

Geurts, Bart　48, 204–205, 214
Givón, Talmy　235
Grice, Paul　216, 220

Haegeman, Liliane　36–38
half　159, 160
Hamawand, Zeki　144–145, 146n., 150–152
happy/unhappy　3, 58, 144
hardly　6, 22, 61–62, 65, 93

harmful/harmless　152, 153
Haspelmath, Martin　184–185
The hell　225–226
a hope in hell　74–75
Horn, Laurence　40, 52, 157, 159, 204
　〜による un- 形容詞の定式化　162
Huddleston, Rodney and Geoffrey Pullum　12, 23n., 24, 31, 56–57, 91–92
hurt a fly　103

I couldn't care less.　230
-ible　166
if 節　65
if not X　53
If…, (then) I don't know what is.　231–233
illusion　86–87
immaculate　165
impeccable　165
imperceptible　169–170
in-　143–146, 151
in a pig's ass　227
in case　68
in no way　20
in years　70–71
inexpressible　169–170
-ing　158, 166, 167
Israel, Michael　134–140
　〜の方陣　138

(jack) shit　188–190, 192
Jackson, Eric　127
Jespersen, Otto　156, 172
　〜の一般化　155, 157
　〜の否定のサイクル（Jespersen Cycle）174, 180, 198, 199, 200

Kadmon, Nirit and Fred Landman

（K&L）　122–124
　〜の問題点　126–128
a king's ransom　138–139
Klima, Edward　6, 15, 62n.
know better than　69
Krifka, Manfred　126, 127, 128–134,
　171

Ladusaw, William　35, 123, 180–181,
　182, 187, 198
　〜の否定のサイクル　198
Larrivée, Pierre　173, 198, 199
the last N　84–85
-less　144, 152–154
lift a finger　68, 99, 127–128, 132–133
like fudge　227
Like hell　225, 226–227
little　6, 21, 78
a little bit of　136–137
long/short　159, 161–162

many　52–55
Marchand, Hans　143–145
Mazzon, Gabriella　174, 180
most　52–55, 83
much　95, 135
my ass　224
my eye　223–225
my foot　224–225

ne（古英語）　172–173, 176–177, 178
need（法助動詞）　98
neither　6, 8, 19, 21
never　6, 19, 21, 126
never more Adj（than）…　230–231
no way　9
nobody　3, 6, 19, 195
non-　143–146, 151
　〜と un-　148–149

non-appearance/disappearance　149n.
non(-)controversial と uncontroversial
　148–149
none　20, 56
nor　9, 19, 21
not　12–19
　〜と接続　18–19
not even　6, 8, 10, 15
nothing if not X　58n.-59n.
NPI（nagative polarity item, 否定極性
　項目）　3, 24, 64, 91–92, 137–140,
　181
　最大化〜（maximizing）　107–108
　少量を表す〜　135
　多量を表す〜　135
　〜と尺度　134–140
　〜と否定を含むイディオム　91n.
　〜の繰上げ　114
　〜の統語論的分析　109–117
　〜の複数生起　93–94
　〜を容認する動詞・形容詞　24–28
n't　172

often　8
on no account　20
only　30, 34, 73–75, 112, 114–115,
　195
Operator　→　演算子
out of the question　217–218

pas（フランス語）　173, 199
Payne, John　6, 7
a penny　104
pero（スペイン語）　47
Pigs（Cows）fly…　69
a plug nickel　104
PPI（positive polarity item, 肯定極性項
　目）　64, 96, 137–140
　少量を表す〜　136–137

　　多量を表す〜　135–136
precisely　75n.-76n.
Progovac, Ljiljana　109–112
　　〜への批判　112–115
prove　88n.-89n.

Q-positive, Q-negative　162–166
Quirk et al.　143

rarely　6, 22, 34, 35, 62, 72
rather　145, 146, 147,
a red cent　138–139
refuse　77
remotely　108–109, 120n.
Roitman, Malin　201, 214
Russell, Bertrand　39

scads of　135–136
scarecely　6, 7, 22
see a (living) soul　102
seldom　6, 22, 62, 71–72
semi-　159, 160
sino（スペイン語）　47
skeptical　26–27
sleep a wink　135
the slightest…　105–106
some　52–55, 64, 184, 208, 212–213,
　　216
sondern（ドイツ語）　47
sorry　78
squat　188, 192–198
stand　101, 102
surprised　78
sweet Fanny Adams　190–191, 192,
　　198

than　65, 68–69

That's what you think.　219–222
too… to…　28–29, 59, 76, 103
　　〜の 2 つの意味　28–29
Tottie, Gunnel　203–204, 214

Ukaji　Masatomo　178–180
un-　143–146, 151
　　〜形容詞の語基　154–171
unable　77
unavailable　23, 24
unclean　163
uncommon　23, 24
understand a word　102–103
unfinished　163–164
ungreedy　158–159
unharmed　164–165
unlong　163
unpronounceable　169–170
unscathed　164–165
unthinkable　169–170
until　97–98

van der Sandt, Rob　4–5, 41, 60, 214
very　24, 145, 146, 147

whether　67
a whole lot　94n., 95
wild horses　107–108
with a ten-foot pole　106–107
without　65, 79, 104, 195

yet　97, 112–113

Zimmer, Karl　23n., 156–158, 165
　　〜に対する反例　168–170
　　〜による Jespersen の一般化の修正
　　　版　166–168

〈編者紹介〉

内田聖二 （うちだ・せいじ） 1949 年生まれ。奈良大学教授。

八木克正 （やぎ・かつまさ） 1944 年生まれ。関西学院大学名誉教授。

安井　泉 （やすい・いずみ） 1948 年生まれ。筑波大学名誉教授。

〈著者紹介〉

五十嵐海理 （いがらし・かいり） 1970 年新潟県生まれ。英国ニューカッスル大学大学院修士課程修了 (MLitt in Linguistics)。大阪市立大学大学院博士課程単位取得満期退学。現在、龍谷大学社会学部現代福祉学科教授。専門は英語学 (意味論・語用論)。最近の論文：「否認における言語表現の選択と解釈」(中島信夫 [編]『発話解釈はなぜ多様なのか——コミュニケーション能力の働きを考える』、朝倉書店、2017)、「『懸念』を表す fear について」(住吉誠・鈴木亨・西村義樹 [編]『慣用表現・変則表現から見える英語の姿』、開拓社、2019)。

〈シリーズ〉英文法を解き明かす——現代英語の文法と語法 ⑧

ことばとスコープ2　否定表現

2020 年 8 月 31 日　初版発行

編　　者　内田聖二・八木克正・
　　　　　安井　泉
著　　者　五十嵐　海理
発行者　吉田尚志
印刷所　研究社印刷株式会社

KENKYUSHA
〈検印省略〉

発行所　株式会社　研究社
　　　　http://www.kenkyusha.co.jp

〒 102-8152
東京都千代田区富士見 2–11–3
電話（編集）03 (3288) 7711（代）
　　（営業）03 (3288) 7777（代）
振　替　00150–9–26710